Família
Redes, Laços e Políticas Públicas

EDITORA AFILIADA

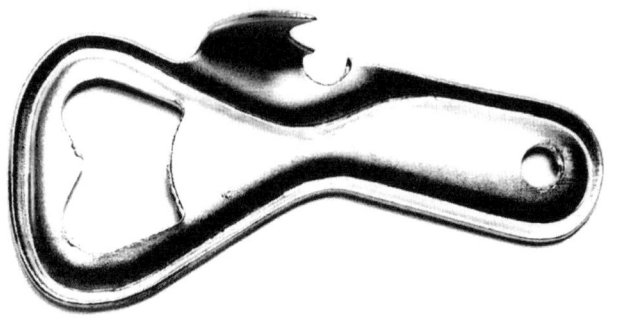

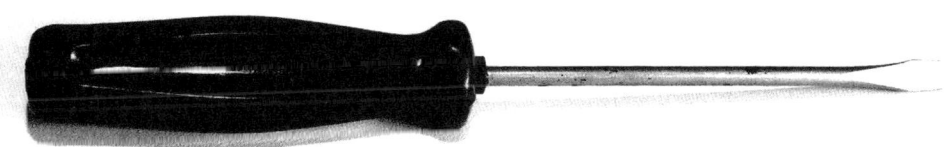

Coordenadoria de Estudos e Desenvolvimento de Projetos Especiais da Pontifícia Universidade Católica de São Paulo — CEDEPE/PUC-SP
Mariangela Belfiore Wanderley — *Coordenadora*
Ana Rojas Acosta — *Pesquisadora Assessora*

Fundação Prefeito Faria Lima — Cepam
Centro de Estudos e Pesquisas de Administração Municipal
Silvio França Torres — *Presidente*
Maria do Carmo Meirelles Toledo Cruz
Esther Gouda Baum Ludmer
Técnicas da Unidade de Políticas Públicas — UPP

Fundação Konrad Adenauer
Oficina Municipal
Wilhelm Hofmeister — *Diretor*
Lais da Costa Manso N. de Araújo — *Gerente de Projetos*
Luiz Cláudio Marques Campos — *Coordenador de Projetos*

Centro de Estudos e Pesquisas em Educação, Cultura e Ação Comunitária — Cenpec
Maria do Carmo Brant de Carvalho — *Coordenadora Geral*
Maria Angela Leal Rudge — *Assessora da Coordenação Geral*

Universidade Cruzeiro do Sul — Unicsul
Jorge A. Onoda Pessanha — *Pró-Reitor de Extensão e Assuntos Comunitários*
Luiz Enrique Amaral — *Diretor do Centro de Pós-Graduação e Pesquisa*
Rosamélia Ferreira Guimarães — *Professora do Curso de Serviço Social*

ANA ROJAS ACOSTA
MARIA AMALIA FALLER VITALE
organizadoras

Família
Redes, Laços e Políticas Públicas

7ª edição
1ª reimpressão

   PUC SP cedepe

Sumário

Prefácio à sétima edição 11
Prefácio à sexta edição 12
Prefácio à quinta edição 15
Prefácio à quarta edição 17
Prefácio à segunda edição 18
Prefácio 19
Apresentação à sexta edição 24
Apresentação 25
Nota da Coordenadoria de Estudos e Desenvolvimento de Projetos Especiais – CEDEPE/PUC-SP – à 6ª edição 27

Parte 1 Vida em família 29

Prefácio **Vida em família** 31

Famílias enredadas 35
Cynthia A. Sarti

Família e afetividade: a configuração de uma práxis ético-política, perigos e oportunidades 55
Bader B. Sawaia

Ser criança: um momento do ser humano 69
Heloiza Szymanski

O jovem e o contexto familiar 79
Silvia Losacco

Homens e cuidado: uma outra família? 95
Jorge Lyra
Luciana Souza Leão
Daniel Costa Lima, Paula Targino,
Augusto Crisóstomo, Breno Santos

Avós: velhas e novas figuras da família contemporânea 111
Maria Amalia Faller Vitale

Parte 2 Trabalhando com famílias 125

Prefácio **Trabalhando com famílias** 127

Metodologia de trabalho social com famílias 129
NAIDISON DE QUINTELLA BAPTISTA

Reflexões sobre o trabalho social com famílias 149
ROSAMÉLIA FERREIRA GUIMARÃES
SILVANA CAVICHIOLI GOMES ALMEIDA

Famílias beneficiadas pelo Programa de Renda Mínima em São José dos Campos/SP: aproximações avaliativas 161
ANA ROJAS ACOSTA
MARIA AMALIA FALLER VITALE
MARIA DO CARMO BRANT DE CARVALHO

RELATO DE CASO
Programa de Garantia de Renda Mínima e de Geração de Emprego e Renda de São José dos Campos/SP 191
APARECIDA VANDA FERREIRA E SILVA
ODILA FÁTIMA T. DERRIÇO
REGINA HELENA SANTANA

Sumário

**Famílias: questões para o
Programa de Saúde da Família (PSF)** 197
REGINA MARIA GIFFONI MARSIGLIA

RELATO DE CASO
**Experiência do Programa de Saúde
da Família de Nhandeara/SP** 205
SOLANGE APARECIDA OLIVA MATTOS
FABIANA REGINA SOARES

RELATO DE CASO
**Experiência do Programa de Saúde da
Família de Itapeva/SP: horta comunitária,
uma experiência em andamento** 215
ROSA PIEPRZOWNIK
VANILDA FÁTIMA RIBEIRO HATOS

**Sistema de Informação de Gestão Social: monitoramento e
avaliação de programas
de complementação de renda** 223
ANA ROJAS ACOSTA
MARCELO AUGUSTO SANTOS TURINE

RELATO DE CASO
**Programa Mais Igual de Complementação de Renda
Familiar da Prefeitura de Santo André/SP** 241
CID BLANCO
VALÉRIA GONELLI

RELATO DE CASO
Políticas públicas de atenção à família 249
LUCI JUNQUEIRA
NELSON GUIMARÃES PROENÇA

Parte 3 Famílias e políticas públicas   261

Prefácio **Famílias e políticas públicas**   263

Formulação de indicadores de acompanhamento e avaliação de programas socioassistenciais   267
DENISE BLANES

Índice de Desenvolvimento da Família (IDF)   279
MIRELA DE CARVALHO
RICARDO PAES DE BARROS
SAMUEL FRANCO

Famílias e políticas públicas   307
MARIA DO CARMO BRANT DE CARVALHO

RELATO DE CASO
Programa Bolsa-Escola Municipal de Belo Horizonte/MG: educação, família e dignidade   317
AFONSO CELSO RENAN BARBOSA
LAURA AFFONSO DE CASTRO RAMO

A economia da família   333
LADISLAU DOWBOR

Prefácio à sétima edição

A participação da família nas agendas das políticas públicas está cada vez mais presente, principalmente quando estas são chamadas a responder às necessidades que atendam sua proteção social, devendo assumir responsabilidades, de maneira individual, pelo bem-estar dos seus componentes.

Considera-se o papel do Estado preponderante para que, em parceria junto a outros sujeitos, possam buscar, de maneira coletiva, o desenvolvimento da sociedade.

Este livro, ao entrar para a sétima edição, revela também o quanto as ideias dos autores, orientadas para diversos aspectos das famílias, de seus laços, suas redes e a inter-relação destes com as políticas públicas, constituem referências críticas e disponíveis para aqueles que trabalham ou pesquisam as temáticas. Ao lado das razões próprias para sua atualidade, cabe observar que foram incluídos nesta edição novos prefácios a cada parte que compõe o livro. Nestes pequenos textos, procurou-se pontuar questões, interlocuções e novos desafios que afetam este campo de reflexão em constante movimento.

Espera-se, assim, não só reiterar o valor solidificado das contribuições, aqui tão bem apresentadas pelos autores, mas também considerar novos itinerários a serem mais bem refletidos ou investigados pelos leitores implicados nos estudos ou processos de atenção às famílias em nossa sociedade.

As Organizadoras

Prefácio à sexta edição

Laços, redes e políticas públicas constituíram-se em bússola que orientou toda a reflexão aqui exposta. Muitos cientistas sociais e profissionais compartilharam dessa profícua conversa, resultando numa densa e consistente contribuição. Este livro mantém-se atual, o que justifica esta 6ª edição.

Mudanças que sacudiram e sacodem famílias e sociedades tomam a direção de um fluxo contínuo que alimenta — incessantemente — a produção de novos comportamentos e expectativas que povoam o nosso universo de vida.

Expandem-se os laços nas ondas *on-line* e igualmente nos encontros presenciais do dia a dia; formam-se redes as mais diversas, enlaçando famílias numa aventura sem fim. As políticas públicas, sobretudo as de habitação, saúde e assistência social, inovam programas para assegurar atenções e ofertas às famílias brasileiras marcadas pela pobreza e vulnerabilidade.

Predominam os programas de transferência de renda como expressão maior da política social nacional. Cerca de 14 milhões de famílias, ou mais exatamente, 50 milhões de brasileiros, ou seja, 1 em cada 4 brasileiros, são beneficiadas. Tais programas tornaram-se irreversíveis e reconhecidos como direitos das muitas famílias que não possuem renda ou as possuem de modo precário ou instável. Conformam-se como um direito à segurança social e, mais ainda, insinuam-se como uma tímida, mas necessária, redistribuição da riqueza nacional.

Em nosso contexto cunhado na globalização econômica, as desigualdades sociais continuam a ser chaga persistente que atinge nossas populações. A simples transferência de renda não apaga as desigualdades; não é suficiente para a família trilhar um caminho de emancipação e autonomia.

O emprego formal e informal cresceu nos anos 2000. O aumento se deu, particularmente, nos empregos com rendimentos que não superam os dois salários mínimos. Na América Latina, no período entre 2000 e 2012, houve uma expressiva queda nos índices de pobreza e extrema pobreza. A população em situação de pobreza diminuiu 16,4 pontos percentuais. Observa-se uma ascensão às chamadas classes médias (34,3%), mas grande parte dessa população que ultrapassou o umbral da pobreza não alcançou o nível de segurança econômica que caracteriza as classes médias. Esses grupos sociais (37,8%) são considerados vulneráveis do ponto de vista econômico (PNUD, 2014*).

A **atual crise econômica, política e social que o mundo vive** representa a confluência de múltiplos fatores, não se reduzindo apenas a investimentos. A política social cunhada no pós-guerra, ancorada no ideário de bem-estar social, perde fôlego no mar de mudanças contínuas e cumulativas que ocorreram no decorrer das últimas décadas, com uma sociedade cada vez mais complexa, um mundo cada vez mais globalizado, com a emergência e expansão das cidades densamente urbanizadas e desumanas pela precária qualidade de vida. Ocorrem profundas mudanças nas condições de trabalho que resultaram da reestruturação produtiva.

Nesse contexto, as manifestações sociais recentes no Brasil e generalizadas no mundo sinalizam: **uma clara insatisfação dos cidadãos, uma demanda por maior participação e pela conquista de voz e vez na construção de novos valores sociopolíticos**. A expressão das ruas alerta para um questionamento na desigualdade de destinos na sociedade em que vivemos.

A política social, tal qual se realiza, não conseguiu superar os desafios estruturais relacionados à burocratização, à efetividade no seu alcance. Novas demandas e, portanto, novas respostas se apresentam para enfrentar e reduzir desigualdades. A política social requer renovações; dentre elas, permitir aos cidadãos/famílias escolhas equitativas e maior protagonismo. Nossa política ainda é bastante tutelar. Os programas são ditados pelos governos de modo verticalizado; mantém-se padronizados e sem opções. Na sociedade em que vivemos, a riqueza de trilhas de vida fica inviabilizada por excesso de tutela programática. Esse grau de centralização precisa ser superado, permitindo novos itinerários.

O grande desafio presente é o da "retotalização" da ação das políticas públicas. Essa "retotalização" significa transversalização das ações que só é possível no território, por vontade e compromisso dos serviços, com participação dos coletivos locais em sua proposição e controle.

* Perfil de estratos sociales en América Latina: pobres, vulnerables y clases medias. UNDP-RBLAC-Grupos_sociales-Al-2014.pdf

A política social é chamada a considerar a enorme diversidade de territórios desse país e a ganhar novos e flexíveis ingredientes para produzir a integração, articulação da ação pública no território:
- Agir no território e com o território.
- Trazer os saberes populares e possibilitar a conversa mais profícua entre estes e o saberes técnicos, tecnológicos e burocráticos próprios dos serviços.
- Agir com um conceito integrador e articulador do conjunto de programas, serviços e benefícios das diversas políticas setoriais.
- Agir envolvendo as redes sociais presentes no território na conformação mesma da política e em suas intervenções.
- Produzir confiança social.
- Assegurar participação.

Construir cidadania envolve mobilizar e agir junto às comunidades com seus moradores e redes sociais a que se vinculam. Mobilizar a rede de serviços das diversas políticas públicas, vocalizando novos valores de compromisso com o coletivo.

Para produzir mudanças emancipadoras precisamos de ambiências propiciadoras de liberdade e expressão; é nesse clima que se desenvolvem a alteridade e a resiliência para conviver em sociedade buscando a equidade, o cuidado, o acolhimento do outro, a cooperação.

Maria do Carmo Brant de Carvalho
Primavera de 2014

Prefácio à quinta edição

É com grande satisfação que chegamos à 5ª edição do livro *Família: Redes, Laços e Políticas Públicas*, o que denota sua grande aceitação e atualidade para os pesquisadores e profissionais que trabalham com a temática da família.

Desde a realização do Seminário que deu origem a esta obra, no início do ano 2000, tínhamos clareza da necessidade de se repensar a família e os modelos de análise e intervenção que predominaram até meados do século XX, nas sociedades ocidentais. As grandes transformações ocorridas no mundo globalizado das últimas décadas, tiveram forte ressonância nas configurações e dinâmicas familiares, e, consequentemente, na produção de conhecimentos e práticas profissionais, rebatendo nas políticas públicas que têm a família como objeto de atenção e proteção social.

Como resultantes de processos históricos de disputa e negociação dos diferentes interesses presentes no Estado e na sociedade, as políticas públicas, em especial as políticas sociais, demandam mediações permanentes das tensões e disputas sociais em torno de prioridades e propostas a serem implementadas, exigindo a qualificação continuada dos agentes públicos e o fortalecimento dos atores e das instâncias de controle social democrático.

Quase uma década após o lançamento da primeira edição, é nossa convicção que esta obra *Família: Redes, Laços e Políticas Públicas*, mantém-se atual na abordagem das temáticas que a integram, as quais continuam desafiando pesquisadores, profissionais, agentes públicos na busca de alternativas de políticas e programas que apóiem as famílias, de tal modo que possam exercer os papéis afetivo e protetivo que lhe cabem junto aos seus membros.

O Instituto de Estudos Especiais da PUC-SP, que mudou sua denominação para Coordenadoria de Estudos e Desenvolvimento de Projetos Especiais (CEDEPE/PUC-SP), mantém e consolida sua vocação de estabelecer e fortalecer o diálogo da Universidade com a sociedade, no sentido de articular conhecimentos e saberes acadêmicos com os modos de intervenção social.

Como unidade prestadora de serviços, a CEDEPE está fortemente associada à pesquisa, voltada para o desvendamento e intervenção na realidade social, por meio do desenvolvimento de projetos, metodologias e tecnologias sociais que subsidiem a formulação de respostas para necessidades e direitos sociais da população, nas diferentes áreas em que atua.

Reiteramos assim, por meio desta unidade acadêmica recém-criada, o compromisso social da PUC-SP de colocar o saber produzido a serviço do desenvolvimento democrático e igualitário dos cidadãos.

MARIANGELA BELFIORE WANDERLEY
Coordenadora da CEDEPE/PUC-SP
Outono de 2010

Prefácio à quarta edição

Atento às demandas da realidade social e política, no início dos anos 2000, o CEDEPE/PUC-SP reuniu pesquisadores e profissionais para a discussão de uma temática que vinha se mostrando central na política pública: a família. Como entender as várias configurações da família contemporânea e qual seu lugar no sistema de proteção social brasileiro? Realizou, então, em 2002, o Seminário Famílias: Laços, Redes e Políticas Públicas, que deu origem a este livro que chega à sua 4ª edição.

Durante os anos seguintes, concretizou-se a centralidade da família no desenho das políticas públicas, o que continua a exigir novos estudos. Amplificam-se as relações Estado e Família, muitas vezes contraditórias e conflituosas, na árdua tarefa que cabe a ambos de reprodução e proteção social. Entendê-la como uma instância coletiva, como sujeito de direitos, um espaço a ser cuidado, e, ao mesmo tempo, construir novas metodologias de trabalho com famílias tem sido preocupação recorrente daqueles que têm a família no centro de suas pesquisas e intervenção. Assim, a relação da família com as políticas públicas continua a desafiar profissionais, gestores e pesquisadores que trabalham com esta temática complexa a contemporânea.

A 4ª edição desta obra vem referendar a receptividade do público leitor e sua atualidade nesse debate.

Coordenadoria de Estudos e Desenvolvimento
de Projetos Especiais/PUC-SP
Inverno de 2008

Prefácio à segunda edição

No recente debate nacional sobre as políticas públicas nunca a família teve igual centralidade. Pesquisadores, especialistas, gestores, profissionais de diferentes áreas, governantes vêm se mobilizando para o debate das questões que envolvem a vida e os novos arranjos familiares, as diversas metodologias de trabalho com famílias, as tensões que se expressam na relação público e privado. São problemáticas que necessitam ser mais bem conhecidas para que políticas e programas de atenção às famílias possam constituir respostas qualificadas às necessidades apresentadas.

Pode-se argumentar que se a ação política — nesta sociedade forjada pelas desigualdades sociais — volta-se para as famílias, permanece, todavia, em aberto a construção de novos itinerários que viabilizem a promoção e garantia dos direitos sociais destas mesmas famílias.

A segunda edição do livro **Família: Redes, Laços e Políticas Públicas**, sem alterações em relação ao texto original publicado em 2003, expressa a grande receptividade que a reflexão e o debate sobre família contemporânea têm encontrado junto ao público-leitor, e dá relevo às contribuições apresentadas em face dos desafios que se recriam quando se trata da complexa relação família e políticas públicas.

Ana Rojas Acosta e Maria Amalia Faller Vitale
Organizadoras

Prefácio

Diversas teorias sobre o que seria a melhor organização social, ou a forma ideal de atuação do Estado no cumprimento de suas funções, por vezes, não levam em conta o papel fundamental da família na construção do bem-estar humano. Relegam-na à esfera do "privado" ou do "afetivo", sem reconhecer que as pessoas que dirigem o Estado e as empresas, que trabalham e militam nos sindicatos e nas organizações não governamentais, ou que vivem suas conturbadas (e às vezes violentas) relações nos meios urbanos, são as mesmas que nascem e crescem no seio de uma família, sendo por ela e nela efetivamente moldadas em aspectos fundamentais.

Em contraste com esse tipo de visão, o humanismo cristão sempre reconheceu o papel primordial da família na (pro)criação e na formação de seres humanos prontos a entrar em relações sociais saudáveis e construtivas. Através do princípio da "subsidariedade", é conferido mesmo um papel central a essa pequena comunidade em tudo o que diz respeito às necessidades e às exigências da formação humana em uma sociedade, cabendo às instâncias superiores e, em última análise, ao Estado, apenas auxiliar (ou subsidiar) naquilo que a família tem dificuldade em prover a seus membros.

Olhando para a realidade brasileira atual (considerando seu desenvolvimento histórico) e nos deparando com a óbvia carência de vários fatores importantes para a realização humana, podemos seguramente esperar que a situação do núcleo familiar esteja também marcada por precariedade, falta de preparação e ausência de projetos de vida positivos. Ato contínuo, chega-se à conclusão de que é preciso investir recursos, sob a forma de pesquisas, reflexões e ações que possibilitem que as famílias se reconstruam e respondam à sua vocação primordial de serem os "ninhos" em que se gera e nutre uma sociedade de pessoas livres, educadas e voltadas para o bem comum.

Os artigos deste livro, apresentados no seminário **Família: Laços, Redes e Políticas Públicas**, pretendem dar alguns passos nesse sentido. Partindo-se da constatação de que a família tem sido percebida como base estratégica para a condução de políticas públicas, especialmente aquelas voltadas para o combate à pobreza, procurou-se debater tais políticas por esta ótica, analisando-se como estas se amoldam para atendê-la de forma integral.

■

O livro é dividido em três grandes eixos temáticos. O primeiro aborda a **vida em família**, trazendo importantes subsídios para um melhor entendimento de seus aspectos contemporâneos, possibilitando, com isso, um melhor desenho das políticas públicas.

Cynthia A. Sarti faz uma retrospectiva das mudanças na concepção e no padrão da família nas últimas décadas, especialmente com as mais recentes inovações tecnológicas em reprodução humana, mudanças essas que abalam um modelo idealizado existente e o tornam bastante elástico. Especificamente no que diz respeito às famílias consideradas pobres, para quem se dirigem as políticas sociais, é importante levar em consideração a sua própria concepção de família e os significados específicos que estas mudanças trazem sobre ela.

Bader Sawaia defende a importância (e também os perigos) da adoção da família e da afetividade como estratégias de uma ação emancipadora que permita enfrentar e resistir à profunda desigualdade social modelada pelo neoliberalismo e a um conjunto de valores individualistas. Constata que apesar de diversas tentativas e previsões sobre o seu desaparecimento, as quais não se concretizaram, a família continua sendo a mediação entre o indivíduo e a sociedade, assistindo-se hoje ao enaltecimento dessa instituição.

Heloiza Szymanski analisa as mudanças na forma como as crianças são vistas pelos adultos ao longo da história e as consequências na formulação de modelos de desenvolvimento humano e práticas educacionais. Neste contexto, chama a atenção para a perda da responsabilidade dos adultos pelo mundo ao qual trouxeram as crianças, e para os reflexos decorrentes na família e na escola.

Silvia Losacco analisa o jovem e o contexto familiar. Partindo do pressuposto de que é necessário situar o eixo do discurso em "famílias", na sua pluralidade, mostra que é preciso aprofundar a reflexão sobre o que é ser jovem, também em um contexto de diversidade e complexidade, e sobre como se têm estabelecido os laços dos jovens com outros jovens, dos jovens com suas famílias e dos jovens com a sociedade. Quais as redes que têm sido tecidas para o seu atendimento e quais políticas estão sendo operacionalizadas, ou não, em direção aos jovens e às suas famílias?

Jorge Lyra traz reflexões da participação dos homens no contexto do ato de cuidar e demonstrar carinho, tendo como foco principal os processos de socialização para a masculinidade. Situando a estrutura familiar dentro de um contexto histórico e social, o autor avalia as diversas formas pelas quais as relações de gênero se processam e como a paternidade foi exercida em diferentes momentos históricos.

Finalizando o primeiro bloco de textos, Maria Amalia Faller Vitale trata da importante figura dos avós, emergidos como protagonistas nas cenas das relações familiares. Enfocando as relações intergeracionais e de gênero, indaga-se qual o papel por eles desempenhado nas famílias de hoje, dentro de um contexto de mudanças dos laços familiares, a lhes demandar novos papéis e novas exigências.

O segundo eixo aborda o **trabalho com famílias**, seus desafios e ganhos.

Naidison de Quintella Baptista descreve o projeto Agente de Famílias — desenvolvido pelo Movimento de Organização Comunitária (MOC) e o Unicef, no Programa Estadual de Erradicação do Trabalho Infantil, na área sisaleira da Bahia — e uma metodologia de trabalho social com famílias.

Rosamélia Ferreira Guimarães e Silvana Cavichioli Gomes Almeida tratam de indicações metodológicas para o trabalho com famílias pobres, a partir de pesquisas e trabalhos de intervenção realizados em diferentes realidades sociais.

O artigo seguinte, escrito em conjunto por um grupo de pesquisadores do Programa de Estudos Pós-Graduados em Serviço Social da PUC-SP, relata e avalia o Programa de Renda Mínima desenvolvido na cidade de São José dos Campos, derivando algumas hipóteses avaliativas em relação à rede municipal de proteção social e a inserção da família junto a ela. Para ilustrar o artigo, traz-se o relato da equipe responsável pelo Programa de Garantia e Renda Mínima e de Geração de Emprego e Renda da Prefeitura de São José dos Campos.

Regina Giffonni Marsiglia enfoca a implantação do Programa de Saúde da Família no Sistema Único de Saúde (SUS), seus pontos positivos e as possibilidades de desenvolvimento de experiências inovadoras em diversos municípios. Ilustrando o artigo, são apresentadas, ao final, as experiências dos municípios de Itapeva e de Nhandeara, cidades respectivamente de médio e pequeno portes do Estado de São Paulo.

Encerrando o segundo eixo, Ana Rojas Acosta e Marcelo A. Santos Turine apresentam os contextos e os objetivos do Sistema de Informação de Gestão Social (SIGS) 1.0, uma plataforma computacional na Internet que possibilita a avaliação e o monitoramento de programas de complementação de renda, surgido na parceria entre a Coordenadoria de Estudos e Desenvolvimento de Projetos Especiais da PUC-SP e a Secretaria de Inclusão Social e Habitação da Prefeitura do Município de Santo André.

Ilustrando o artigo, são apresentados, ao final, a experiência da Prefeitura do Município de Santo André na implantação do Programa Mais Igual de complementação de renda familiar, de autoria de Cid Blanco e Valéria Gonelli, e um panorama dos programas de apoio à família no âmbito do Estado de São Paulo, formatados como subsídios financeiros de complementação de renda, escrito por Luci Junqueira e Nelson Guimarães Proença.

O terceiro eixo enfoca as **políticas públicas voltadas à família**.

Denise Neri Blanes discute a formulação de indicadores de acompanhamento e avaliação de programas/políticas voltados a famílias em situação de pobreza, ressaltando o desafio em se estabelecer indicadores quantitativos e criar formas de medir adequadamente os indicadores qualitativos.

Mirela de Carvalho, Ricardo Paes de Barros e Samuel Franco discorrem sobre a construção de um indicador denominado Índice de Desenvolvimento da Família (IDF), que seja sintético nos moldes do IDH, mas que ao mesmo tempo supere algumas limitações deste e de outros índices similares, podendo ser calculável para cada família (e não apenas para regiões geográficas) e facilmente agregado para diferentes grupos demográficos.

Maria do Carmo Brant de Carvalho reflete sobre algumas das dimensões entre a família e as políticas públicas, as quais revelam funções correlatas e imprescindíveis ao desenvolvimento e à proteção social dos indivíduos. Em um mundo marcado por profundas transformações, é ressaltada a exigência da partilha de responsabilidades na proteção social entre Estado e Sociedade, descartando-se alternativas tão somente institucionalizadoras. Analisa ainda as relações existentes entre a família e a esfera pública, vista como indutora de relações mais horizontais, valor democrático sempre esperado da vida pública. Ilustrando o artigo, Afonso Celso Renam Barboa e Laura Affonso de Castro Ramo trazem a experiência do Programa Bolsa-Escola da Prefeitura do Município de Belo Horizonte, assim como suas metodologias de trabalho com as escolas e as famílias.

Ladislau Dowbor encerra esta coletânea discorrendo sobre a economia da família. Analisando as relações familiares sobre o prisma econômico e em face das mudanças ocorridas na estrutura familiar, pergunta: Quais seriam seus impactos na dinâmica da reprodução social? A transformação da família pertence a um conjunto de mudanças mais amplas, que nos faz repensar o processo de rearticulação do nosso tecido social.

O livro é, assim, resultado de uma frutífera parceria entre as instituições que participaram do seminário, que não se teria concretizado sem a junção de esforços e a sintonia em torno deste objetivo comum.

Esperamos, por fim, que a presente obra possa contribuir na valorização da família como força central e vital na transformação de nossa realidade, ajudando a disseminar os avanços até aqui obtidos.

Wilhelm Hofmeister
Fundação Konrad Adenauer — Oficina Municipal

Apresentação à sexta edição

A família é uma realidade complexa e em movimento constante. Mudanças sociais ocorreram nas duas últimas décadas e afetam de modo significativo o percurso familiar. Os impactos das tecnologias das novas redes sociais redefinem os espaços públicos e privados, influenciam diretamente o cotidiano das famílias e constituem um bom exemplo das mudanças que penetram o núcleo das relações familiares. Para além destas, permanece o lugar da afetividade, própria da vida em família. Essas duas dimensões coexistentes (mudanças sociais e afetividade) imprimem heterogeneidade às configurações familiares e integram o discurso das políticas. Reconhecer a relevância e diversidade das famílias em nossa sociedade não significa, contudo, aderir à ideia de "familismo", ou seja, de que tudo pode se resolver pela competência e recursos da família.

As políticas públicas se estruturam hoje em outros formatos. O Plano Nacional de Convivência Familiar e o Sistema Único de Assistência Social (SUAS) revelam seus novos patamares. A família precisa encontrar nos serviços e programas de políticas públicas os suportes necessários para a proteção e o exercício dos direitos de seus membros. Os profissionais aí envolvidos se deparam com inúmeros desafios para desenvolver metodologias de trabalho que respondam às demandas das famílias e aos objetivos das políticas a elas direcionadas.

Este livro, escrito originalmente em 2002, reúne contribuições e referências indispensáveis para o enfrentamento de questões que dialogam: a vida em família, as metodologias do trabalho com famílias e as políticas públicas. Aqui são apresentados, de modo claro e sintético, os pensamentos, as experiências e as ações de autores de diferentes áreas que pesquisam e trabalham, em vários planos, com as famílias. Esta 6ª edição expressa a receptividade contínua que o debate proposto tem encontrado junto ao público leitor. Espera-se que suscite novas interlocuções.

Esta edição ganha o prefácio da Profa. Dra. Maria do Carmo Brant de Carvalho, que aponta direções atuais para a relação das famílias com as políticas públicas.

Apresentação

Este livro nasceu do seminário **Famílias: Laços, Redes e Políticas Públicas**, realizado em São Paulo, no ano de 2002.

Pensar e repensar a família é uma exigência. A família tem sido percebida como base estratégica para a condução de políticas públicas, especialmente aquelas voltadas para a garantia de direitos. Nos últimos anos, observou-se uma proliferação de programas e projetos dirigidos ao atendimento das famílias. A família, no entanto, não pode ser vista apenas como estratégia dessas políticas. Neste sentido, têm-se questionado se essas iniciativas são eficientes e eficazes para o fortalecimento das competências familiares, se respondem às necessidades das próprias famílias atendidas e se contribuem para o processo de inclusão e proteção social desses grupos. Por estas razões, as problemáticas concernentes à esfera familiar, as redes de sociabilidade passam a ser centrais no trato das políticas sociais.

O seminário **Famílias: Laços, Redes e Políticas Públicas** foi concebido a partir desses desafios e procurou delinear itinerários para abordar as novas e as velhas questões daqueles que se interessam ou estão envolvidos com o trabalho com as famílias. Ao pensarmos no seminário, pretendíamos reunir reflexões e experiências nas diversas formas de atenção às famílias, criar espaços de conversação entre os participantes. Esses espaços seriam orientados por questões que se imbricam tais como: de que laços familiares estamos, hoje, falando? Quais os sentidos que norteiam as ações com as famílias? Quais as metodologias mais significativas de trabalho com as famílias? Como tem se dado as relações entre as solidariedades familiares, as redes de sociabilidade e as políticas sociais?

A ideia de um seminário com estes contornos era antiga, entre alguns dos professores da PUC-SP, mas teve êxito por intermédio do papel catalisador da Profa. Dra. Maria do Carmo Brant de Carvalho. A proposta sedimentou-se e ganhou força com a construção de parcerias com instituições preocupadas — ainda que de lugares diversos — com a temática da família: a Oficina Municipal da Fundação Konrad Adenauer, a Universidade Cruzeiro do Sul, o Centro de Estudos e Pesquisas em Educação, Cultura e Ação Comunitária — Cenpec e o apoio da Fundação Prefeito Faria Lima — Centro de Estudos e Pesquisas de Administração

Municipal — Cepam e a Unicef. Essas parcerias integraram as várias etapas do planejamento e viabilizaram a organização do seminário. Esta conjunção de todos os esforços permitiu a reunião de mais de 250 participantes, entre nacionais da Bahia, Paraná, Rio de Janeiro, Rio Grande do Sul, Mato Grosso do Sul, Bahia, Minas Gerais e São Paulo e interior, assim como da Itália, bem como a publicação deste livro.

O resultado deste seminário que ora apresentamos, em versão de livro, com o mesmo título, recolhe parte das reflexões realizadas e aponta questões diversas, dentre elas a tentativa da construção de uma metodologia de trabalho com famílias. O livro foi organizado a partir de três eixos: **Vida em Família; Trabalhando com Famílias; Famílias e Políticas Públicas**.

Este livro é composto por artigos de vários dos principais especialistas que pesquisam ou atuam com famílias e nas políticas públicas. Percorrendo o livro, o leitor poderá acompanhar a tônica do debate realizado e as diversas visões e pesquisas apresentadas; conservam-se os pontos de vistas contrastantes em face da questão familiar e as políticas públicas.

A **primeira parte** corresponde a uma incursão pelas transformações da vida familiar, contribuições indispensáveis para a discussão atual sobre as famílias pobres em nossa sociedade. A mudança dos laços familiares constitui o cerne dessa parte. Para melhor acompanhar essas mudanças, o caminho que se delineou foi o de se considerar as dimensões de gênero e de geração. A família é o espaço de mudanças já perceptíveis no convívio e no confronto entre gênero e gerações.

A **segunda parte** focaliza as diversas metodologias do trabalho com famílias. As que apresentadas revelam elementos comuns quanto elementos que se opõem na implementação de programas voltados para as famílias pobres.

A **terceira parte** discute as relações propriamente entre as famílias e as políticas públicas a partir da abordagem de educação, economia e formulação de indicadores de acompanhamento dessas políticas.

Enfim, no quadro das relações famílias e políticas públicas se inscreve este livro. A diversidade de contribuições, pontos de vista e de partida se entrecruzam e constituem um tecido, por vezes, irregular ou heterogêneo, mas, certamente, indispensável para a aproximação desta relação que não pode ser percebida como desprovida de tensões.

As Organizadoras

Nota da Coordenadoria de Estudos e Desenvolvimento de Projetos Especiais – CEDEPE/PUC-SP — à 6ª edição

Chegar à 6ª edição de uma obra é a comprovação de sua importância e atualidade. Este livro é fruto de trabalho e reflexões coletivas que, já no início dos anos 2000, voltaram-se aos desafios postos pelas metamorfoses que vêm sendo constatadas numa das mais antigas instituições humanas — a família.

Chamada a garantir a proteção aos seus membros, a família tem sido foco das mais variadas políticas, correndo inclusive o risco de ser responsabilizada por mazelas e fragilidades. Torná-la matricial para a proteção social exige que as políticas públicas reconheçam os determinantes estruturais que engendram as condições adversas, expressões da questão social, enfrentadas pela sociedade brasileira.

É nesse cenário que profissionais são chamados a desenvolver o trabalho social junto às famílias, na perspectiva da viabilização de direitos. Uma das grandes dificuldades que vem sendo constatada diz respeito às mediações a serem feitas entre as diretrizes das políticas que têm a família como matriz, a problematização de conceitos que se constituem em alicerce referencial a cada uma delas e a ação profissional propriamente dita.

Assim, considerando a direção ético-política na busca da efetivação de direitos, o reconhecimento da família como sujeito histórico, político e social ressalta-se a necessidade de mediações metodológicas e instrumentais que deem conta da pluralidade e singularidade da família contemporânea, numa sociedade extremamente conservadora como a nossa.

Estimular e fortalecer o diálogo entre a universidade e a sociedade é um dos objetivos da CEDEPE, na valorização do conhecimento socialmente comprometido e coletivamente construído.

CEDEPE/PUC-SP
Primavera de 2014

Parte 1

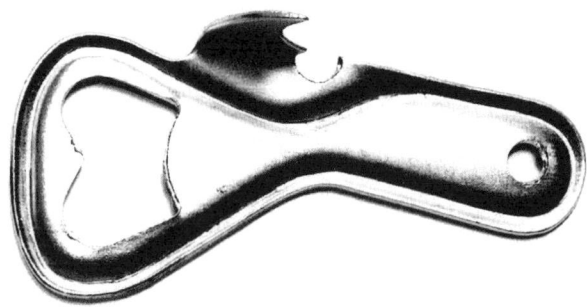

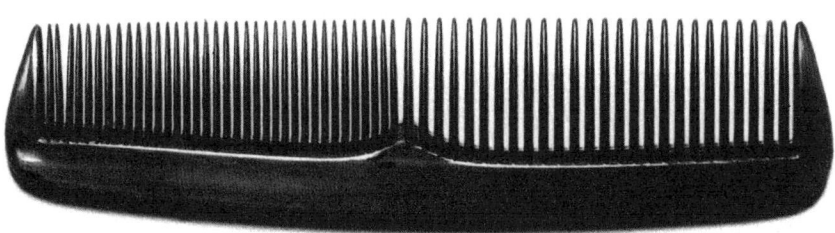

Vida em família

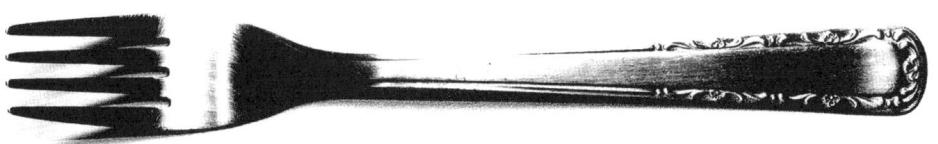

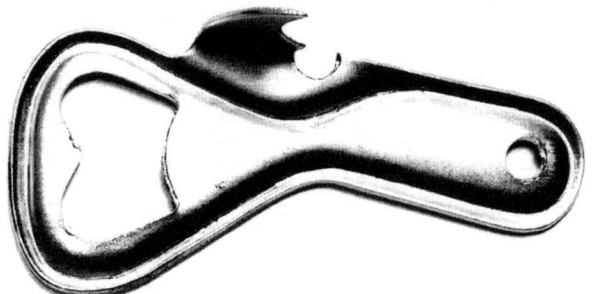

Prefácio

Vida em família

Após 15 anos do lançamento de *Família: redes, laços e políticas públicas*, muitos aspectos tratados na primeira parte deste livro – Vida em família – continuam atuais e têm centralidade nas reflexões sobre o tema. Mas, como bem se sabe, família é, também, uma realidade complexa e em constante transformação. Assim, há questões que, por certo, seriam hoje contempladas ou aprofundadas pelos autores. Entre tantas, nos contextos históricos presentes, algumas podem ser assinaladas.

O texto inicial – Famílias enredadas – demonstra como as tecnologias afetaram profundamente as relações familiares. Os efeitos da pílula anticoncepcional ou dos exames de DNA ilustram a discussão. As novas tecnologias das redes sociais e o uso democrático de celulares, por exemplo, impactam, cada vez mais, como as redes familiares se organizam e se viabilizam dentro e para além dos territórios em que as famílias vivem. Por meio dessas tecnologias, laços se estreitam, laços se rompem. Redes se fortalecem, redes se diluem. Dessa forma, fronteiras e lugares dos grupos familiares se redesenham e se deslocam.

A esfera da família e a afetividade incursionam pelo sofrimento do ponto de vista ético-político. Pode-se questionar quais os desconfortos da atualidade e como eles se manifestam na vida familiar? Pode-se perguntar ainda quais as manifestações do sofrimento nas famílias dos dias de hoje? Como as famílias nomeiam seus sofrimentos?

A violência nas relações familiares e em seus contextos não é questão nova. A violência física intrafamiliar atinge, principalmente, crianças e mulheres. Aquela que ocorre na "rua" alcança mais os homens jovens, negros e pobres, como os dados atestam. As crianças têm sido atingidas dentro de casa, dentro da escola e da barriga da mãe, lugares onde, certamente, deveriam estar. Esses são exemplos contundentes de uma sociedade violenta que rompe tragicamente os percursos familiares. A "história" dessa relação – família, violência e sociedade – pode começar por qualquer um dos polos. Em algum ponto eles se imbricam. A violência é um dos temas que devem ser revisitados quando se trata de pensar a família como sujeito protetor de seus membros.

O que experenciam os jovens em nossa sociedade, em especial, nos segmentos populares? As esperanças anunciadas de percorrer um trajeto de vida mais inclusivo ou as desistências de idealizações e de projetos que resultam em muitas saídas ou não saídas? Como os jovens respondem às suas demandas individuais e aquelas necessárias, advindas do coletivo familiar, em especial neste momento agudo de perda ou fragilidade de direitos sociais?

As uniões estáveis homoafetivas e a adoção de crianças por casais do mesmo sexo estão inseridas na discussão sobre as configurações familiares atuais que permeiam os textos de diversos autores. Elas revelam novas faces da paternidade e do cuidado na família. Como nos diz Singly, "(...) o monopólio da heterossexualidade foi perdido" (2017, p.611)[1]. Por isso mesmo, outras formas de relação e de identidades ganham visibilidade. No contexto LGBT, a questão dos "trans" emerge como um dos focos de atenção por suas repercussões sociais, legais e familiares. Esta é uma temática a ser levada em conta nas discussões sobe as fronteiras de gênero na família.

Os avós continuam sendo novas e velhas figuras da família contemporânea. O que mudará, entretanto, no papel dos avós na vida em família com o alargamento da idade da aposentadoria? Nessa questão está contida a situação futura das mulheres/avós pobres, que têm ou terão percursos de vida familiares marcados por rupturas e empregos instáveis. Esses aspectos dissolvem ainda mais as aparências dos avós como figuras familiares cristalizadas.

Na perspectiva teórica, "famílias vulneráveis" ou em "situação de risco", ou, dito de outra forma, a categoria *vulnerabilidade* é referida em vários capítulos. Novas interlocuções permitem revisitar esses conceitos.

São muitas as questões que poderiam ser acrescidas, alargadas ou entrelaçadas àquelas já produzidas pelos diversos autores desta primeira

---

[1] REGO, T. C.; MORAES, J. G. V. Entrevista: Individuação e processos de construção identitária na contemporaneidade: a perspectiva de François de Singly. *Educação e Pesquisa.*, São Paulo, v. 43, n. 2 p. 585-617, abr./jun. 2017.

parte. As famílias, como tão bem se sabe, se movem em um campo de tensão, entre rupturas e continuidades, conflitos e reciprocidades. Por essas razões, variados são os caminhos de reflexão para a aproximação dos desafios e dos impasses que se reeditam na vida em família, que, por sua vez, sempre renasce.

Para finalizar, vale lembrar, Sarti (2007, p.35)[2] quando diz, tão apropriadamente, que "(...) nas políticas sociais trata-se de transformar o lugar do outro na sociedade. No entanto, como condição prévia a essa transformação, trata-se de mudar o lugar em que nos colocamos perante os demais". Essa afirmação assegura a atualidade das contribuições dos escritos ao se considerar, em especial, uma sociedade que se apresenta polarizada por demais diante das questões sociais.

MARIA AMALIA FALLER VITALE

---

[2] SARTI, C. A. Famílias enredadas. In: ACOSTA, A. R.; VITALE, M. A. F. (Org.) *Família*: redes, laços e políticas públicas. 3. ed. São Paulo: Cortez/Instituto de Estudos Especiais – PUC/SP, 2007.

Famílias enredadas
Cynthia A. Sarti*

■ Introdução

Falar em família neste começo do século XXI, no Brasil, como alhures, implica a referência a mudanças e a padrões difusos de relacionamentos. Com seus laços esgarçados, torna-se cada vez mais difícil definir os contornos que a delimitam. Vivemos uma época como nenhuma outra, em que a mais naturalizada de todas as esferas sociais, a família, além de sofrer importantes abalos internos tem sido alvo de marcantes interferências externas. Estas dificultam sustentar a ideologia que associa a família à ideia de natureza, ao evidenciarem que os acontecimentos a ela ligados vão além de respostas biológicas universais às necessidades humanas, mas configuram diferentes respostas sociais e culturais, disponíveis a homens e mulheres em contextos históricos específicos.

Desde a revolução industrial, que separou o mundo do trabalho do mundo familiar e instituiu a dimensão privada da família, contraposta ao mundo público, mudanças significativas a ela referentes relacionam-se ao impacto do desenvolvimento tecnológico. Mais recentemente, destacam-se as descobertas científicas que resultaram em intervenções tecnológicas sobre a reprodução humana (Scavone, 1993).

A partir da década de 1960, não apenas no Brasil, mas em escala mundial, difundiu-se a pílula anticoncepcional, que separou a sexualidade da reprodução e interferiu decisivamente na sexualidade feminina. Esse fato criou as condições materiais para que a mulher deixasse de ter sua vida e sua sexualidade atadas à maternidade como um "destino", recriou o mundo subjetivo feminino e, aliado à expansão do feminismo, ampliou as possibilidades de atuação da

* Antropóloga, doutora em Antropologia Social pela Universidade de São Paulo e professora do Departamento de Medicina Preventiva da Universidade Federal de São Paulo/Escola Paulista de Medicina.

mulher no mundo social. A pílula, associada a outro fenômeno social, a saber, o trabalho remunerado da mulher, abalou os alicerces familiares, e ambos inauguraram um processo de mudanças substantivas na família, o qual foi extensamente analisado, sob distintos ângulos, especialmente na literatura sobre gênero (Moraes, 1994; Romanelli, 1995; Sarti, 1995, entre tantos outros).

Desde então, começou a se introduzir no universo naturalizado da família a dimensão da "escolha". Mais tarde, a partir dos anos 1980, as novas tecnologias reprodutivas — seja inseminações artificiais, seja fertilizações *in vitro*[1] — dissociaram a gravidez da relação sexual entre homem e mulher. Isso provocou outras "mudanças substantivas", as quais novamente afetaram a identificação da família com o mundo natural, que fundamenta a ideia de família e parentesco do mundo ocidental judaico-cristão (Strathern, 1995).

As distintas intervenções tecnológicas, entretanto, atingem diferentemente a concepção de família. A pílula abala o valor sagrado da maternidade e a identificação entre mulher e mãe, ao permitir a autonomia da sexualidade feminina sem sua inexorável associação com a reprodução. As técnicas de reprodução assistida caminham em direção inversa. Várias pesquisas argumentam que os avanços tecnológicos nesta área reforçam a maternidade e seu valor social, sobretudo no que se refere à manutenção do padrão de relações de gênero (Scavone, 1998; Barbosa, 1999 e 2000).

Scavone (1993) chama a atenção para as modificações no discurso feminista francês em resposta às tecnologias médicas. Na década de 1970, dadas as possibilidades de contracepção, reivindicava-se o direito à livre escolha da maternidade;[2] na década seguinte, reivindica-se sua não imposição,[3] diante da pressão social exercida pelas novas tecnologias reprodutivas como expressão do controle médico sobre a família.

Não obstante, ambas as intervenções tecnológicas — relativas à anticoncepção ou à reprodução assistida — implicam, pelo menos em algum nível, a introdução da noção de "escolha", seja para evitar a gravidez, seja para

[1] O artigo de Barbosa mostra as várias modalidades das tecnologias reprodutivas, definidas como "o conjunto de técnicas médicas voltadas para o tratamento de situações de infertilidade" (2000, p. 212).
[2] *"Un enfant, si je veux, quand je veux"* (uma criança, se eu quiser, quando eu quiser), segundo Scavone (1993, p. 52). Cabe ressaltar a exacerbação do discurso individualista presente nesta máxima feminista.
[3] *"Les enfants que je veux, si je peux"* (as crianças que eu quiser, se eu puder), como cita Scavone (ibidem, p. 52).

provocá-la por meios "não naturais". Nesse sentido, a ruptura com a concepção naturalizada da família, reforçada pelas tecnologias, pelo menos contribui, ainda que não garanta, para se pensar os eventos familiares, desde os mais cotidianos, como passíveis de indagações e de negociações, permitindo a emergência de uma "nova intimidade", como argumenta Giddens (1993).

> *As tecnologias de anticoncepção e de reprodução assistida [...] não lograram dissociar a noção de família da "natureza biológica do ser humano".*

Sabemos que o mundo de significações humano não tem uma relação mecânica com as possibilidades materiais da existência, sendo mediado pelas "traduções" sociais, culturais e psíquicas dessas possibilidades, ou seja, dependem de como são incorporadas pela sociedade e internalizadas pelos sujeitos.

Assim, as intervenções tecnológicas sobre a reprodução humana introduzem uma tensão no imaginário social, entre o caráter "natural" atribuído à família e a quebra da identificação desta com a natureza, que a tecnologia produz. No imaginário atual relativo à família, pelo menos no amplo espectro do mundo ocidental, opera uma tensão entre escolha e destino (Fonseca, 2001). A família constitui-se em um terreno ambíguo. Ainda que as tecnologias de anticoncepção e de reprodução assistida tenham de fato aberto espaço para novas experiências no plano da sexualidade e da reprodução humana, ao deflagrar os processos de mudanças objetivas e subjetivas, que estão atualmente em curso, não lograram dissociar a noção de família da "natureza biológica do ser humano".

As mudanças são particularmente difíceis, uma vez que as experiências vividas e simbolizadas na família têm como referência, a respeito desta, definições cristalizadas que são socialmente instituídas pelos dispositivos jurídicos, médicos, psicológicos, religiosos e pedagógicos, enfim, pelos dispositivos disciplinares existentes em nossa sociedade, os quais têm nos meios de comunicação um veículo fundamental, além de suas instituições específicas.[4] Essas referências

---

Sabe-se que a obra de Michel Foucault foi fundamental no impulso à reflexão crítica acerca dessas instituições. Os trabalhos de Scavone (1993 e 1998) e de Barbosa (1999 e 2000) argumentam que as novas tecnologias reprodutivas reforçam a normatização médica da família e seu controle sobre o corpo da mulher, secundando, a partir de outras questões, o trabalho de Costa (1979) sobre a sociedade brasileira. Sobre a medicina e a construção da diferença de gêneros, ver também Rohden (2001).

constituem os "modelos" do que é e como deve ser a família, ancorados numa visão que a considera como uma unidade biológica constituída segundo leis da "natureza", poderosa força simbólica.

■ A paternidade, conhecida?

Na década de 1990, o processo de mudanças familiares ganha novo impulso, com a difusão do exame do DNA (Fonseca, 2001), que permite a identificação da paternidade. A dúvida quanto à paternidade e a certeza da maternidade deixaram, em princípio, de ser o suposto fundamento "natural" que servia de pretexto a costumes, pactos familiares e relações de gênero, que estruturaram a família durante tanto tempo (Bilac, 1998).

Essa forma de intervenção tecnológica é fundamental no que se refere a laços e responsabilidades familiares, porque ela diz respeito ao homem, em seu lugar de pai, e introduz tensões no lugar masculino dentro da família, que até então continuava razoavelmente preservado nas suas bases patriarcais.[5] A comprovação da paternidade abre o caminho para que esta seja reivindicada, causando forçosamente um impacto na atitude tradicional de irresponsabilidade masculina em relação aos filhos, o que significa um recurso de proteção para a mulher, mas sobretudo para a criança. Não à toa, Bilac (1998) argumenta que os homens nunca foram tão responsáveis por sua reprodução biológica como no momento atual de nossa história (Fonseca, 2001).

Paralelamente, mudanças incidem também sobre o plano jurídico e alteram o estatuto legal da família, como produto da ação de inúmeras forças sociais, entre elas dois movimentos sociais fundamentais para as transformações familiares: o movimento feminista e a luta em favor dos direitos das crianças.

No Brasil, a Constituição Federal de 1988 institui duas profundas alterações no que se refere à família: 1. a quebra da chefia conjugal masculina, tornando a sociedade conjugal compartilhada em direitos e deveres pelo homem e pela mulher; 2. o fim da diferenciação entre filhos legítimos e ilegítimos, reiterada pelo Estatuto da Criança e do Adolescente (ECA), promulgado em

[5] A literatura mostra o quanto o corpo feminino tem sido o foco das intervenções tecnológicas (Barbosa, 1999).

1990, que os define como "sujeitos de direitos". Com o exame do DNA, que comprova a paternidade, qualquer criança nascida de uniões consensuais ou de casamentos legais pode ter garantidos seus direitos de filiação, por parte do pai e da mãe.

Ambas as medidas foram um golpe, de uma extensão desconhecida até então, desferido contra o pátrio poder. O ECA dessacraliza a família a ponto de introduzir a ideia da necessidade de se proteger legalmente qualquer criança contra seus próprios familiares, ao mesmo tempo em que reitera "a convivência familiar" como um "direito" básico dessa criança. É importante destacar esse aspecto por contribuir para a "desidealização" do mundo familiar, ainda que se saiba que esse recurso legal é frequentemente utilizado para estigmatizar as famílias pobres, definidas como desestruturadas, "incapazes de dar continência a seus filhos", sem a devida consideração do lugar dos filhos no universo simbólico dessas famílias pobres.

Os homens nunca foram tão responsáveis por sua reprodução biológica como no momento atual de nossa história.

Embora a família continue sendo objeto de profundas idealizações, a realidade das mudanças em curso abalam de tal maneira o modelo idealizado que se torna difícil sustentar a ideia de um modelo "adequado". Não se sabe mais, de antemão, o que é adequado ou inadequado relativamente à família. No que se refere às relações conjugais, quem são os parceiros? Que família criaram? Como delimitar a família se as relações entre pais e filhos cada vez menos se resumem ao núcleo conjugal? Como se dão as relações entre irmãos, filhos de casamentos, divórcios, recasamentos de casais em situações tão diferenciadas? Enfim, a família contemporânea comporta uma enorme elasticidade.

Sabemos que houve, no Brasil, uma drástica redução do número de filhos em todas as camadas sociais (Goldani, 1994), principalmente entre os pobres, por serem os que apresentavam maiores taxas de fecundidade. A difusão dos anticoncepcionais teve impacto em toda a sociedade, o que não quer dizer que essa difusão teve o mesmo significado em todos os segmentos nos quais se manifestou, porque a maternidade e o filho têm significados distintos para cada um. O mesmo acontece em relação ao exame do DNA, que tem sido solicitado em todas as camadas sociais (Fonseca, 2001).

Não temos ainda suficiente informação, fundamentada em pesquisas, sobre o que mobiliza as mulheres pobres a comprovar a paternidade de seus filhos. Que sentidos têm, para elas, a partilha financeira, mesmo num contexto de parcos recursos? Dado o alto índice de mães solteiras e, portanto, de crianças sem registro de paternidade, parece haver um desejo do nome do pai na certidão de nascimento, a marca da origem. Qual o sentido da busca da identificação do pai, pelo filho, e do pai do filho, pela mãe, entre aqueles que socialmente têm seus direitos não reconhecidos e tantas oportunidades negadas? Tais perguntas emergem também pela alta incidência de filhos que solicitam o exame do DNA (Fonseca, 2001), na busca do pai desconhecido.

As mudanças familiares têm, assim, sentidos diversos para os diferentes segmentos sociais, e seu impacto incide de formas distintas sobre eles, porque o acesso a recursos é desigual numa sociedade de classes. Portanto, para abordar o tema das famílias e das políticas sociais, não se pode partir de um único referencial.

■ Fios esgarçados...

Pela perda de referências rígidas no que se refere à família, assim como pela flexibilidade de suas fronteiras, algumas dificuldades se impõem no trabalho a ela voltado. Em primeiro lugar, a dificuldade de romper com o modelo idealizado e naturalizado acerca dessa instituição e, além disso, a dificuldade de nos estranharmos em relação às nossas próprias referências. A esse respeito, tende-se a ser ainda mais etnocêntrico do que habitualmente se é em outros assuntos, tão forte é sua identificação com o que somos (Sarti, 1999).

Pode-se pensar a noção de família como uma "categoria nativa", ou seja, de acordo com o sentido a ela atribuído por quem a vive, considerando-o como um *ponto de vista*. Embora nunca estejamos inteiramente seguros de que o que atribuímos ao outro corresponde ao que ele atribui a si mesmo — dificuldade inerente às relações intersubjetivas —, pode-se ao menos buscar uma abertura tendo em vista essa aproximação.

Pretende-se sugerir, assim, uma abordagem de família como algo que se define por uma história que se conta aos indivíduos, ao longo do tempo, desde que nascem, por palavras, gestos, atitudes ou silêncios, e que será por eles reproduzida e ressignificada, à sua maneira, dados os seus distintos lugares e momentos na família. Dentro dos referenciais sociais e culturais de nossa época e de nossa sociedade, cada família terá uma versão de sua história, a qual dá significado à experiência vivida. Ou seja, trabalhar com famílias requer a abertura para uma escuta, a fim de localizar os pontos de vulnerabilidade, mas também os recursos disponíveis.

Qual a concepção de família segundo os "pobres" — aqueles a quem se dirigem as políticas sociais? Qual a concepção de pobreza dessas políticas?

Partimos, então, da ideia de que a família se delimita simbolicamente, baseada num discurso sobre si própria, que opera como um discurso oficial. Embora culturalmente instituído, ele comporta uma singularidade: cada família constrói sua própria história, ou seu próprio mito, entendido como uma formulação discursiva em que se expressam o significado e a explicação da realidade vivida, com base nos elementos objetiva e subjetivamente acessíveis aos indivíduos na cultura em que vivem.

Pensar a família como uma realidade que se constitui pelo discurso sobre si própria, internalizado pelos sujeitos, é uma forma de buscar uma definição que não se antecipe à sua própria realidade, mas que nos permita pensar como ela se constrói, constrói sua noção de si, supondo evidentemente que isto se faz em cultura, dentro, portanto, dos parâmetros coletivos do tempo e do espaço em que vivemos, que ordenam as relações de parentesco (entre irmãos, entre pais e filhos, entre marido e mulher). Sabemos que não há realidade humana exterior à cultura, uma vez que os seres humanos se constituem em cultura, portanto, simbolicamente.

Quando ouvimos as primeiras falas, não aprendemos apenas a nos comunicar; captamos, acima de tudo, uma ordem simbólica, ou seja, uma ordenação do mundo pelo significado que lhe é atribuído segundo as regras da sociedade em que vivemos. O componente simbólico, apreendido na linguagem, não é apenas parte integrante da vida humana, é seu elemento constitutivo.

Nesse jogo entre o mundo exterior e o mundo subjetivo, as construções simbólicas operam numa relação especular. Assim acontece na família. O discurso social a seu respeito se reflete nas diferentes famílias como um espelho. Em cada caso, entretanto, há uma tradução desse discurso, e cada uma delas, por sua vez, devolverá ao mundo social *sua* imagem, filtrada pela singularidade das experiências vividas. Assim, cada uma constrói seus mitos segundo o ouve sobre si, do discurso externo internalizado, mas devolve um discurso sobre si mesma que inclui também sua elaboração, objetivando sua experiência subjetiva.

Na tentativa de escutar a história que as famílias contam sobre si mesmas, no quadro de mudanças familiares descrito, como pensar na formulação de políticas sociais, uma vez que essas políticas se dirigem àquelas consideradas pobres?

Gostaria de atentar para duas questões, na tentativa de refletir sobre as nossas práticas: a concepção de família, segundo aqueles a quem se dirigem as políticas sociais, os "pobres"; e a concepção de pobreza subjacente a essas políticas, que faz do pobre um "outro".

■ Os nós atados: a família em rede

A primeira característica a ressaltar sobre as famílias pobres é sua configuração em rede, contrariando a ideia corrente de que esta se constitui em um núcleo.[6] Assim, cumpre desfazer a confusão entre família e unidade doméstica, a casa, imprecisão que têm consequências nas ações a ela pertinentes, uma vez que leva a desconsiderar a rede de relações na qual se movem os sujeitos em família e que provê os recursos materiais e afetivos com que contam.

No universo simbólico dos pobres, existe uma divisão complementar de autoridades entre o homem e a mulher na família, que corresponde à diferenciação que fazem entre casa e família. A casa é identificada com a mulher, e a família com o homem. Casa e família, como mulher e homem, constituem um par complementar, mas hierárquico.

Em consonância com a precedência do homem sobre a mulher e da família sobre a casa, o homem é considerado o *chefe da família* e a mulher, a *chefe da casa*. O homem corporifica a ideia de autoridade, como uma mediação da família com o mundo externo.

[6] As reflexões sobre a família entre os pobres, aqui apresentadas, baseiam-se em uma experiência de pesquisa na periferia de São Paulo, cujos resultados aparecem em trabalho anterior, recentemente reeditado (Sarti, 2003).

Ele é a autoridade moral, responsável pela respeitabilidade familiar. À mulher cabe outra importante dimensão da autoridade: manter a unidade do grupo. Ela é quem cuida de todos e zela para que tudo esteja em seu lugar. Scott (1990) observou o mesmo padrão em famílias pobres no Recife, ao analisar as diferentes percepções da casa pelo homem e pela mulher. Mostra que, no discurso masculino, a casa deve estar "sob controle", enquanto as mulheres ativamente a controlam.

Cumpre desfazer a confusão entre família e unidade doméstica, a casa, pois essa imprecisão desconsidera a rede de relações na qual se movem os sujeitos em família.

Ainda que em nível ideal o projeto de casar venha junto com o de ter uma casa, como núcleo independente, os vínculos com a rede familiar mais ampla não se desfazem com o casamento, pelas obrigações que continuam existindo em relação aos familiares, sobretudo diante da instabilidade das uniões conjugais entre os pobres. Nos casos das frequentes uniões instáveis, que se devem às dificuldades de atualizar o padrão conjugal, ressalta-se a importância da diferenciação entre a casa e a família para se entender a dinâmica das relações familiares (Fonseca, 1987; Woortmann, 1982 e 1987).

Além disso, as famílias pobres dificilmente passam pelos ciclos de desenvolvimento do grupo doméstico, sobretudo pela fase de criação dos filhos sem rupturas (Neves, 1984, Fonseca, 1987 e Scott, 1990), o que implica alterações muito frequentes nas unidades domésticas. As dificuldades enfrentadas para a realização dos papéis familiares no núcleo conjugal, diante de uniões instáveis e empregos incertos, desencadeiam arranjos que envolvem a rede de parentesco como um todo, a fim de viabilizar a existência da família.

A vulnerabilidade da família pobre ajuda a explicar a frequência de rupturas conjugais, diante de tantas expectativas não cumpridas. Dada a configuração das relações de gênero, o homem se sente *fracassado*, e a mulher vê rolar por água abaixo suas chances de *ter alguma coisa* através do projeto do casamento.

Se a vulnerabilidade feminina está em ter sua relação com o mundo externo mediada pelo homem — o que a enfraquece em face deste mundo, que, por sua vez, reproduz e reitera as diferenciações de gênero —, o lugar central do homem na família, como trabalhador/provedor, torna-o também vulnerável, porque o faz dependente de condições externas cujas determinações escapam a seu controle. Este fato torna-se particularmente grave no caso da população pobre, exposta à instabilidade estrutural do mercado de trabalho que a absorve.

Nos casos em que a mulher assume a responsabilidade econômica do lar, ocorrem modificações importantes no jogo de relações de autoridade, e ela pode de fato assumir o papel do homem como "chefe de família" e definir-se como tal. A autoridade masculina é seguramente abalada se o homem não garante o teto e o alimento dos seus, funções masculinas, porque o papel de provedor a reforça de maneira decisiva. Entretanto, a *desmoralização* ocorrida pela perda da autoridade inerente ao papel de provedor, abalando a base do *respeito* que lhe devem seus familiares, significa uma perda para a família como totalidade, que tenderá a buscar uma compensação, ou seja, a substituição da figura masculina de autoridade por outros homens da rede familiar.

Cumprir o papel masculino de provedor não configura, de fato, um problema para a mulher, já acostumada a trabalhar. Para ela, o problema está em manter a dimensão do *respeito*, que é conferida pela presença masculina. Mesmo quando sustentam economicamente suas unidades domésticas, elas podem continuar designando, em algum nível, um "chefe" masculino. Isso significa que, mesmo nos casos em que a mulher assume-se como provedora, a identificação do homem com a autoridade moral que confere respeitabilidade à família não necessariamente se quebra.

A sobrevivência dos grupos domésticos das mulheres "chefes de família" é possibilitada pela mobilização cotidiana de uma rede familiar que ultrapassa os limites da casa. Tal como acontece o deslocamento dos papéis masculinos, os papéis femininos, na impossibilidade de serem exercidos pela *mãe-esposa-dona de casa*, são igualmente transferidos para outras mulheres, de fora ou de dentro da unidade doméstica.

A comunicação dentro da rede de parentesco mostra que a mãe tem um papel crucial, conforme observa Woortmann (1987), mas isso não significa sua "centralidade" na família, mas o cumprimento de seu papel de gênero, como mantenedora da unidade familiar, numa estrutura que inclui o papel complementar masculino, deslocado para outros homens na ausência do pai/marido. A centralidade está, portanto, no par masculino/feminino.

Dentro desse universo simbólico, ressurge entre os pobres urbanos a clássica figura do "irmão da mãe". Sobretudo nos momentos do ciclo de vida em que o pai da mulher já tem uma idade avançada e não possui mais condições de lhe dar apoio, o irmão surge como a figura masculina mais provável de ocupar o lugar da autoridade masculina, mediando a relação da mulher com o mundo externo e garantindo a respeitabilidade de seus consanguíneos. Woortmann (1987) e Fonseca (1987) reconhecem também obrigações do irmão de uma mulher para com ela, como uma espécie de substituto do marido, assumindo parte das responsabilidades masculinas quando esta é *abandonada*.

Os papéis femininos, na impossibilidade de serem exercidos pela mãe-esposa-dona de casa, são transferidos para outras mulheres, de fora ou de dentro da casa.

Nas famílias que cumpriram sem rupturas os ciclos de desenvolvimento da vida familiar, o pai/marido tem papel central numa relação complementar e hierárquica com a mulher, concentrada no núcleo conjugal, ainda que essa situação não exclua a transferência de atribuições à rede mais ampla, em particular quando a mãe trabalha fora; nas que são desfeitas e refeitas, os arranjos deslocam-se mais intensamente do núcleo conjugal/doméstico para a rede mais ampla, sobretudo para a família consanguínea da mulher.

Esse deslocamento de papéis familiares não significa uma nova estrutura, respondendo, antes, aos princípios estruturais que definem a família entre os pobres, a hierarquia homem/mulher e a diferenciação de gênero, com a divisão de autoridades que a acompanha.

Não é, portanto, o controle dos recursos internos do grupo doméstico que necessariamente fundamenta a autoridade do homem, mas seu papel de intermediário entre a família e o mundo externo, como guardião da respeitabilidade — lugar masculino que corresponde à representação social de gênero que identifica o homem como a autoridade moral da família. Diz respeito à ordem moral que a organiza, que se reatualiza nos diversos arranjos feitos pelas famílias com seus parcos recursos.

A família pobre, constituindo-se em rede, com ramificações que envolvem o parentesco como um todo, configura uma trama de obrigações morais que enreda seus membros, num duplo sentido, ao dificultar sua individualização e, ao mesmo tempo, viabilizar sua existência como apoio e sustentação básicos.

Entre as relações familiares, é sem dúvida a que ocorre entre pais e filhos que estabelece o vínculo mais forte, em que as obrigações morais atuam de forma mais significativa. Se, na perspectiva dos pais, os filhos são essenciais para dar sentido a seu projeto de casamento, "fertilizando-o" — para não serem uma *árvore seca* e outras tantas metáforas que exemplificam a analogia da família com a natureza —, dos filhos espera-se o compromisso moral da retribuição dos cuidados.

Para entender o lugar das crianças nas famílias pobres, é necessário, mais uma vez, diferenciar as que cumpriram as etapas do seu desenvolvimento sem rupturas, cujos filhos tendem a se manter no mesmo núcleo familiar, e as que se desfizeram nesse caminho, alterando a ordenação da relação conjugal e a relação entre pais e filhos.

Nos casos de instabilidade familiar por separações e mortes, aliada à instabilidade econômica estrutural e ao fato de que não existem instituições públicas que substituam de forma eficaz as funções familiares, as crianças passam a não ser uma responsabilidade exclusiva da mãe ou do pai, mas de toda a rede de sociabilidade em que a família está envolvida. Fonseca (2002) argumenta que há uma coletivização das responsabilidades pelos menores dentro do grupo de parentesco, caracterizando uma "circulação de crianças". Essa prática popular inscreve-se dentro da lógica de obrigações morais que caracteriza a rede de parentesco entre os pobres.

Em novas uniões conjugais, quando há filhos de uniões anteriores, os direitos e os deveres no grupo doméstico ficam abalados, na medida em que estes não são do mesmo pai e da mesma mãe, levando a ampliar essa rede para fora desse núcleo. Nessa situação, os conflitos entre as crianças e o novo cônjuge podem levar a mulher a optar por *dar seus filhos para criar*, ou algum deles, ainda que temporariamente.

A criança será confiada a outra mulher, em geral da rede consanguínea da mãe. Nas famílias desfeitas por morte ou separação, no momento de expansão e criação dos filhos ocorrem rearranjos a fim de garantir o amparo financeiro e o cuidado necessários. Embora se conte fundamentalmente com a rede consanguínea, as crianças podem ser recebidas por não parentes, dentro do grupo de referência dos pais.

Nos casos de separação, pode haver preferência da mãe pelo novo companheiro, prevalecendo o laço conjugal, circunstancialmente mais forte que o vínculo mãe-filho. Uma nova união tem implicações na relação da mulher com os filhos da união anterior, que expressam o conflito entre conjugabilidade e maternidade. Dadas as dificuldades que uma mulher pobre enfrenta para criar seus filhos, a tendência será lançar mão de soluções temporárias a fim de contornar a situação, entre as quais está a possibilidade de que os filhos fiquem com o pai (o que aconteceu, de fato, entre os casos que acompanhei).

A circulação de crianças, que acontece mesmo em famílias que não se romperam, pode ser interpretada como padrão legítimo de relação com os filhos.

A instabilidade familiar, embora seja um fator importante, não esgota o significado da circulação de crianças, que pode acontecer mesmo em famílias que não se romperam. Essa circulação, como padrão legítimo de relação com os filhos, pode ser interpretada como um padrão cultural que permite uma solução conciliatória entre o valor da maternidade e as dificuldades concretas de criá-los, levando as mães a não se desligarem deles, mas a manterem o vínculo por meio de uma circulação temporária. Assim, mantêm-se os vínculos de *sangue* com os de *criação*, ambos definindo os laços de parentesco, juntamente com a presença, no mundo da criança, de várias "mães": a que *me criou*, a que *me ganhou* etc. (Fonseca, 2002).

Quanto às obrigações morais dos filhos com relação aos pais, os que *criam* e *cuidam* são merecedores de profunda *retribuição*, sendo um sinal de ingratidão o não *reconhecimento* dessa contrapartida.

As adoções temporárias — ou circulação de crianças — criam uma forma de *apego*, uma afetividade distinta das relações estáveis e duradouras. O sentimento de uma mãe ao *dar seu filho para criar*, como uma questão de ordem sociológica, diz respeito a um padrão cultural segundo o qual as crianças fazem parte da rede de relações que marca o mundo dos pobres, constituindo "dádivas", como observou Fonseca (2002). Assim, *criar* ou *dar* uma criança não é apenas uma questão de possibilidades materiais, inscrevendo-se dentro do padrão de relações que os pobres desenvolvem entre si, caracterizadas por um dar, receber e retribuir contínuos.

A rede de obrigações que se estabelece configura, assim, para os pobres, a noção de família. Sua delimitação não se vincula à pertinência a um grupo genealógico, uma vez que a extensão vertical do parentesco restringe-se àqueles com quem convivem ou conviveram, raramente passando dos avós. Para eles, a extensão da família corresponde à da rede de obrigações: são *da família* aqueles *com quem se pode contar*, quer dizer, *aqueles em quem se pode confiar*.

A noção de família define-se, assim, em torno de um eixo moral. Suas fronteiras sociológicas são traçadas segundo o princípio da obrigação, que lhe dá fundamento, estruturando suas relações. Dispor-se às obrigações morais recíprocas é o que define a pertinência ao grupo familiar. A argumentação deste trabalho vai ao encontro da de Woortmann (1987), para quem, sendo necessário um vínculo mais preciso que o de *sangue* para demarcar quem é parente ou não entre os pobres, a noção de *obrigação* torna-se central à ideia de parentesco, sobrepondo-se aos laços consanguíneos. Essa dimensão moral do parentesco, a mesma que indiferencia os filhos de *sangue* e os de *criação*, delimita também sua extensão horizontal. Como afirma Woortmann (1987), a relação entre pais e filhos constitui o único grupo em que as obrigações são dadas, que *não se escolhem*. As outras relações podem ser seletivas, dependendo de como se estabeleçam as obrigações mútuas dentro da rede de sociabilidade. Não há relações com parentes de *sangue*, se com eles não for possível dar, receber e retribuir, enfim, *confiar*.

Se, em toda a sociedade brasileira, a família é um valor alto, entre os pobres sua importância é central, e não apenas como rede de apoio ou ajuda mútua, diante de sua experiência de desamparo social. A família, para eles, vai além; constitui-se em uma referência simbólica fundamental, que organiza e ordena sua percepção do mundo social, dentro e fora do mundo familiar.

Nesse sentido, é importante, na formulação de políticas sociais, manter o foco na família — homens, mulheres e crianças —, entendida em sua dimensão de rede. No mundo simbólico dos pobres, a família tem precedência sobre os indivíduos, e a vulnerabilidade de um de seus membros implica enfraquecer o grupo como um todo. É evidente que é necessário e urgente considerar as desigualdades de gênero, socialmente instituídas e agravadas nos grupos sociais desfavorecidos, bem como desenredar os fios, mas sempre levando em conta que desigualdades se configuram em relações, dentro de um mundo de significação próprio que precisa ser levado em conta. Sendo assim, no que se refere às famílias pobres, como escutar o discurso daqueles a quem se dirigem as políticas sociais — os pobres — e situá-lo no contexto que lhe dá significado, ou seja, o contexto de quem emite o discurso (e não o de quem o analisa)?

A dificuldade em relativizar os pontos de vista parece ser uma das questões mais relevantes a serem enfrentadas na implementação de políticas sociais.

■ Considerações finais

Soa óbvio mencionar a importância de se perguntar como a própria família define seus problemas, suas necessidades, seus anseios e quais são os recursos de que ela mesma dispõe. Menos óbvio é pensar como ouvimos suas respostas e o estatuto que atribuímos ao que se diz.

Pensar as políticas sociais implica pensar a relação entre si e o outro. O problema reside na concepção de família que subjaz à grande parte das "intervenções" em famílias, o que inibe a possibilidade de elaboração dos problemas individuais e coletivos conforme os recursos que podem estar no próprio âmbito familiar.

Duas ordens de questões estão em jogo: de um lado, a idealização da família, projetada num dever ser (e da própria afetividade como um mundo que exclui o conflito); de outro, está a idealização de si, por parte dos profissionais, expressa na tendência a atribuir-se exclusivamente um saber, com base em sua formação técnica, e negar que a família assistida tenha um saber sobre si própria.

Ouve-se o discurso das famílias como "ignorância", negando que este possa ser levado em conta como um diálogo entre pontos de vista. Essa tendência à desqualificação do outro será tanto mais forte quanto mais a família assistida pertencer aos estratos mais baixos da hierarquia, reproduzindo os mecanismos que instituem a desigualdade social.

À dificuldade que o tema da família apresenta, por sua forte identificação com nossas próprias referências e pelo esforço de estranhamento que a aproximação ao outro exige, soma-se o problema do estatuto que atribuímos ao nosso próprio discurso e, consequentemente, ao discurso do outro. Considerar o ponto de vista alheio envolve o confronto com nosso ponto de vista pessoal, o que significa romper com o estatuto de verdade que os profissionais, técnicos e pesquisadores tendem a atribuir a seu saber. Esse estranhamento permite relativizar seu lugar e pensá-lo como um entre outros discursos legítimos, ainda que enunciados de lugares socialmente desiguais.

A dificuldade de relativização dos pontos de vista parece ser uma das mais relevantes questões a serem trabalhadas na implementação de políticas sociais, assim como em todo trabalho que envolva algum tipo de ajuda não apenas aos pobres, mas a quem quer que seja, deficientes ou doentes, físicos ou mentais.

Finalizando, nas políticas sociais trata-se de transformar o lugar do outro na sociedade. No entanto, como condição prévia a essa transformação, trata-se de mudar o lugar em que nos colocamos perante os demais.

■ Referências bibliográficas

Barbosa, R. M. *Desejo de filhos e infertilidade*: um estudo sobre a reprodução assistida no Brasil. São Paulo, 1999. Tese de Doutorado. Departamento de Sociologia — Universidade Federal de São Paulo. (Mimeo.)

_____. Relações de gênero, infertilidade e novas tecnologias reprodutivas. *Estudos Feministas*, v. 8, n. 1, p. 212-228, 2000.

Bilac, E. D. Mãe certa, pai incerto: da construção social à normatização jurídica da paternidade e da filiação. In: Encontro Anual da Anpocs — GT Família e Sociedade, 10., Caxambu/MG, 1998. (Mimeo.)

Costa, J. F. *Ordem médica e norma familiar*. Rio de Janeiro: Graal, 1979. (Biblioteca de Filosofia e História das Ciências, v. 5.)

Derrida, J.; Roudinesco, E. Familles desordonnées. In: Derrida, J.; Roudinesco, E. *De quoi demain... dialogue*. Paris: Fayard et Galilée, 2001.

Fonseca, C. Aliados e rivais na família: o conflito entre consanguíneos e afins em uma vila porto-alegrense. *Revista Brasileira de Ciências Sociais*, v. 2, n. 4, p. 88-104, jun. 1987.

_____. A vingança de Capitu: DNA, escolha e destino na família brasileira contemporânea. In: Seminário Estudos de Gênero Face aos Dilemas da Sociedade Brasileira. São Paulo, Fundação Carlos Chagas, III Programa Relações de Gênero na Sociedade Brasileira, 2001. (Mimeo.)

_____. *Caminhos da adoção*. 2. ed. São Paulo: Cortez, 2002.

Giddens, A. *A transformação da intimidade*: sexualidade, amor e erotismo nas sociedades modernas. São Paulo: Unesp, 1993.

Goldani, A. M. As famílias brasileiras: mudanças e perspectivas. *Cadernos de Pesquisa*, v. 94, p. 7-22, nov. 1994.

Moraes, M. L. Q. Infância e cidadania. *Cadernos de Pesquisa*, v. 94, p. 23-29, nov. 1994.

Neves, D. P. Nesse terreiro, galo não canta: estudo do caráter matrifocal de unidades familiares de baixa renda. *Anuário Antropológico/83*. Rio de Janeiro: Tempo Brasileiro, 1984.

Rohden, F. *Uma ciência da diferença*: sexo e gênero na medicina da mulher. Rio de Janeiro: Fiocruz, 2001. (Antropologia e Saúde.)

Romanelli, G. Autoridade e poder na família. In: Carvalho, M. C. B. de (Org.). *A família contemporânea em debate*. São Paulo: EDUC, 1995. p. 63-88.

Sarti, C. A. Família e individualidade: um problema moderno. In: Carvalho, M. C. B. de (Org.). *A família contemporânea em debate*. São Paulo: Educ, 1995. p. 39-49.

_____. Família e jovens: no horizonte das ações. *Revista Brasileira de Educação*, v. 11, p. 99-109, 1999.

_____. *A família como espelho*: um estudo sobre a moral dos pobres. 2. ed. rev. São Paulo: Cortez, 2003.

Scavone, L. Impactos das tecnologias médicas na família. *Saúde em Debate*, v. 40, p. 48-53, set. 1993.

_____. Tecnologias reprodutivas: novas escolhas, antigos conflitos. *Cadernos Pagu*, v. 10, p. 83-112, 1998.

SCOTT, P. R. O homem na matrifocalidade: gênero, percepção e experiências do domínio doméstico. *Cadernos de Pesquisa*, v. 73, p. 38-47, maio 1990.

STRATHERN, M. Necessidade de pais, necessidade de mães. *Estudos Feministas*, v. 3, n. 2, p. 303-329, 1995.

WOORTMANN, K. Casa e família operária. *Anuário Antropológico/80*, Rio de Janeiro/Fortaleza: Tempo Brasileiro: UFC, 1982. p. 119-50.

_____. *A família das mulheres*. Rio de Janeiro: Tempo Brasileiro/CNPq, 1987.

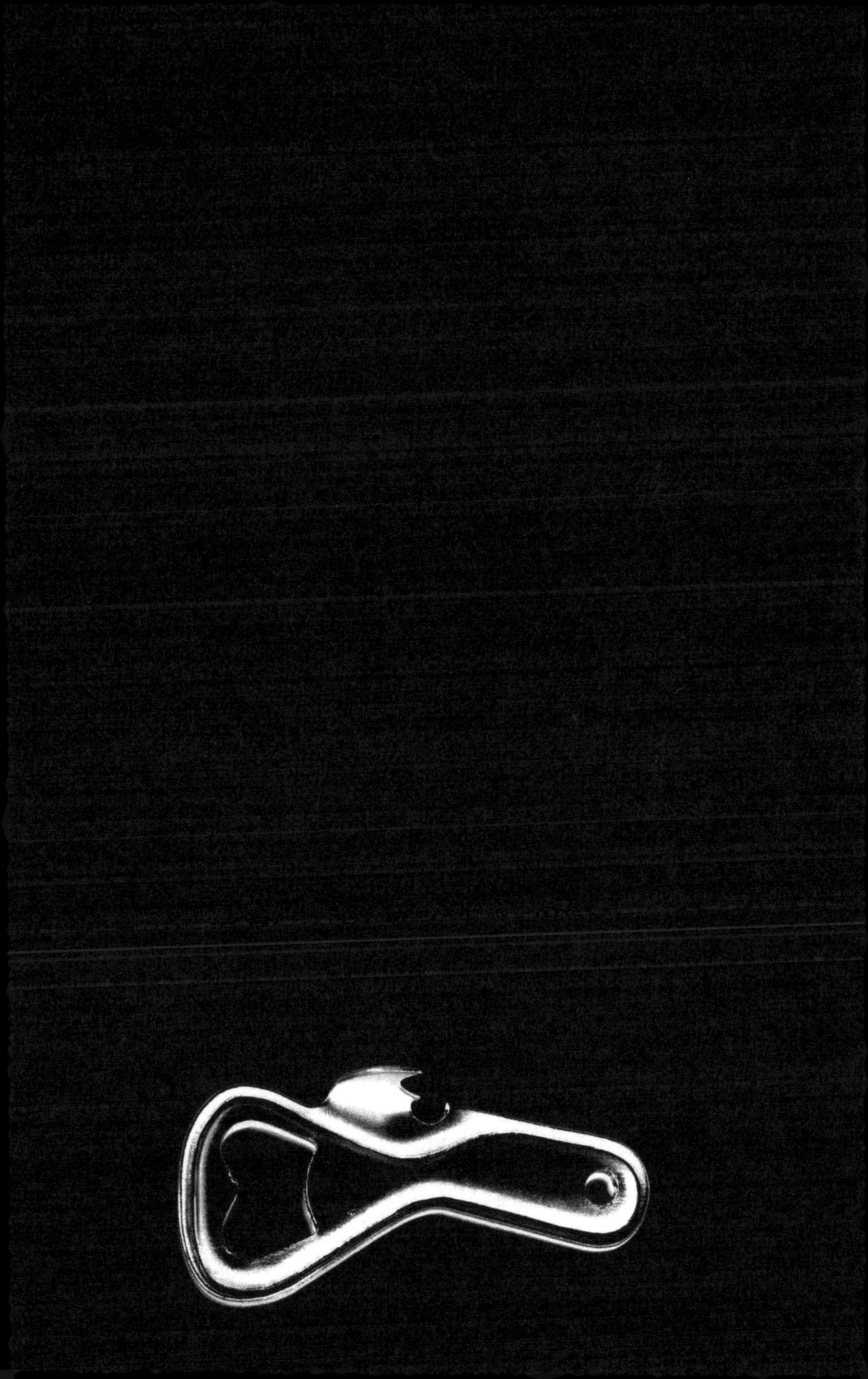

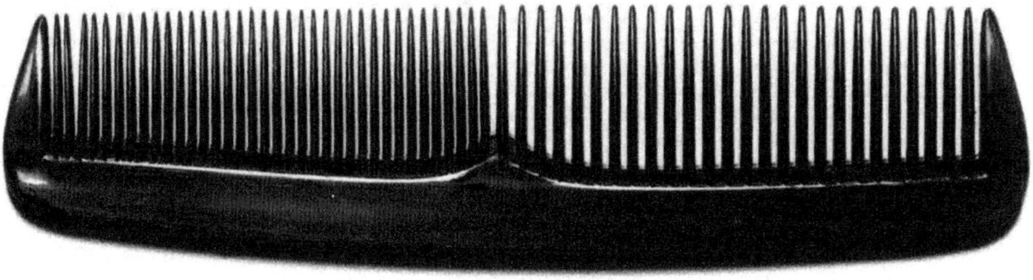

Família e afetividade:
a configuração de uma práxis ético-política, perigos e oportunidades

BADER B. SAWAIA*

■ Introdução

O objetivo do presente texto é defender a importância da adoção da família e da afetividade como territorialidade e estratégia da ação emancipadora que permite enfrentar e resistir à profunda desigualdade social modelada pelo neoliberalismo, bem como ao Zeitgeist (espírito de época), uma composição de valores intimistas, individualistas, e de lógica fundamentalista.

Esta opção representa mudança do paradigma da ação transformadora, na direção de uma ontologia e de uma epistemologia que não separam a razão da emoção, a organização socioeconômica da configuração subjetiva, a esfera privada da pública, tampouco a estética e a ética da política.

Nessa perspectiva, a ação e a reflexão ético-políticas equivalem à análise e à prática voltadas às emoções e os desejos, o que significa considerar que a humilhação, a vergonha, o medo, o ódio, assim como a felicidade, são os estofos da organização social e da moralidade. Com base nessas ideias reguladoras, partilho com Negri a tese de que "o nível ontológico da resistência, frente à globalização imperial, à lógica fundamentalista e ao enaltecimento da felicidade privada, é desejo de construir conjuntos, a paixão pelo comum" (2002, p. 119), o que significa eleger como meta da ação revolucionária a construção da liberdade e da alegria de estar em conjunto. Em lugar das palavras de ordem tradicionais dos movimentos sociais, como conscientização e mobilização, adotar a afetivização e a (com)paixão. Em vez de rejeitar a família como lugar do intimismo alienador, explorar sua função emancipadora no atual momento histórico, por ser espaço privilegiado de arregimentação e fruição da "paixão pelo comum".

* Doutora em Psicologia Social pela PUC-SP; professora e coordenadora do Curso de Pós-Graduação em Psicologia Social da PUC-SP.

Para justificar essa opção, pode-se afirmar que é a base afetivo-volitiva da ação política que nos permite entender por que, muitas vezes, se resolve o problema institucional e legal, mas fica o preconceito, a exploração e a servidão.

■ Afetividade

A afetividade é um meio de penetrar no que há de mais singular na vida social coletiva, pois ela constitui um universo peculiar da configuração subjetiva das relações sociais de dominação. É um fenômeno privado, mas cuja gênese e consequência são sociais (Vygotsky, 1934-1982), constituindo-se em ponto de tramitação do social e do psicológico, da mente e do corpo e, principalmente, da razão e da emoção. Segundo Dejours (1999), "negar ou desprezar a afetividade é nada menos do que negar ou desprezar o homem, sua humanidade, o que é negar a própria vida". E, o que é mais importante, essa práxis usa, para reproduzir-se, os mesmos recursos e espaços de ação privilegiados pelo neoliberalismo e pela pós-modernidade. Corpos e sentimentos são as novas mercadorias de manipulação comercial e publicitária: vendem-se o *"fast love"*, o "bom humor *full time*", além de todas as variações do prefixo "auto", especialmente a autoestima, a autorresponsabilidade (como se fôssemos *causa-sui*). As redes de sociabilidade e de solidariedade que a família é capaz de promover ganham nova importância política no contexto do Estado mínimo.

■ Família

Família é conceito que aparece e desaparece das teorias sociais e humanas, ora enaltecida, ora demonizada. É acusada como gênese de todos os males, especialmente da repressão e da servidão, ou exaltada como provedora do corpo e da alma. Ao longo da história, muitas tentativas foram feitas para combater sua força, tanto por movimentos de direita quanto pelos de esquerda, comunitários e fascistas, como os *kibutz* e o enaltecimento das crianças que denunciavam os próprios pais para defender a pátria. Lutou-se contra sua força agregadora e socializadora, buscando-se novos espaços fora do grupo doméstico, de ajuda mútua, relações de trocas, redes de obrigações e direitos mais racionais e libertadores, capazes de mobilizar a população em torno de questões coletivas.

Nos anos 1960, nas teorias e nas práticas sociais críticas, a família é vista como antagônica à organização popular e aos movimentos sociais. Ela é o espaço da reprodução do capital e da alienação; garante, por meio da ação da mãe (boa gestora da pobreza), a socialização menos rebelde e menos dispendiosa; é menosprezada como o lugar da intimidade, das emoções e da irracionalidade, como mediação privilegiada da reprodução da desigualdade e do autoritarismo. Portanto, constitui um espaço antagônico à esfera pública, espaço da liberdade, por isso foi substituída por comunidade, grupo, sindicato, classe... A família foi culpada, por parte da Escola de Frankfurt, pela captura do movimento operário alemão, na época maduro para a revolução socialista, pelo nazismo.

Família é conceito que aparece e desaparece das teorias sociais e humanas, ora acusada de gênese de todos os males, ora exaltada como provedora do corpo e da alma.

Enfim, reproduziu-se teoricamente e na prática das ciências humanas e sociais crítico-transformadoras a cisão promovida na Grécia Antiga entre público e privado, que concebe a intimidade como a esfera do labor, do feminino, do "comezinho", da servidão às necessidades de sobrevivência do organismo, enquanto o espaço público é a esfera das relações livres para o exercício da persuasão. Uma das consequências dessa cisão foi a legitimação de uma concepção de democracia cindida no plano singular: a abertura ao outro nos movimentos e o exercício da tirania no lar, com mulheres e filhos.

Também se apregoava sua extinção, demonstrando que a família perdia gradativamente suas funções clássicas de cuidar e educar. Só recebia atenção nos debates sobre controle da natalidade ou para delinear a composição da unidade doméstica. Todavia, as tentativas e as previsões sobre o seu desaparecimento não deram certo. Ela continua sendo, para o bem ou para o mal, a mediação entre o indivíduo e a sociedade. E mais, assiste-se hoje ao enaltecimento dessa instituição, que é festejada e está em evidência nas políticas públicas, e é desejada pelos jovens.

Uma pesquisa realizada pela Unicef em 2002, com parcela representativa da população jovem de diferentes condições sociais e de todas as regiões do Brasil, indica que 95% percebem a família como a mais importante das instituições; 70% declararam mesmo que a convivência familiar é motivo de alegria.

O que este *revival* significa? Para responder, é necessário situá-lo historicamente.

O contexto em que emerge, como já foi dito e é conhecido por todos, é o do neoliberalismo, caracterizado por Estado mínimo, capital volátil, crise de emprego, aumento da miséria, manipulação comercial e publicitária de corpos e sentimentos. As instituições não mais promovem modelos de identificação e confiabilidade, e o indivíduo está fechado em si mesmo, encastelado e autoabsorto em seu narcisismo. Nesse contexto, o Estado, isentando-se dos deveres de prover o cuidado dos cidadãos, sobrecarrega a família, conclamando-a a ser parceira da escola e das políticas públicas, e a sociedade, atônita, na ausência de "lugares com calor", elege-a como o lugar da proteção social e psicológica.

Assiste-se a uma valorização sem precedentes do privado e da subjetividade, a uma dilatação do eu e da retórica do "auto", concomitantemente a uma desconfiança do público. Sennet (1989) denomina de "ditadura da intimidade" a esse movimento de se considerar como um fim em si mesmo o estar em privacidade, a sós ou com amigos e a família, do eu tornar-se figura central de tal forma que a subjetividade vira uma obsessão e as pessoas se afastam do mundo externo que lhes parece vazio, buscando sempre recompensas psicológicas imediatas. Essa "ditadura intimista" estimula as emoções particulares e a retórica do prefixo "auto", como bem retratado em uma frase popular atual: "O primeiro ato é gostar de mim, o resto se resolve".

O intimismo e o neoliberalismo deslocam os antigos cenários de luta de classes, instalando-se no biopoder. Essa afirmação é feita por Negri na excelente análise que realiza acerca da passagem do imperialismo ao império americano (Hardt e Negri, 2002) e de como a nova organização política mundial se concentra na ordem emocional, destacando que o valor afeto (produção e circulação de emoções e sentimentos) é tão importante quanto o valor trabalho, uma vez que esse último não é mais manual, mas cerebral.

A biopolítica tem como estofo a dimensão físico-emocional. A vitalidade de nossos corpos e mentes é vendida e comprada, disciplinada e gerenciada, configurando uma "política de afetividade" ou o biopoder já anunciado por Foucault, o qual alertava, nos anos 1980, que a economia não é independente dos territórios particulares dos desejos dos homens. A subordinação política é realizada em regimes de práticas diárias, flexíveis, mas que criam hierarquias brutais.

Defende-se aqui o trabalho socioeducativo e militante, que adota a família como lócus do protagonismo social, visando usar o feitiço contra o feiticeiro.

Como exemplo, pode-se lembrar o enaltecimento de paixões mesquinhas e medíocres, que isolam as pessoas, legitimado pelo hino do direito à diferença e pela valorização dos recursos internos do tipo "você consegue, basta querer", "você é dono de sua vontade". Ou das emoções que levam a pessoa à busca da satisfação num outro que só existe imaginariamente, como alerta Espinosa (1957): "Amando-se coisas perecíveis e cuja posse exclui os demais, a felicidade será perecível e ameaçada pelo desejo do outro".

Nas empresas, peritos criam receitas e tecnologias para manipular e medir o resultado financeiro do adestramento das emoções — o capital emocional ou o coeficiente emocional do capital.

■ Família e afetividade: perigos e oportunidades

Essa introdução teve o objetivo de contextualizar a tese do presente texto, para que seja possível compreender os perigos e as oportunidades da adoção da família e da afetividade na prática ético-política.

A tese aqui defendida é homeopática; defende o trabalho socioeducativo e militante, que adota a família como lócus do protagonismo social para usar o feitiço contra o feiticeiro, ir na contracorrente do biopoder, usando o mesmo remédio para obter efeitos contrários: em lugar da disciplinarização, a liberdade; em lugar do isolamento, a abertura ao coletivo.

A escolha da família se justifica graças à sua principal característica, o valor afeto. Em minha opinião, esta é a principal força que explica sua permanência na história da humanidade. Ela é o único grupo que promove, sem separação, a sobrevivência biológica e humana, isto é, a sobrevivência na concepção espinosana de movimento, ao mesmo tempo de conservação e de expansão. Não cinde razão, emoção e ação, nem eficácia instrumental estética. Ao contrário, sua eficiência depende da sensibilidade e da qualidade dos vínculos afetivos, especialmente da "paixão pelo comum". O perigo é que, por essas características, ela possa se tornar instrumento privilegiado de sustentação do poder, uma vez que sua maior qualidade é estratégia oficial da globalização imperial, que concentra a política na ordem emocional e domina o corpo por inteiro.

Em vez de se constituir em princípio de unidade na diversidade e de criação de novas formas de resistência à massificação, a família corre o risco de se transformar em um grupo apartheid e fratricida, com tendência fundamentalista, acompanhando um movimento de resistência perversa ao enfraquecimento de todos os valores aglutinadores do nós coletivo, que é o de criação de identidades locais segundo características de religião, raça ou qualquer outro traço distintivo, mas com qualidade associativista, individualizante e "guetorizada", que permite o excesso de violência contra os pares e os outros, em lugar de novas formas de nós. Morin (1990) descreve esse tipo de agrupamento de "associativismo de gangue": espécie de contrato de alma sujeito a regras coercitivas e ditatoriais, uma união de indivíduos atomizados e reprimidos pautada por fidelidade pessoal e agressão a tudo o que é diferente.

O outro perigo é o do poder transvertido de amor, uma forma de inclusão perversa, eficiente, o que significa associar amor, autoritarismo e respeito, ou trocar afeto, por obediência, de forma que a submissão seja sentida como amor (para ter afeto dos pais é preciso obedecer).

O terceiro risco é confundir intimidade com democracia e liberdade, enquanto ela cria hierarquias poderosas e mesmo sutis. A proximidade física não aumenta o calor humano, como fala Sennet: "quanto mais chegadas as pessoas, menos sociais, mais dolorosas e fratricidas serão suas relações" (1989, p. 412). A intimidade é opressiva quando é considerada como uma exigência de relação emocional em tempo integral e não lugar de desejo do comum.

Os crimes em família, que apareceram com frequência na mídia em 2002 e 2003 e tem nos horrorizado pela crueldade, reforçam a tese de Sennet. A causa relatada pelos assassinos é a necessidade de recuperar aquilo de que foram levados a se privar ou que julgam ser seu de direito — a ação repressiva dos pais, o uso de drogas, a falta de amor, a falta de dinheiro, a loucura. Todos esses motivos alegados têm em comum a supremacia do culto ao indivíduo, aliado ao imperativo moral de ser feliz a qualquer custo e legitimado pela retórica de que o amor redime e justifica a violência: busca individual e solitária da felicidade. Os crimes em família desnudam as forças contraditórias a que ela está submetida.

Falamos do sofrimento ético-político, que é a dor (físico-emocional) evitável do ponto de vista social, pois é infligida pelas leis racionais da sociedade.

Por último, tem-se o risco de culpabilizar, responsabilizar e sobrecarregar a família como negociadora, provedora, cuidadora, alavancadora, lugar do acolhimento. E não se pode esquecer também do perigo das idealizações e dos estereótipos sobre a vida em família e o casamento, que, de um lado, (re)criam a imagem do *happy end* ("casaram-se e foram felizes para sempre") e, de outro, o que é mais atual, associam vida em família com perda da liberdade.

■ Por uma práxis ético-política

Como evitar os perigos de se trabalhar o valor afeto, levando-o a potencializar o desejo de construir em conjunto a liberdade e a felicidade de estar em conjunto, transformando a família em uma infinidade de singularidades? Em outras palavras, como gerar uma instância política baseada na ação sobre os afetos na família?

■ **1.** Em primeiro lugar, **eleger o valor afeto na ação social com famílias pobres**. As ações comunitárias e políticas públicas planejam ações como se os pobres não tivessem necessidades elevadas e sutilezas psicológicas. Isto significa olhar a família que sofre e não a família de risco ou a família incapaz.

■ **2.** Trabalhar o valor afeto não é ajudar as pessoas a se sentirem um pouco melhor em sua pobreza ou gastar energia para ocultar a dor ou para manter a família unida a qualquer custo. Todas essas medidas redundam na cristalização do sofrimento. O objetivo é **potencializar** as pessoas para combater o que causa o sofrimento.

Quando falamos de sofrimento, estamos nos referindo a um específico, ao **sofrimento ético-político**, que é a dor (físico-emocional) evitável do ponto de vista social, pois é infligida pelas leis racionais da sociedade a sujeitos que ocupam determinadas posições sociais. Falamos do sofrimento que a sociedade impõe a alguns de seus membros, da ordem da injustiça, do preconceito e da falta de dignidade. Referimo-nos, como fala Shakespeare, ao sofrimento de ser forçado ao sofrimento pela condição social. Esse sofrimento empobrece e afunila o campo de experiências e de percepções, bloqueando a imaginação e a reflexão; torna as pessoas impotentes para a liberdade e a felicidade, quer na forma de submissão, quer na de ódio e fanatismo. Seu exemplo mais emblemático é o **sofrimento da indignação moral**, que pode manifestar-se seja como desamparo, violência contra familiares e alcoolismo, na intimidade, seja como passividade ou rebelião e criminalidade, na vida pública.

As pesquisas realizadas pelo Nexin, com o objetivo de refletir sobre a dimensão psicossocial da dialética exclusão/inclusão, revelam que o principal sofrimento da mãe é gerado pelo sentimento de incompetência para proteger os seus, o que leva as mulheres a trancafiarem os filhos e a castigá-los fisicamente. Para o homem, o sofrimento maior é o de não conseguir prover financeiramente o lar, o que motiva o alcoolismo e a dependência química (Botarelli, 2002).

Além desses, mas relacionados a eles, há uma série de sentimentos que se podem avaliar como constituintes do sofrimento ético-político de mães, pais e filhos adolescentes. As mães têm medo do destino de criminalidade dos filhos, de receberem notícia da morte de um deles, das relações tensas e violentas entre pais e filhos, da filha seguir seu modelo e ficar presa ao universo doméstico. Também se queixam de **tristeza** e **vergonha** por não conseguirem entrosar-se com os filhos e o marido, por não conseguirem acompanhar a vida escolar dos filhos e pelas humilhações que eles sofrem na escola, na família e no bairro.

Os sentimentos alegres são raros. A maioria dos relatos refere-se à alegria sentida por ocasião da separação do casal (a mais frequente) e participação em igrejas. Também causam alegria poder voltar a estudar, manter o ambiente doméstico sem bebida e palavrões, fazer melhorias na casa, cuidar da própria aparência e ficar mais bela. Outra fonte de alegria são as recordações das relações carinhosas com a família de origem.

A concepção adotada de afetividade é espinosana. (...) Os afetos são espaços de vivência da ética, pois qualificam as ações e as relações humanas.

Os afetos dos jovens a esse respeito são contraditórios. De um lado, sentem mágoa e ressentimento, sentimento de abandono, rejeição e frustração. De outro, valorizam a família e a desejam: *"Família é aquela coisa que dá sossego"*; *"Onde eu sou eu, um eu..."* A mãe é alvo de amor, gratidão e compaixão (os jovens se entristecem com seu sofrimento). O pai está associado a perda, raiva e vergonha, tanto por sua incapacidade de cuidar financeiramente da casa como pelo alcoolismo.

Trabalhar afeto não é exigir alegria ininterrupta. O sentimento é mau quando impede a pessoa de pensar, de afetar e ser afetado por outros corpos, mesmo quando seja um afeto alegre. Stuart Mills (1984) já falou que mais vale um Sócrates triste do que mil suínos alegres. A alegria e o sofrimento são bons quando corrigem o intelecto e não obscurecem a crítica social aos adestramentos, bem como às limitações impostas pela situação de exclusão.

Trabalhar o "desejo do comum" não é exigir o corporativismo e o fundamentalismo, tampouco a busca de um nós para controlar a incerteza ou tirar o peso de ter que pensar por si próprio. Como alerta Melucci: "Há nas sociedades complexas o aparecimento de um integralismo que busca controlar a incerteza através de algum princípio de unidade" (1991, p. 170). Desejo do comum equivale a ligar-se ao outro sem seu despotismo (Badiou, 1995), é ser um nós sem perder o sentimento de ser único e, assim, poder dispor de si e do outro para a ação coletiva (Sawaia, 2002b).

■ **3.** A concepção de afetividade aqui adotada é espinosana, que desloca o político para o campo da ética e ambos aos afetos, enfatizando que a vida ética começa no interior das paixões. Os afetos são espaços de vivência da ética, pois qualificam as ações e as relações humanas.

Impulsionados pelos afetos é que decidimos se algo é bom ou não e que determinada ação deve ser evitada. Também são eles que aumentam ou diminuem nossa potência de agir em prol de nossa necessidade de liberdade. Se estamos alegres, corpo, pensamento, impressões e imagens constituem um mundo alegre.

Perguntar por afeto (afecções do corpo, poder de afetar e ser afetado por outros corpos) é perguntar pelos poderosos processos que determinam os sujeitos como livres ou como escravos.

As emoções tristes sustentam governos ditatoriais. O medo do castigo, a esperança de recompensa e de usufruir migalhas do poder, a humilhação, o revanchismo, o ódio são as paixões tristes que servem ao Estado e às religiões. É por meio delas e da superstição que o indivíduo se submete aos desejos e às vontades alheias, inibindo a sua própria capacidade de agir e pensar livremente. Ao sermos afetados por paixões tristes, passamos a nos guiar pelas ideias dos outros e a clamar por uma ordem heterônoma que nos salve da obrigação de nos comandarmos por nós mesmos.

Segundo essa concepção, uma política socioeconômica excludente precisa inibir a potência de ação, portanto, para reproduzir-se, precisa investir na cristalização da capacidade de afetar e ser afetado.

Potência de ação, para Espinosa (1957), é a força de conservação e de expansão da vida. É a aptidão do corpo e da mente para a pluralidade simultânea, isto é, força do corpo para afetar outros corpos e ser por eles afetados de inúmeras maneiras simultâneas, sem ser por eles dominado nem dominá-los, aumentando sua capacidade de viver; e é força da mente para conceber inúmeras ideias e desejar simultaneamente tudo o que aumente sua capacidade de pensar.

Essa aptidão em si mesma é uma abstração; ela só é possível, aumentando ou diminuindo, mediante encontros com outros corpos, nunca só, de forma que a potência de cada um é fruto da relação estabelecida. Isso torna o outro homem, genérico ou concreto, o maior bem. Por essa razão, Espinosa considera a potência de ação como o único fundamento da virtude, indicador confiável da qualidade ética das ações.

Em síntese, como indica esse filósofo da alegria, perguntar por afeto é perguntar pelos poderosos processos que determinam os sujeitos como livres ou como escravos. Para discutir ética e política, devemos nos voltar, portanto, à gênese dos afetos, a suas diferenças intrínsecas e efeitos variados (Chaui, 1995). E para

Em síntese, a práxis ético-política com famílias atua nas emoções para se contrapor à pobreza e à dominação.

se conseguir a democracia é preciso desenvolver a potência de ação de cada um.

■ **4.** Mais do que analisar a influência da estrutura familiar (pai ou mãe ausente), deve-se perguntar pela afetividade que une a família gerada. O desafio é criar famílias crioulas, amebas (fundadas em identidades múltiplas inacabadas, que se reinventam para que se tornem: a) representantes das necessidades humanas, com legitimidade e competência para levar, às esferas de negociação pública global, as angústias sinceras dos diferentes domínios sociais, e para enfrentar a feudalização do planeta causada pelo princípio de mercado; b) lugares com calor, porto seguro de onde se sai e aonde se chega.

■ **5.** Nessa práxis, cabe negar a política de afetividade dominante, na dimensão epistemológica, cultural e intersubjetiva. Em lugar da capacidade para suportar o sofrimento e não exprimir as emoções, deve-se atuar nos mecanismos sociais de inibição do desejo de liberdade e da sensibilidade ao sofrimento, recuperar a capacidade de afetar e ser afetado.

Segundo Vygotsky (1935-1982), quanto mais pobre for o campo perceptivo, mais escravo do campo sensorial nos tornamos e mais insuficiente torna-se a diferenciação do mundo perceptivo e emotivo. O nazismo soube muito bem trabalhar o afunilamento das emoções a um único campo, para assim mobilizar as massas.

É preciso trabalhar os regimes de sensibilidade, corpo, emoção, na dimensão íntima (sexualidade, relações afetivas, subjetividade desejo), e no plano coletivo (consumo, mídia, relações de produção), para tirar as famílias do ensimesmamento: pela participação em outro coletivo, agir sobre a desqualificação de si e dos familiares.

■ **6.** O planejamento das ações deve se orientar pela concepção de que só a razão não é força capaz de dominar a paixão. Só uma paixão mais forte domina outra mais fraca. Em contrapartida, a paixão, sozinha, sem o intelecto, torna a pessoa escrava do campo sensorial; e só a força das emoções não produz uma obra de arte: "Por si só, nem o mais sincero sentimento é capaz de criar arte; para tanto, ele precisa ultrapassar-se" (Vygotsky, 1925-1998). Daí decorre que o projeto coletivo não pode desconsiderar o gozo individual, tampouco exigir sacrifícios remetendo ao futuro a satisfação (paradigma da redenção).

Em síntese, a práxis ético-política com famílias atua nas emoções para se contrapor à pobreza e à dominação. Como fala Espinosa, a política nasce do desejo humano de libertar-se do medo, da solidão: "Só as pessoas livres e felizes são gratas umas as outras e estão ligadas por fortes laços de amizade. As servis ligam-se por recompensa, medo" (1957, livro IV), ressaltando o caráter ético e político dos afetos.

São esses os pressupostos que nos fizeram eleger, como estratégia e espaço da práxis ético-política, a família e a afetividade, e a definir como seu alvo o "desejo do comum", a disposição de viver em comum, que, segundo Espinosa, é a disposição de viver em paz, sem pôr fim aos seus conflitos e aos desejos contrários e sem a necessidade de pactos políticos ou éticas normativas (Chaui, 2003).

■ Referências bibliográficas

A<small>RENDT</small>, H. *Da revolução*. São Paulo: Ática, 1988.

B<small>ADIOU</small>, A. *Ética:* um ensaio sobre a consciência do mal. Rio de Janeiro: Relume-Dumará, 1995.

B<small>ODEI</small>, R. *Geometría de las pasiones* — miedo, esperanza, felicidad: filosofía y uso político. México: Fondo de Cultura Económica, 1995.

B<small>OTARELLI</small>, A. *Exclusão e sofrimento:* o lugar da afetividade em programas de atendimento às famílias pobres. Dissertação (Mestrado) — Programa de Psicologia Social da Pontifícia Universidade Católica, São Paulo, 2002.

B<small>OURDIEU</small>, P. *Contrafogos:* táticas para enfrentar a invasão neoliberal. Rio de Janeiro: Zahar, 1999.

CHAUI, M. *Espinosa*: uma filosofia da liberdade. São Paulo: Moderna, 1995.

_____. *Política em Espinosa*. São Paulo: Companhia das Letras, 2003.

DEJOURS, C. *A banalização da injustiça social*. Rio de Janeiro: Fundação Getúlio Vargas, 1999.

ESPINOSA, B. *Ética*. 3. ed. São Paulo: Atenas, 1957.

FOUCAULT, M. *Vigiar e punir:* nascimento da prisão. Petrópolis: Vozes, 1996.

HARDT, M.; Negri, A. *O Império*. Rio de Janeiro: Record, 2002.

HELLER, A. *The power of shame*. London: Routledge & Keagan Paul, 1985.

MELUCCI, A. *L' invenzione del presente*. Bologna: Mulino, 1991.

MILLS, J. Stuart. *Utilitarismo*. Madrid: Alianza, 1984.

MORIN, E. *Cultura de massa no século XX*: o espírito da época. Neurose. Rio de Janeiro: Forense Universitária, 1990. v. 1.

NEGRI, A. *Du retour*: abécédaire biopolitique. Entretiens avec Anne Dufourmantelle. Paris: Calmann-Lévy, 2002.

SAWAIA, B. B. O sofrimento ético-político como categoria de análise da dialética exclusão/inclusão. In: SAWAIA, B. B. (Org.). *As artimanhas da exclusão*: análise psicossocial e ética da desigualdade social. 4. ed. Petrópolis: Vozes, 2002a. p. 97-118.

_____. Identidade: uma ideologia separatista. In: SAWAIA, B. B. (Org.). *As artimanhas da exclusão*: análise psicossocial e ética da desigualdade social. 4. ed. Petrópolis: Vozes, 2002b. p. 119-127.

_____. *A clínica ético-política*: uma proposta de práxis baseada na terapêutica das paixões de Espinosa. São Paulo, 2003. (Mimeo.)

SENNET, R. *O declínio do homem público*: as tiranias da intimidade. 3. ed. São Paulo: Companhia das Letras, 1989.

VYGOTSKY, L. S. *Pensamiento y palabra*. In: VYGOTSKY, L. S. *Obras escogidas*. Madrid: Visor, 1934/1982. v. 2.

_____. *El problema del retraso mental*. In: VYGOTSKY, L. S. *Obras escogidas*. Madrid: Visor, 1935/1982. v. 5.

_____. *Psicologia da arte*. São Paulo: Martins Fontes, 1925/1998.

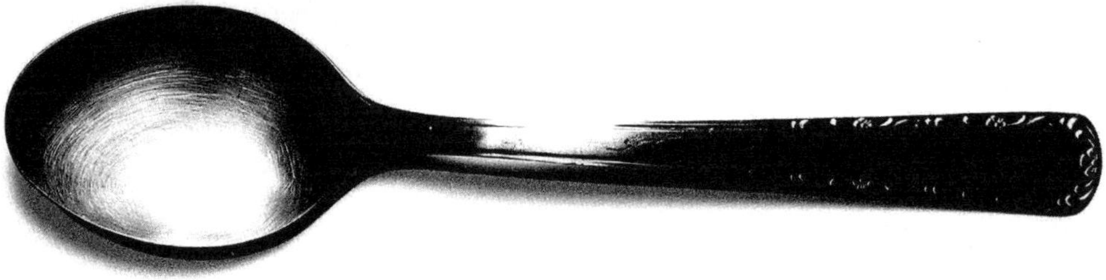

Ser criança: um momento do ser humano
Heloiza Szymanski*

Como olhamos a criança

— *Como você se chama?*
— *Menino.*
　　　　Walter Salles, *Abril Despedaçado*, 2001

Esse diálogo nos remete à concepção de criança vigente há séculos, quando a continuidade da linhagem definia o sentido da família. O indivíduo não contava tanto quanto a linhagem. Na época, a mortalidade infantil era tanta que os vínculos eram construídos contando-se com essa possibilidade. Os pequenos poderiam também ser meros brinquedos para os adultos, para diverti-los, e serem mesmo objetos de abuso sexual (Ariès, 1978; Gélis, 1991).

No filme *Abril Despedaçado*, a honra da família superava em importância a vida dos filhos. Gélis (ibidem) nos mostra como historicamente essa concepção foi mudando, tendo o sentido de família se transformado, tornando-se um lugar de intimidade e afetividade. E deixou-se de priorizar a continuidade da linhagem, mas a da vida, além da realização do amor (romântico) entre adultos e entre estes e a criança.

A mudança de atitude em relação à criança, no sentido de considerá-la em sua individualidade, ocorre simultaneamente às mudanças culturais associadas à emergência de uma vida urbana mais intensa, no decorrer de um longo período de tempo que tem início no século XV.

Os textos históricos mostram claramente como as práticas de nutrição, de cuidados e educação estiveram sempre atreladas à noção predominante de infância. Assim, ora se considerava prática louvável o aleitamento materno, ora não; ora a expressão de afeto era desejável, ora não; ora se propunha uma educação

* Psicóloga, doutora, professora vice-coordenadora do Curso de Pós-Graduação em Psicologia da Educação da PUC-SP.

privada, ora esta era considerada nefasta (idem, ibidem). A passagem da família-tronco para a família nuclear, ao longo da Renascença, traz consequências diretas para as crianças: integrá-las na comunidade por meio de uma educação escolar como indivíduo de direito na sociedade, que é o início de um processo que se consolidou na contemporaneidade.

Mais tarde, com a evolução das ciências humanas, em especial da psicologia, surgiram várias concepções sobre o desenvolvimento humano, das quais emergiram práticas educativas e psicológicas a que as crianças e adolescentes têm galhardamente sobrevivido. Algumas, entretanto, sucumbem e passam a engrossar as fileiras dos excluídos de um processo de educação formal que foi pensado para contextos de desenvolvimento diferentes dos seus.

Essas considerações apontam para o caráter social, histórico e ideológico da noção de desenvolvimento humano, o qual, cada vez mais, está assumindo um cunho relacional que leva em conta as influências sociais, econômicas e culturais nos múltiplos níveis de proximidade da criança (McLoyd, 1998, p. 188), desafiando a concepção de "unilinearidade do desenvolvimento cognitivo, social e moral" (Nunes, 1994: 9).

Esse caráter relacional está presente na definição de desenvolvimento humano apresentada por Bronfenbrenner: "uma mudança duradoura na maneira como uma pessoa percebe e lida com o seu ambiente"[1] (1986, p. 5). Nessa definição, pode-se perceber o quanto o ser em desenvolvimento é ativo no processo de trocas recíprocas com o mundo em que vive, o qual, por sua vez, também está em relação com outros ambientes, num contínuo processo de mudança.

Para Bronfenbrenner, o mundo em torno é provocador, desperta disposições, tem aspectos atraentes e repelentes. Importante, em sua concepção, é o valor dado ao *significado* que as *atividades,* os *papéis sociais* e as *relações interpessoais* vividas nas interações face a face têm para a pessoa em desenvolvimento.

Estamos considerando, aqui, os aspectos sociais e educacionais do desenvolvimento da criança e do adolescente. Citando Nunes, deve ser lembrado: "o conceito de reatividade no desenvolvimento infantil: as sociedades estabelecem ambientes para o desenvolvimento de modos específicos de comporta-

[1] Ambiente aqui é entendido como indo muito além das pessoas e dos objetos envolvidos no espaço físico imediato. É constituído pelas relações entre as pessoas, sendo fundamental a natureza desses vínculos interpessoais no processo de desenvolvimento.

mento que se espera que as crianças apresentem, e, no geral, elas crescem da maneira esperada" (1994, p. 7).

Desenvolvimento não é um conceito ideologicamente neutro, pois, como aponta essa autora, apresenta conotações avaliativas que podem se tornar um problema quando se consideram práticas educativas indiscriminadamente aplicadas a crianças e jovens de diferentes culturas, origens ou classes sociais.

Para Merleau-Ponty (1990a, p. 7), desenvolvimento é

Merleau-Ponty nos chama a atenção para a criança como um fenômeno positivo, e não como um adulto inacabado, imperfeito.

"Noção central na psicologia da criança, porque a criança é apenas desenvolvimento. Noção paradoxal, pois ela não supõe nem continuidade absoluta, nem descontinuidade absoluta, ou seja, o desenvolvimento não é nem adição de elementos homogêneos, nem uma sequência de etapas sem transição."

Esse autor nos chama a atenção para a criança como um fenômeno positivo. A criança não é um adulto inacabado, imperfeito. Um exemplo desse pensamento aparece em afirmações do tipo: "a criança não tem atenção concentrada", "não simboliza adequadamente", "não classifica" etc. Tais proposições refletem um pensamento etnocêntrico, "adultocêntrico". A diferença entre o pensamento adulto e o infantil não deve nos impedir de ver o sentido positivo que nele se encerra.

Merleau-Ponty (1990b) exemplifica essa atitude referindo-se a diferentes modos de se encarar o desenho infantil, que também podem ser estendidas à consideração de sua linguagem, da expressão escrita, da emoção, bem como de seus sentimentos e projetos:

- como algo *desprovido de interesse*: chama-a de atitude do homem "clássico", ou seja, só se vê o que lhe falta para ser "perfeito", na ótica do adulto;
- como algo *interessante e digno de estudo*, com uma estrutura própria, mas como algo "imperfeito"; um esboço do que seria a representação "verdadeira" do objeto: essa é a atitude de muitos psicólogos;
- como algo que tem um *sentido positivo*.

Quanto a esse último modo, Merleau-Ponty indaga-se: Será que não é uma outra maneira de ver? (no caso da perspectiva) Para o que se volta sua atenção? Como a criança simboliza? Como vive a temporalidade e a espacialidade? Como ordena os objetos e eventos? Que interpretações do mundo circundante ela desenvolve?

Na positividade, pode-se ver na produção da criança "uma prova de sua liberdade em relação aos postulados de nossa cultura" (idem, 1990b, p. 177). Um exemplo dessa atitude pode ser encontrado em Fernando Pessoa,[2] ao se referir à linguagem poética que as crianças podem produzir, quando cita a expressão "estou com vontade de lágrimas", ouvida por ele de uma criança.

Merleau-Ponty faz a ressalva, referindo-se à insuficiência perceptomotora da criança, e ninguém deixaria de considerar a necessidade de transmitir-lhe a herança cultural. Apenas é necessário ressaltar que, na positividade, supera-se a visão de que o modo adulto de expressar-se, de compreender e interpretar o mundo é o único "verdadeiro". O mesmo vale para a consideração das diferenças de classes sociais e de culturas.

■ O olhar para a criança e o desenvolvimento de procedimentos

Há uma associação direta entre práticas socializadoras (ou educativas) de crianças e jovens e as concepções de desenvolvimento humano em que elas se baseiam. O que acontece, na maioria das vezes, ou é uma mera repetição da tradição ou uma reprodução irrefletida de práticas que trazem embutidas concepções de desenvolvimento que podem não ser adequadas para aqueles a quem se destinam.

Práticas educativas são aqui entendidas como ações contínuas e habituais realizadas pelas agências socializadoras, como a escola e a família, nas trocas intersubjetivas, adotadas pelos membros mais velhos a fim de possibilitar a construção e a apropriação de saberes, práticas e hábitos sociais pelos mais jovens, trazendo no seu bojo uma compreensão e uma proposta de ser-no-mundo com o outro, além de uma concepção de criança e adolescente.

[2] Em *O livro do desassossego* (2001).

■ A questão da responsabilidade do adulto

A criança é nova e em formação, vivendo em um mundo que lhe é estranho e que também está em formação. Como um ser humano em formação, ela não difere de outras formas vivas, mas é nova "em relação a um mundo que existia antes dela e que continuará após sua morte e no qual transcorrerá a sua vida" (Arendt, 2001, p. 235). Se a criança fosse um animal, a educação se preocuparia apenas em habilitá-la a preservar sua vida. Não é o caso, entretanto.

Práticas educativas são aqui entendidas como ações contínuas e habituais realizadas pelas agências socializadoras, como a escola e a família...

Os pais humanos, ao educarem seus filhos, assumem a *responsabilidade* tanto pela *vida* destes como pela *continuidade do mundo*. Tal responsabilidade envolve o conflito entre:
- proteger a criança contra o mundo e
- proteger o mundo do "assédio do novo que irrompe sobre ele a cada nova geração" (idem, ibidem).

O sentido de proteger a criança da vida pública é o de proteger a vida *qua* vida, que não é a preocupação do público, mas do privado.

É na escola que, segundo essa autora, se realiza a transição entre o mundo privado da família e o público, mas aquela não é ainda "o" mundo, embora, em certo sentido, o represente. Surge aqui, novamente, a *dupla responsabilidade* do adulto:
- pela preservação de "qualidades e talentos pessoais",
- pelo *mundo*, em contínua mudança.

Hanna Arendt é radical ao considerar essa responsabilidade, afirmando: "Qualquer pessoa que se recuse a assumir responsabilidade coletiva pelo mundo não deveria ter crianças, e é preciso proibi-las de tomar parte em sua educação" (ibidem, p. 239).

■ A questão da perda de autoridade

Na educação, para Arendt, a responsabilidade do adulto assume a forma de *autoridade*, que se diferencia de qualificação, necessária para a instrução dos alunos. Mas é a responsabilidade que o professor assume pelo mundo que lhe garante a autoridade. Lembra entretanto que, atualmente, há um repúdio geral à responsabilização pelo mundo, resultando numa perda da autoridade — e isto significa que os adultos abdicaram da responsabilidade pelo mundo ao qual trouxeram as crianças. Essa condição traz reflexos para o âmbito privado da família e da escola.

A responsabilidade pelo mundo exige uma atitude que a autora chama de conservadora, no sentido de que o mundo deve ser continuamente "posto em ordem", dada a condição de mortalidade e de finitude de seus habitantes. A função da educação é tornar possível a continuidade desse "pôr em ordem".

O conservadorismo da educação significa transmitir um mundo mais velho do que a criança e, ao mesmo tempo, protegê-la como um potencial revolucionário e transformador. Sua defesa desse conservadorismo é reflexo de uma atitude que valoriza a transformação, no momento em que advoga por uma condição de proteção à criança. Uma das condições para que isso se dê é a necessidade de se traçar uma linha divisória entre crianças e adultos, sem que aquela se constitua num obstáculo entre estes, bem como considerar que a educação transcende os objetivos da ciência pedagógica e que, em razão da natalidade, a educação constitui-se num ato de amor pelo mundo e pelas crianças, preservando o primeiro e possibilitando sua renovação pelo inédito que as novas gerações podem produzir.

■ A dialogicidade como práxis favorecedora do desenvolvimento humano

A práxis dialógica, segundo proposta de Freire (1970), tem como atitudes características a horizontalidade — igualdade de valor —, o respeito e a escuta às urgências dos educandos, sem desconsiderar as dos educadores. Trata-se, basicamente, do reconhecimento de si e do outro como sujeitos, e da possibilidade de renovação do mundo pelo inédito que as novas gerações podem produzir.

Muitas vezes, teme-se que o dialogar com uma criança ou um adolescente ameace a autoridade. Não é o caso, pois o que se persegue é a instauração de um pensar crítico, com sensibilidade e abertura para compreender o outro, além da confiança em sua capacidade de compreensão e disponibilidade para criar novas soluções, dentro dos fundamentos éticos da educação. Trata-se de transmitir conhecimentos e uma interpretação do mundo. Isso não significa ausência de conflitos, e é na sua superação que se realiza a dupla função de proteger a criança e o mundo.

Aprender a escolher é um dos maiores legados que se pode oferecer aos mais jovens, e que se dá somente no exercício da capacidade crítica.

Nesse contexto, atende-se à proposta de Arendt, que clama por uma responsabilidade pelo mundo por parte dos mais velhos e, ao mesmo tempo, proporciona um ambiente propício ao desenvolvimento humano, ao propor a constituição de sujeitos num processo de humanização, como ato de criação para a liberação dos homens para *serem mais*, na linguagem de Paulo Freire. É essa a postura que reconhece que "quem ensina aprende ao ensinar, e quem aprende ensina ao aprender". (Freire, 1996, p. 25)

Freire adverte para a confusão entre liberdade e licenciosidade. Baseando-se nessa confusão, algumas pessoas, no papel de educadoras, cerceiam as oportunidades de escolha e confundem autoridade com autoritarismo. Aprender a escolher é um dos maiores legados que se pode oferecer aos mais jovens, e que se dá somente no exercício da capacidade crítica, da habilidade argumentativa e do conhecimento de si e do mundo, incluindo-se, aqui, o conhecimento sistematizado e formal.

■ Considerações finais

Falar em desenvolvimento humano deixou de ser uma atividade restrita a uma profissão ou especialidade. Trata-se de considerar esse fenômeno em sua dimensão histórica, social, antropológica, educacional, psicológica e política, pois se está lidando com concepções de seres humanos e se pensando estratégias para dar continuidade às sociedades e às culturas. Cada uma dessas áreas do saber tem sua contribuição específica, mas não deve ser considerada isoladamente. É importante a manutenção de uma atitude crítica em relação a propostas de universalização ou uniformização de um processo multifacetado, que, se de um lado compartilha semelhanças, de outro se diferencia nas diferentes culturas e camadas sociais, parte que é do complexo fenômeno humano.

■ Referências bibliográficas

ABRIL DESPEDAÇADO (filme-vídeo). Direção de Walter Salles. Miramax Films/ Columbia TriStar do Brasil, Brasil, Suíça, França, 2001. 105 min, color., son., 35 mm/VHS.

ARENDT, H. *Entre o passado e o futuro*. Trad. M. W. B. de Almeida. São Paulo: Perspectiva, 2001.

ARIÈS, P. *História social da criança e da família*. Rio de Janeiro: Zahar, 1978.

BRONFENBRENNER, U. Ecology of the Family as a Context for Human Development: Research Perspectives. *Developmental Psychology*, v. 22, n. 6, p. 723-742, 1986.

FREIRE, P. *Pedagogia do oprimido*. Rio de Janeiro: Paz e Terra, 1970.

_____. *Pedagogia da autonomia*. Rio de Janeiro: Paz e Terra, 1996.

GÉLIS, J. Individualização da criança. In: Ariès, P. e Duby, G. *A história da vida privada*. São Paulo: Companhia das Letras, 1991.

MCLOYD, V. Socioeconomic Disadvantage and Child Development. *American Psychologist*, v. 53, n. 2, p. 185-204, 1998.

NUNES, T. Ambiente da criança. *Cadernos de Pesquisa*, n. 89, p. 5-23, 1994.

MERLEAU-Ponty, M. *Merleau-Ponty na Sorbonne* — Resumo de cursos de Psicossociologia e Filosofia. Trad. C. M. César. Campinas: Papirus, 1990a.

_____. *Merleau-Ponty na Sorbonne* — Resumo de cursos de Filosofia e Linguagem. Trad. C. M. César. Campinas: Papirus, 1990b.

PESSOA, F. *O livro do desassossego*. São Paulo: Companhia das Letras, 2001.

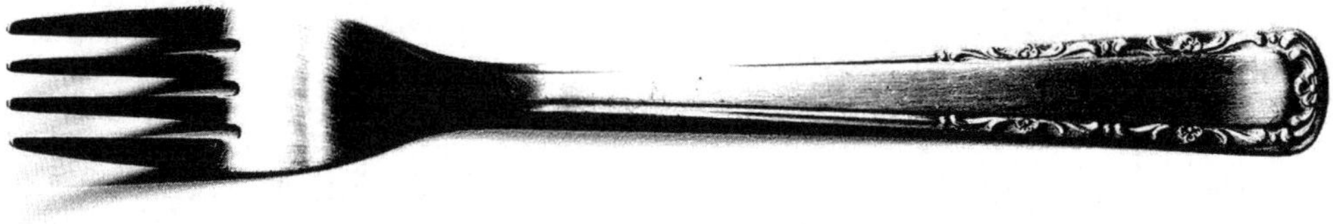

O jovem e o contexto familiar
SILVIA LOSACCO*

*Não, não tenho caminho novo.
O que tenho de novo é o jeito de caminhar.*

THIAGO DE MELLO

Inicialmente, quero destacar a relevância que atribuo ao tema geral que norteia o seminário **Família: Laços, Redes e Políticas Públicas** e a essa temática em particular: "O jovem e o contexto familiar".

Meu olhar sobre o tema se construiu na prática psicoterápica de atendimento de jovens e de suas famílias. Ao longo de minha carreira, as incessantes inquietações têm demonstrado a incompletude profissional no enfrentamento de várias indagações, fato que revela que a psicologia sozinha não responde às questões postas na sociedade no que se refere aos aspectos que incidem nos casos que estão sendo trabalhados. Minha aquisição de novos conhecimentos teórico-práticos tem sido iluminada pelos debates entre os profissionais que compõem o Núcleo de Estudos e Pesquisas sobre a Criança e o Adolescente — NCA-PUC-SP, *lócus* que, pelas discussões interdisciplinares, busca, através de uma visão transdisciplinar, propostas de construção de um novo saber/fazer contemplado pela intersecção teoria e prática.

Dois grandes eixos de discussão sobre o assunto nos chamam a atenção: o primeiro é a necessidade de sabermos qual é a concepção de jovem e de família mais corrente nos dias de hoje. O segundo é como se têm estabelecido os laços entre os jovens com os outros jovens, os jovens com suas famílias e os jovens com a sociedade; quais as redes que têm sido tecidas para o seu atendimento e quais as políticas que têm sido operacionalizadas em direção aos jovens e às suas famílias.

* Psicóloga psicodramatista, mestre em Artes Cênicas pela USP, doutoranda em Serviço Social pela PUC-SP.

Entendemos por família a célula do organismo social que fundamenta uma sociedade. *Locus nascendi* das histórias pessoais, é a instância predominantemente responsável pela sobrevivência de seus componentes; lugar de pertencimento, de questionamentos; instituição responsável pela socialização, pela introjeção de valores e pela formação de identidade; espaço privado que se relaciona com o espaço público.

Vemos hoje a configuração familiar modificar-se profundamente. Muito embora os meios de divulgação e mesmo alguns profissionais da área da infância e da juventude enfatizarem que a instituição família encontra-se em processo de desestruturação, de desagregação ou de crise, temos que ter claro que, mesmo aquelas que apresentam problemas, ela é ainda um "porto seguro" para os jovens e as crianças. É muito importante salientar que a família como organismo natural não acaba e que, enquanto organismo jurídico, requer uma nova representação.

Na atualidade, a família deixa de ser aquela constituída unicamente por casamento formal. Hoje, diversifica-se e abrange as unidades familiares formadas seja pelo casamento civil ou religioso, seja pela união estável; seja grupos formados por qualquer um dos pais ou ascendentes e seus filhos, netos ou sobrinhos, seja por mãe solteira, seja pela união de homossexuais (mesmo que ainda não reconhecida em lei). Acaba, assim, qualquer discriminação relacionada à estrutura das famílias e se estabelece a igualdade entre filhos legítimos, naturais ou adotivos.

Essa nova concepção se constrói, atualmente, baseada mais no afeto do que nas relações de consanguinidade, parentesco ou casamento. É construída por uma constelação de pessoas interdependentes girando em torno de um "eixo comum". Seja qual for sua configuração, as estruturas familiares reproduzem as dinâmicas sócio-históricas existentes. Assim, movimentos da divisão social do trabalho, modificações nas relações entre trabalhador e empregador, bem como o desemprego, estão presentes e influenciam seu sentido e direção.

Recebendo o impacto das transformações advindas do contexto socioeconômico em que se insere, a família como elemento social é motivo de constantes alterações:

"(...) algumas dessas mudanças são facilmente reconhecidas, outras se dão de forma não imediatamente perceptível. O aumento da expectativa de vida (...) tende a redefinir novos equilíbrios nas relações intergeracionais. (...) A mudança central da inserção da mulher no mercado de trabalho, do controle da natalidade gestam novos papéis masculinos e femininos, novos laços conjugais e novos arranjos familiares (...) as mudanças penetram as relações familiares e implicam em ganhos e custos emocionais e sociais." (Vitale, 1994)

A família é construída por uma constelação de pessoas interdependentes, e sua estrutura reproduz as dinâmicas sócio-históricas existentes.

Essas alterações incidem sobre a qualidade da apreensão, da função e do desempenho dos papéis intra e extranúcleo familiar. A complexidade dessa estruturação, criando diferentes organizações e modos de relacionamentos, nos obrigam a desenvolver uma capacidade para aceitar a família tal como ela se constitui em face dos desafios que enfrentou, em lugar de procurar nela o modelo que temos como representação.

"O empobrecimento da família impõe mudanças significativas na organização familiar, criando novos desafios e dificuldades para o exercício de suas funções primordiais de proteção, de pertencimento, de construção de afetos, de educação, de socialização. Frequentemente, estas funções estão enraizadas na sua cultura, principalmente nas mães de família, que as receberam por um processo de qualificação informal e contínuo, no qual as representações e as práticas vão se construindo naturalmente." (Baptista, 2001)

Cabe lembrar que crianças e/ou adolescentes institucionalizados também têm família. Não são filhos de chocadeira! São frutos de uma união homem/mulher. Sua gênese é produto de uma determinada configuração familiar, portanto, possuem laços a serem pesquisados e desvelados. Suas relações afetivas se estabelecerão ao longo de seu processo de institucionalização. As funções de mãe, pai, avós, tios serão vivenciadas através dos papéis virtuais com base nas diversas relações estabelecidas. Sabemos que este é um tema muito pouco explorado e que requer maior atenção.

É relevante assinalar que, hoje, o tempo destinado à convivência familiar é mais escasso, seja pela maior jornada de trabalho em razão das necessidades econômicas, seja por solicitação de atividades externas exercidas individualmente ou com grupos extrafamiliares. Esse processo favorece, frequentemente, o enfraquecimento da coesão familiar.

No debate contemporâneo sobre este tema, não podemos mais falar de *família* (no singular). A partir das diversidades e das complexidades apontadas, além de outras aqui não exploradas, o eixo do discurso deve ser *famílias* (em sua pluralidade).

Quando se pensa na relação do jovem e de seu contexto familiar há que se aprofundar também a reflexão do que é ser jovem. São igualmente múltiplas as compreensões sobre o entendimento do que seja ser jovem. Muitas têm sido as investidas para esta definição. Apesar de ser uma noção construída socialmente, que não pode ser definida segundo critérios exclusivamente biológicos, psicológicos, jurídicos ou sociológicos, a juventude tem limites mínimos e máximos, e esses limites variam em cada conjuntura histórica.

Ao questionar se a juventude "existe" como grupo social relativamente homogêneo ou se ela é "apenas uma palavra", Bourdieu (1983, p. 113) nos aponta que as "divisões etárias são arbitrárias (...) os cortes, seja em classes de idade, ou em gerações, variam inteiramente e são objeto de manipulação. As relações entre idade social e idade biológica são muito complexas".

Para Carraro (1999), a maneira mais simples que uma sociedade tem para definir o que é um jovem é estabelecer critérios para situá-lo numa determinada faixa de idade, na qual se circunscreve o grupo social da juventude. De fato, esse princípio é utilizado na realização de estudos estatísticos, definição de idade de escolarização obrigatória, formulação de políticas de compensação social, atribuição de idades mínimas para o início do trabalho profissional, idade mínima para a responsabilidade penal, classificação de programas de televisão etc. As idades não possuem um caráter universal. A própria noção de infância, de juventude e de vida adulta, resultantes da história, varia segundo as formações humanas. Em muitas dessas definições, puberdade, adolescência e juventude unem-se numa mesma categoria: juventude. Pouco determinarmos as diferenças processuais e as complementaridades que compõem a chamada *etapa de transição* entre a vida infantil e a vida adulta.

Há um grande risco ao se adotar essa perspectiva de etapa de *transição* — movimento, passagem de um lugar para outro — que no senso comum é confundida com *transitoriedade*, com curta duração. Essa confusão leva à representação, no cotidiano, de que os comportamentos apresentados pelos jovens são resultantes de sua vivência em um momento relativamente curto no que se refere à dimensão da vida. A atitude mais adequada é "deixar passar", sem necessidade de atenções especiais àqueles que esteja vivendo essa fase. A ideia posta no imaginário popular é que, por si só,

As idades não têm caráter universal. As próprias noções de infância, juventude e vida adulta são resultantes da história, e variam segundo as formações humanas.

a necessária maturação para a aquisição e o desempenho dos novos papéis surgirá quando a fase adulta se iniciar — então, como num "passe de mágica", todos os conflitos terão solução num futuro próximo.

Lembremos que esse período da vida é composto de momentos de particular complexidade, os quais deixam marcas que advêm de registros vivenciais. A fim de transpor as dificuldades de modo a garantir a qualidade necessária para a vida adulta, o jovem necessita de parceiros que o ajudem a construir formas adequadas de superação das incertezas e dos conflitos advindos das novas experiências corporais e relacionais. Portanto, somos todos copartícipes desse processo.

Esta tarefa é muito grande e, para tanto, necessita de um tempo para mudar. Keniston (1960) salientou a universalidade desse problema:

> "Crescer é sempre um problema, seja em Samoa, seja em Yonkers. Acarreta o abandono daquelas prerrogativas especiais, visões do mundo, discernimentos e prazeres que são definidos pela cultura como especificamente "criancices", substituindo-as por direitos, responsabilidades, perspectivas e satisfações que são adequadas para o "adulto" culturalmente definido. Embora os conceitos de "infantil" e "adulto" sejam diferentes de uma cultura para outra, todas exigem alguma mudança nas maneiras habituais de a criança pensar, sentir e agir — mudanças que envolvem deslocação psíquica e, por conseguinte, constitui um "problema" para o indivíduo e a cultura. (...) nas sociedades em que a transição para a situação adulta é incomumente árdua, os jovens muitas vezes formam sua própria "cultura jovem" com um conjunto especial de valores e instituições antiadultas, quando podem, pelo menos temporariamente, negar a vida temida do adulto. Mais, seja como

for, as crianças precisam ser induzidas a aceitar papéis adultos para a sociedade continuar."

Se, em termos didáticos, determinarmos que a juventude se inicia com a puberdade, vale lembrar que este é um período filogeneticamente pré-determinado, desencadeado pela maturação neurológica, que promove mudanças significativas de ordem corporal, de apreensões cognitivas e, consequentemente, de comportamento. É um acontecimento universal que, mais cedo ou mais tarde, se instala na vida de todo ser humano, independentemente de sua cultura, classe socioeconômica, etnia ou sexo. Essa maturação se instala "sem pedir licença", desencadeia no indivíduo sentimentos de insegurança pelo novo que está sendo vivenciado e o vulnerabiliza em face dos diversos desafios postos pela nova maneira de viver em sociedade.

As possibilidades e, como consequência, as qualidades do enfrentamento das vulnerabilidades advindas dessas mudanças estarão diretamente relacionadas às condições sociais nas quais este indivíduo se insere. As características particulares de cada classe socioeconômico-cultural, conjugadas a cada sexo, etnia, costumes e moral, serão fatores determinantes na superação dessas vulnerabilidades. De forma gradativa, é na adolescência que se instala a tão falada "crise", que nada mais é do que a ruptura do equilíbrio no processo biopsico-relacional adquirido na construção da infância.

No relacionamento com os indivíduos dessa faixa etária, iremos nos deparar com uma multiplicidade de identificações contemporâneas e contraditórias, por isso, o adolescente se apresenta como vários personagens: é uma combinação estável de vários corpos e identidades.

Sob qualquer circunstância e em qualquer época da vida, é difícil o ajustamento à mudança, principalmente quando as pessoas são forçadas, pelos pais, a um estado de dependência que as impedem de ter a oportunidade de adquirir maestria nas tarefas da infância, o que é fundamento necessário para os novos papéis.

Entrar no mundo adulto significa desprender-se do seu mundo infantil, tarefa que deverá acontecer gradativamente e para a qual o adolescente não está preparado. A aceitação, ou não, das instabilidades desta fase evolutiva, bem como a forma pela qual os adolescentes são acolhidos, determinará a qualidade do novo cunho de inter-relações.

O adolescente é um viajante que deixou um lugar e ainda não chegou no seguinte. Vive um intervalo entre liberdades anteriores e responsabilidades/compromissos subsequentes; vive uma última hesitação antes dos sérios compromissos da fase adulta. É um período de contradição, confuso, ambivalente e muitas vezes doloroso. Às vezes, eles se refugiam em seu mundo interno e, através do jogo da vivência das situações fantasiosas, preparam-se para a realidade.

O adolescente provoca uma verdadeira revolução em seu meio familiar e social, e isto cria um problema de gerações nem sempre bem resolvido.

> "Assim como o púbere manipula o seu novo corpo, ele também põe em ação as novas características de pensamento. Fantasiar, ficar imaginando situações abstratas etc. é um uso voluntário de seu pensamento (...) através de uma fantasia o púbere pode corporificar uma figura imaginária e iniciar uma atividade corporal equivalente." (Aberastury, 1984)

Se por um lado, não querem ser como determinados adultos, por outro, escolhem alguns como seus ídolos e almejam ser como eles, imitando-os sem questionamentos.

O adolescente provoca uma verdadeira revolução em seu meio familiar e social, e isto cria um problema de gerações nem sempre bem resolvido. Enquanto ele passa por uma adaptação para a fase adulta, seus pais vivem a ruptura do equilíbrio do desempenho do papel de pais de criança, para adquirirem, também, com mais ou menos esforço e sofrimento, um novo papel, o de pais de adolescente, situação que lhes exigirá novas respostas.

A estética adolescente muitas vezes se torna desfavorável, tendo um efeito prejudicial nas atitudes e nos relacionamentos com os adultos. Isso tem servido para alargar o "hiato de gerações", que sempre existe entre os adultos e os jovens em qualquer cultura. Os adultos atrelam à estética o grau de sucesso possível dos adolescentes de atingir a transição para a idade adulta. A ansiedade e a preocupação parentais sobre a capacidade de o jovem enfrentar seus problemas e conseguir *status* adulto satisfatório não o ajudam a formar sua autoconfiança. Ao contrário, aumentam sua ansiedade e sua insegurança.

A crítica que os adultos fazem acerca da adolescência e o controle a que se dispõem em relação aos seus próprios adolescentes geram ressentimentos. Estes últimos acham que estão sendo prejudicados pelas injustas comparações com outros adolescentes "rebeldes".

As relações estabelecidas na fase da infância serão questionadas tanto pelos próprios adolescentes como por aqueles que os cercam (pais, irmãos, avós, professores etc.). Preferem agrupar-se com seus "iguais"; formam suas turmas e através delas se re-conhecem como indivíduos. O estar junto é mais importante que o desempenho de qualquer tarefa, opção que requer um envolvimento afetivo com seus pares. Por meio do compartilhamento de incertezas e dúvidas irão experimentar novos desafios.

Arminda Aberastury (1984), ao descrever a fase da adolescência, nos diz da importância de a maturação biológica, a afetiva e a intelectual se darem concomitantemente:

> "(...) só quando a sua maturidade biológica está acompanhada por sua maturidade afetiva e intelectual, que possibilita a entrada no mundo adulto, estará munido de um sistema de valores, de uma ideologia que confronta com a de seu meio e onde a rejeição a determinadas situações cumpre-se numa crítica construtiva. Confronta suas teorias políticas e sociais e se posiciona, defendendo um ideal. Sua ideia de reforma do mundo se traduz em ação. Tem uma resposta às dificuldades e desordens da vida. Adquire teorias estéticas e éticas. Confronta e soluciona suas ideias sobre a existência ou inexistência de Deus, e a sua posição não é acompanhada pela exigência de um submeter-se nem pela necessidade de submeter."

A transição para a socialização adulta torna-se difícil porque os modelos de comportamentos sociais aprendidos na infância já não são mais adequados aos relacionamentos sociais maduros. Espera-se, porém, que os seus fundamentos sejam a base das atitudes e dos padrões de comportamento que o tornarão apto a ocupar seu lugar no mundo adulto.

A realização de seus projetos está diretamente relacionada à sua capacidade de se integrar na sociedade e de absorver valores de trânsito social, valores esses que são colocados à sociedade por ela própria como "premissas imediatamente evidentes, universalmente verdadeiras", as quais não exigem qualquer tipo de demonstração (Ferreira, 1975). Esses são axiomas que permeiam todas as decisões dos indivíduos.

Ao contrário da criança, que incorpora os valores sociais através de imitações dos modelos que vivencia em suas relações com os adultos, sem questioná-los, o adolescente, por sua capacidade de abstração, adquire amplitude para questionar os princípios sociais. Coloca-os em xeque, procura não introjetá-los pura e simplesmente. Busca seus próprios valores.

O prolongamento da juventude advém das exigências postas pelo mundo do trabalho, que, cada vez mais, requer maior e melhor qualificação profissional.

Simultaneamente à crise biopsico-social, o adolescente vive uma crise axiológica. O que para alguns significa sinal de saúde em resposta a essa crise, pode ser apreendido por muitos como sinal de "doença", tornando-os focos de vários estigmas. As ações desses jovens podem levar a enxergá-los como "agentes perturbadores da ordem social".

A difícil acomodação às expectativas institucionais, que exigem submissão à autoridade adulta, respeito pelas instituições de *status* que já foram estabelecidos, alto grau de competição e firme regulação dos impulsos sexuais e expressivos, faz que o adolescente parta para atos de autoritarismo tão intensos quanto aqueles que a comunidade lhe impõe através dos ideais professados socialmente. Questionar a sociedade significa, portanto, questionar os valores, a estrutura, o *status quo*, para que, mediante esses questionamentos, ele possa buscar seus próprios valores e determinar sua identidade.

A idade legalmente determinada para essa etapa de vida de qualquer cidadão brasileiro é dos 12 aos 18 anos. Hoje, com o novo Código Civil, ao completar a maioridade o indivíduo conquista direitos e deveres de adulto (casamento, autonomia jurídica etc.). Em contrapartida, a juventude adquiriu socialmente um prolongamento. Identificada pelo IBGE como a faixa mais nova da população economicamente ativa, compreende as idades entre 16 e 24 anos. O prolongamento da juventude advém das exigências postas no mundo do trabalho, que, cada vez mais, requer maior e melhor qualificação do papel profissional, conseguida através de escolaridade especializada (formação universitária, especialização, mestrado, doutorado), ampla cultura, aquisição de novas tecnologias para o exercício de determinados cargos, fluência em idiomas etc. Tais instrumentais são viáveis somente para uma ínfima parcela da população brasileira.

Assim como, ao falarmos de *família*, dissemos que no debate contemporâneo devemos falar de *famílias*, em sua pluralidade, ao debatermos juventude, considerando cada etapa do processo — puberdade, adolescência e juventude —, com suas especificidades, suas diversidades e suas complexidades, devemos então falar de *juventudes*.

Aos jovens das classes mais favorecidas *permite-se* a permanência, quase *ad eternum*, nos "bancos escolares". A dependência financeira dos pais é fator preponderante nesta trajetória. A competição desenfreada impressa pela sociedade desencadeia um comportamento altamente individualista. Enquanto célula do organismo social que fundamenta uma sociedade e, por ser a instituição responsável pela introjeção de valores, a família, através das relações atitudinais intragrupo, é quem concretiza este modo de ser social. Chamado a cumprir as exigências para o alcance dos estereótipos sociais, os jovens perdem o contato/parceria intrafamiliar. Interrompem-se as possibilidades de diálogos, de construções coletivas e de projetos comuns. Atenuam-se os laços. Um ciclo vicioso se instala. A dependência econômica, por vezes, serve como instrumento direcionador e impedidor da aquisição da autonomia necessária para o ingresso na vida adulta. Quanto maior a dependência financeira, menor a autonomia do jovem para construir seu "ser no mundo".

Em contrapartida, dos jovens de classes menos favorecidas e dos segmentos mais pobres da sociedade, *exige-se* a entrada precoce no mundo do trabalho. Sem a possibilidade da preparação necessária (escolaridade formal, cultural e técnica) para o desempenho de um papel profissional especializado, vemos cada vez mais dificultada a conquista de emprego e ampliada a exploração de sua mão de obra, exploração esta concretizada pelos baixos salários e o acúmulo de jornadas de trabalhos para garantia de sua manutenção.

Esse quadro se agrava ao nos depararmos com fatores determinantes do processo de exclusão: crescimento significativo da população juvenil brasileira; concentração populacional; difícil acesso à educação, à cultura e ao lazer; difícil acesso ao sistema de saúde; baixos valores de rendimento familiar; evasão escolar etc. A vulnerabilidade própria da idade, somada a esses fatores, expõe o jovem pobre a situações adversas, como o uso, o abuso e o tráfico de drogas; a gravidez precoce e indesejada; as transgressões, as infrações e os crimes dos quais são vítimas e/ou autores; a morte precoce e outras.

O empobrecimento social descomedido, gerado pelo modelo econômico capitalista, concentrador de rendas, e ampliado pela falta de políticas públicas, faz que comportamentos adversos se instalem no seio familiar. Percebemos a ausência dos adultos advinda, dentre outros fatores, do acúmulo ou da busca de trabalhos.[1] Decorre daí uma disponibilidade escassa de tempo para as relações pessoais, principalmente no âmbito familiar. Essa ausência, mesmo que involuntária, leva o adolescente/jovem a estabelecer outros laços em sua comunidade, muitas vezes bastante desviantes. Nesses últimos casos, acolhidos e incentivados pela "comunidade marginal", é nesse tipo de relação que adquirem respeitabilidade, autoestima, habilidades e autonomia, elementos fundamentais na formação de sua identidade. A onipotência, a criatividade e o imediatismo, próprios desta fase de vida, ficam a serviço de comportamentos de risco.

As dificuldades para expressar afeto e construir projetos intrafamiliares contribuem para que os garotos e as garotas estabeleçam relacionamentos íntimos e sexuais através dos quais, consequentemente, geram filhos. Se, por um lado, houve uma conquista feminina com o surgimento da pílula e a entrada da mulher no mundo do trabalho, por outro, ainda cabe a ela, sozinha, a responsabilidade nos cuidados com a gestação, o nascimento e a criação desta criança. Os homens, por sua vez, ainda se colocam à margem das responsabilidades, tanto pela coparticipação na gravidez como pela relação direta na criação dos filhos. O projeto de vida desta jovem, mesmo que minimamente estruturado, é interrompido, ficando sua vida pautada nesta nova relação mãe-filho.

Há ainda que se refletir que, no cotidiano das famílias de baixa renda/pobres, instala-se

A falta de políticas públicas empurra os jovens pobres para a exclusão; quanto mais excluídos, menos as políticas de inclusão social o atingem.

Sucintamente, vale diferenciar trabalho de emprego. O emprego registrado em carteira garante renda fixa e, como consequência, ganhos das conquistas trabalhistas. Os trabalhos autônomos, por sua vez, são buscas árduas diárias, sem garantia de ganho ou de qualquer benefício previdenciário. Na maioria das vezes, são "bicos" necessários à sobrevivência da família.

outro círculo vicioso difícil de ser rompido: a falta de políticas públicas empurra os jovens pobres para comportamentos socialmente excludentes; quanto mais excluídos, menos as políticas atuais atingem mudanças de comportamentos necessárias para sua inclusão social.

Cabe-nos diferenciar políticas sociais de políticas públicas. Para podermos prosseguir com nossas discussões, entendemos que a política pública é aquela que é voltada para toda a população, independentemente da classe social, e a política social se volta para um segmento populacional específico.

Diante da amplitude e da diversidade de culturas, de saberes, de credos que compõem as juventudes em nosso contexto histórico e econômico, bem como da heterogeneidade dos atores sociais, o seu processo de desenvolvimento e de socialização está sujeito a duras provas, sendo por vezes ameaçado pela desorganização e pela ruptura dos laços sociais.

Nesse sentido, a formulação das políticas requer conhecimentos diversos na perspectiva multidimensional, a fim de proporcionarem ações emancipatórias e possibilitadoras de reais conquistas de direitos. No entanto, em sua maioria, as políticas atuais caracterizam-se por determinarem ações emergenciais, assistencialistas, localizadas e descontínuas. Propostas com formatos pontuais seguem "fórmulas" que vêm prontas, muitas vezes desconhecendo os reais desejos e as necessidades daqueles jovens em particular. As questões advindas do cenário nacional vigente pedem urgência nos debates e nas propostas de encaminhamentos para o enfrentamento da diversidade de problemáticas vividas pelos jovens, pelas famílias e pela sociedade como um todo.

Em minha trajetória profissional e nos grupos com os quais me relaciono, a busca da criatividade e da espontaneidade necessárias para esse enfrentamento das questões do cotidiano juvenil se faz, frequentemente, com uso da metodologia de pesquisa-ação-na-ação. Temos operacionalizado, em forma de oficinas, a parceria necessária com os sujeitos (jovens, famílias e atores sociais), a qual possibilita vivenciar um novo poder/fazer mediante construção coletiva.

Acreditamos, como Goldman (1991),

"(...) que nunca há pontos de partida absolutamente certos, nem problemas definitivamente resolvidos; (...) o pensamento nunca avança em linha reta, pois toda verdade parcial só assume sua verdadeira significação por seu lugar no conjunto, da mesma forma que o conjunto só pode ser conhecido pelo progresso do conhecimento das verdades parciais. A marcha do conhecimento aparece assim como uma perpétua oscilação entre as partes e o todo, que se devem esclarecer mutuamente."

Buscamos

Propostas com formatos pontuais seguem "fórmulas" prontas, que por vezes desconhecem os reais desejos e necessidades daqueles jovens em particular.

"(...) ao mesmo tempo, realizar uma crítica de superação dos conhecimentos e práticas já existentes, e criar conhecimentos que apontem novos caminhos e condições para a prática. (...) essa metodologia explicita um esforço no sentido de viabilizar uma produção conjunta de conhecimentos que permitam ultrapassar as práticas espontâneas e as reflexões que se confirmam em ações pontuais para, através da polêmica e da crítica teórica, construir uma *'pedagogia dinâmica da ação'*." (Baptista, 1995)

Nas oficinas, através de encontros sistemáticos, temos a ludicidade impressa nos jogos, nas dramatizações, como elemento facilitador para a construção coletiva no enfrentamento das questões trazidas para o grupo. Esse tipo de intervenção requer profissionais qualificados, que dominem as bases teórico-metodológicas que instrumentalizam a apreensão da realidade do adolescente e de sua família, expressa nas mais variadas formas. Requer, também, que esses profissionais conheçam criticamente as políticas sociais existentes, bem como as dificuldades resultantes do distanciamento entre os direitos conquistados e a realidade do atendimento oferecido. Como última condição, embora não menos importante, esses profissionais precisam ter acesso a conhecimentos, técnicas e instrumentais que os subsidiem na tarefa que têm de enfrentar.

Esta proposta de atuação favorece o exercício da flexibilidade e da firmeza necessárias no trabalho com os jovens: *flexibilidade* para contemplar o todo, agilidade para perceber suas particularidades, maleabilidade para enxergar as diversidades, aptidão para encaminhar novas propostas na superação das complexidades de um mesmo fato vivenciado por diferentes populações e sujeitos; *firmeza* no estabelecimento das regras instituídas pelo grupo/coordenação; persistência e constância na operacionalização das ações; vigor nos trabalhos desenvolvidos. Permite-se, assim, que os conteúdos desvelados tenham um novo continente.

Uma proposta desta natureza, que considera a pessoa em primeiro lugar, requer que se olhe o sujeito por três dimensões distintas, mas complementares. A primeira vê o sujeito como indivíduo, suas características e necessidades físicas e emocionais. O segundo olhar deverá enxergá-lo como sujeito coletivo, como expressão de um grupo, como alguém que se relaciona todo tempo e que, sem relacionar-se, não existe. A terceira dimensão percebe-o como sujeito político, que influencia e é influenciado pelo contexto social em que vive. Cada uma delas é parte fundamental de sua inserção nas engrenagens da sociedade. Entre o indivíduo, o coletivo e a política há uma relação de interdependência, em que os elementos são fundantes do funcionamento do todo e o todo determina a maneira de ser de cada um.

A proposta prioriza um contexto que humaniza, através do exercício de ouvir, de acolher, de considerar, de trocar. Tem no profissional coordenador um catalisador/facilitador do fazer emergir os conflitos, as possibilidades de diálogos. Esse coordenador é, necessariamente, um copartícipe das possibilidades de novos encaminhamentos das questões e das transformações. Favorece o desvelamento dos valores e das dissonâncias impressas nas atitudes relacionais entre jovens e adultos, como, por exemplo: a autoridade e o autoritarismo, a liberdade e a bagunça, a autonomia e o individualismo. Proporciona o questionar, o divergir, o estar à vontade para debater, assegurando-se da importância do aprender a pesar as diferentes alternativas e do poder de escolha entre uma coisa e outra. Formas que levam a escolhas livres, mas com responsabilidade. Liberdades e responsabilidades que devem crescer juntas, num mesmo eixo, na busca da construção da cidadania.

■ Referências bibliográficas

ABERASTURY, Arminda; KNOBEL, Maurício. *Adolescência normal*. Porto Alegre: Artes Médicas, 1984.

BAPTISTA, Myrian Veras. *A pesquisa-ação-na-ação*. São Paulo, 1995. (Mimeo.)

Baptista, Myrian Veras. *Manual medidas socioeducativas em meio aberto e de semiliberdade*: contextualização e proposta. São Paulo: Veras Editora, 2001. v. 1.

Bourdieu, P. *Questões de sociologia*. Rio de Janeiro: Marco Zero, 1983.

Carraro, Paulo César Rodrigues. *Angra de tantos reis*. Niterói, 1999. Tese (Doutorado) — Faculdade de Educação, Universidade Federal Fluminense.

Ferreira, Aurélio Buarque de Holanda. *Novo Dicionário Aurélio*. Rio de Janeiro: Nova Fronteira, 1975.

Goldman, Lucien. *Dialética e cultura*. Rio de Janeiro: Paz e Terra, 1979.

Keniston, K. *Alienation and declive of utopia*. Amer: Scholar, 1960.

Vitale, Maria Amália Faller. *Terapia familiar*: uma terapia de grupo. In: Encontro Brasileiro de Psicoterapias de Grupo, 1., Campos do Jordão, 1999. (Mimeo.)

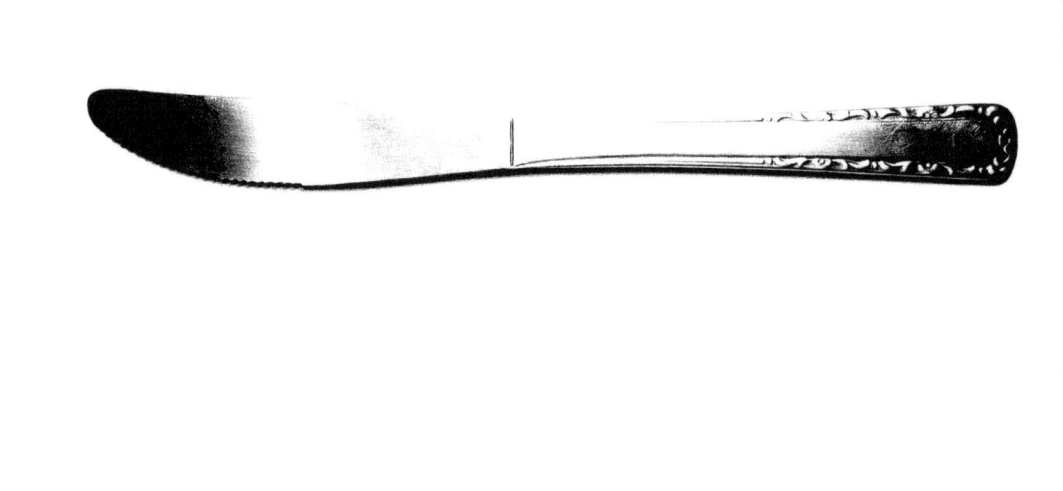

Homens e cuidado: uma outra família?

JORGE LYRA*
LUCIANA SOUZA LEÃO**
DANIEL COSTA LIMA, PAULA TARGINO, AUGUSTO CRISÓSTOMO, BRENO SANTOS***
PROGRAMA PAPAI[1]

A palavra *cuidado* tem sido empregada em uma diversidade de situações, com diferentes sentidos. Fundamentando-se nos estudos feministas sobre a construção da feminilidade, argumenta-se que a personalidade da mulher é, desde cedo, construída com base nas noções de relacionamento, ligação e cuidado, o que a levaria a se sentir responsável pela manutenção das relações sociais e pela prestação de serviços aos outros, características centrais do modelo de feminilidade. Os homens, por sua vez, são estimulados a se defenderem e a atacarem, sendo socializados, desde cedo, para responderem às expectativas sociais de modo proativo, em que o risco não é algo a ser evitado e prevenido, mas enfrentado e superado.

Seguindo o enfoque feminista e de gênero, o presente artigo apresentará um conjunto de reflexões baseadas em leituras, experiências e discussões em grupo em torno da questão da participação dos homens no contexto do cuidado, tendo como foco principal os processos de socialização para a masculinidade.

* Mestre em Psicologia Social
— PUC-SP; coordenador do Programa Papai.
** Psicóloga, sanitarista, assessora de projetos do Programa Papai; mestranda em Saúde Coletiva Nesc/Fiocruz.
*** Graduandos em Psicologia — UFPE; estagiários extracurriculares do Programa Papai.

[1] O Programa Papai é uma organização civil sem fins lucrativos, sediada em Recife/PE. A instituição desenvolve, em âmbito local, atividades de intervenção social com homens de diferentes idades. Desenvolvem-se também atividades de pesquisa e capacitação nos campos de saúde, sexualidade e reprodução, em níveis nacional e internacional, em parceria com as Universidades Federal e Estadual de Pernambuco. *Ver endereço completo no final do ensaio.*

■ Paternidade e cuidado

Ao falarmos do cuidado na relação com os filhos, dentro do debate do feminismo, do gênero e dos estudos sobre os homens e as masculinidades, é importante situarmos a própria estrutura familiar num contexto histórico e social, pensando assim nas diversas formas que as relações de gênero aí se processam e como a paternidade foi exercida em diferentes momentos históricos. Vera Regina Ramires (1997) ressalta a importância da influência dos meios de subsistência na estruturação das famílias e, consequentemente, no arranjo dos micros e macropoderes, bem como dos papéis intra e extrafamiliares nas relações entre os gêneros.

De acordo com Rose Marie Muraro (1994), num primeiro momento da história da humanidade a participação do homem na reprodução da espécie era desconhecida. Os seres humanos viviam da coleta de vegetais e da caça de pequenos animais. A estrutura social e familiar se confundia; não existia público e privado; o grupo formava uma espécie de unidade, era regido pela lógica da partilha e da solidariedade; e a criação das crianças era mais compartilhada pelo grupo. Nesse momento, os papéis das mulheres e dos homens não eram hierarquizados. Sendo a procriação a questão central da permanência do grupo, a mulher era socialmente valorizada graças à geração da vida. Desta forma, as famílias seguiam uma estrutura protofamiliar centrada na mãe.

Com as modificações ambientais, a atividade de coleta se tornou insuficiente. Era preciso, então, caçar animais de grande porte e lutar por território e alimentos. As divisões de trabalho ganharam mais contorno e ficaram mais delimitadas. A força física era agora fundamental para a subsistência, inaugurando-se, assim, a supremacia masculina (Ramires, 1997).

Esse homem caçador, segundo podemos inferir pela configuração da estrutura familiar, e que nesse momento da história não tinha consciência de sua condição de pai, era um sujeito que se ausentava para as caçadas e as lutas a fim de garantir o necessário à sobrevivência. No entanto, era uma pessoa visivelmente envolvida na instrução das crianças, nos ritos, na caça e nas lutas. Mesmo assim, temos ainda nesse momento o modelo matrilinear de família (ibidem).

Com as técnicas de fundição de metais e a possibilidade da agricultura, os seres humanos deixaram de viver como nômades, tornando-se sedentários, o que causou uma grande mudança na estrutura social. Assim, começaram a surgir as primeiras cidades, os governantes e os servos, como também o comércio e a propriedade.

As lutas continuam, o poder é conquistado pela força e medido pela posse, sendo então mais valorizado o poder masculino. Concomitantemente, os egípcios e indo-europeus, há cerca sete mil anos, passam a conhecer a função reprodutiva do homem: dá-se, então, a descoberta da paternidade. Ocorre aos poucos a passagem das sociedades matrilineares para as sociedades patrilineares. As instituições socioculturais começam a refletir a dominação masculina nos mitos, na religião, na moral, na família, no Estado etc. (Dupuis, 1989)

O prolongamento do tempo de vida da criança modificou o funcionamento da estrutura familiar, fortalecendo a figura feminina na função do cuidado infantil.

Com a descoberta da paternidade e a questão da propriedade, os homens passaram a controlar a vida sexual das mulheres, para quem a virgindade até o casamento e a fidelidade são exigências fundamentais. Está nesse momento instituída a família monogâmica e patriarcal, como meio de assegurar a transmissão da herança a filhos de paternidade incontestável. O homem, agora pai, torna-se mais inacessível para os filhos e domina a família como uma figura de autoridade e poder, requerido principalmente para as "grandes decisões".

Somado a isso, havia toda uma rede de significados e práticas que foram associando mulheres a cuidado. Philippe Ariès, em *A história social da criança e da família* (1976), mostra como as crianças foram ganhando importância social e, consequentemente, adquirindo *status* de sujeito, o que permitiu que a maternidade, a pedagogia e a pediatria se tornassem necessárias. Esse autor aponta que a explicação plausível para essa ausência do sentimento de infância advinha dos altos índices de mortalidade infantil acarretada por pragas e pestes tão comuns na Idade Média. No intuito de esperar que, dos tantos, alguns não morressem, gerar era algo comum.

Uma nova procriação era importante, não porque a morte da criança gerava dor e sofrimento — daí a necessidade de se ter outro filho —, mas porque era preciso novas forças de trabalho para o sustento da família. Assim, muitas vezes as crianças mal chegavam aos dois anos de vida, morriam e logo eram substituídas por outras, esperando-se que essas "vingassem" para o trabalho. É possível que o aumento dos cuidados com a higiene, o maior domínio das pragas e as formas de controle da natalidade levaram a uma menor mortalidade infantil e à consequente preservação da criança (Ariès, 1976).

Desse modo, com o prolongamento do tempo de vida da criança, esta passou a ocupar um lugar na estrutura familiar, modificando todo seu corpo de funcionamento, fortalecendo a figura feminina nessa função. Com isto, práticas de cuidado relativas à criança, tal como conhecemos hoje, começaram a se formar.

Em contrapartida a essa construção social da infância ocorrida durante a história, mesmo após a descoberta da paternidade, a função do cuidado e a criação do filho permaneceram com as mulheres, pois os homens foram cada vez mais se afastando do universo infantil — um fenômeno tão evidente no sistema educacional atual, em que praticamente só mulheres trabalham nas creches, no ensino pré-escolar e fundamental. Coube ao homem a não participação em qualquer situação de cuidado; ao contrário das mulheres, o âmbito de atuação masculina deu-se no público, exigindo destes uma postura de enfrentamento de riscos e obstáculos. Seu papel seria de produzir e administrar riquezas, garantindo o sustento familiar, além de garantir segurança e valores morais para a família.

Diferentemente da estrutura social nos grupos nômades de coleta, nos quais a mulher tinha um papel equivalente ao do homem na questão da subsistência, eles exercem as funções com maiores áreas de intercessão. O cuidado com a prole era mais descentralizado, sendo a mulher valorizada por ser responsável pela geração da vida. Houve um desequilíbrio nas relações de poder, pois, apesar de haver diferenças de papéis, as relações entre os gêneros não estavam configuradas como homem-provedor e mulher-cuidadora. Essa polarização entre homens e mulheres e seus respectivos espaços de atuação configuraram uma relação de dominação/subordinação que ocasionou um "enquadramento" e a consequente limitação do poder de participação feminina nas decisões sociopolíticas, assim como a supressão da figura masculina como fonte de cuidado.

Uma outra forma de compreender como essa associação feminino — cuidado foi construída pode ser verificada em alguns estudos sobre a construção da feminilidade, tais como os trabalhos de Carol Gilligan (1990) e Nel Noddings (1984).

Gilligan é uma autora que muito produziu acerca de cuidado e mulheres; um dos seus argumentos defende que a intuição e a vivência feminina devem estar na base da educação formal, pois garantiria que na relação criança-adulto uma "ética do cuidado" fosse repassada, o que não seria possível unicamente com o repasse de temas abstratos, postura característica de uma educação tida como masculina.

Segue na mesma linha de pensamento a autora Noddings, que percebe o cuidado como uma fonte natural e fundamental para uma ética. Então, na relação adulto-criança,

Coube ao homem a não participação em qualquer situação de cuidado; ao contrário das mulheres, o âmbito de atuação masculina deu-se na esfera pública.

principalmente no contexto escolar, seria primordial a experiência do cuidado fundamentado no afeto. De acordo com ela, isto apenas seria possível com a expansão do modelo de "cuidado gratuito", praticado pelas mulheres no contexto privado, para o espaço da educação formal.

No entanto, outras formas de abordagem sobre o cuidado criança-adulto são apontadas por Erik Erikson, Maria Malta Campos e Jerusa Vieira Gomes. Erickson (1976) preocupou-se em abordar a temática do cuidado pela psicanálise, utilizando como instrumentos métodos antropológicos. Assim, pesquisou o cuidado infantil em povos indígenas (*sioux* e *yurok*), concluindo que diversas práticas relacionadas a nascimento, amamentação, higiene, brincadeiras etc. são construções sociais. Campos (1975), em um estudo realizado com dois grupos de família de baixa renda de São Paulo e Brasília, procurou descrever o padrão de socialização de cada um, esclarecendo que os contextos específicos a cada grupo atuam na construção das práticas associadas à educação infantil. A terceira autora que citaremos, Jerusa Vieira Gomes (1986), acompanhou três gerações de família de migrantes do meio rural para a periferia de São Paulo, partindo de mulheres, avós e mãe, seguido de netos de ambos os sexos. Nesse trabalho, concluiu que as concepções desse grupo acerca de nascimento, amamentação etc. possuem um caráter situacional.

Podemos agora traçar um ponto em comum entre esses autores e Ramires (1997); todos eles reconhecem que as práticas do cuidado devem ser compreendidas dentro de contextos específicos a cada grupo, considerando-se o momento histórico — o que seria contrário do que propõe Gilligan e Noddings, que contextualizam o cuidado como algo inato, portanto, ahistórico.

Além de tratarmos do cuidado na relação adulto-criança, também enfatizamos o cuidado relativo à própria saúde. Assim, a discussão histórica dessa área sobre a relação entre os homens e o cuidado passou por três fases (Programa Papai, 2001).

Em um primeiro momento, acreditou-se que os homens não precisavam dar atenção à saúde, já que, sendo símbolos de virilidade, força e racionalidade, não constituiriam alvo fácil para fraquezas, como as doenças. Num segundo momento, passou-se a considerar a importância de que se envolvessem mais na área de saúde e cuidado, mas era sempre enfatizado que trabalhar com essa população consistia em algo extremamente difícil, pois os homens eram agressivos, pouco cooperativos e irresponsáveis, o que contribuía para um menor cuidado, seja com a sua própria saúde, seja com a de terceiros. Atualmente, não negando as dificuldades de se trabalhar com homens no âmbito da saúde, percebe-se que é preciso compreender como estes são socializados para que, então, seja possível desenvolver uma abordagem nos programas de atendimento à saúde que modifique o que ainda é observado.

Cada uma dessas posições reflete o embate entre dois paradigmas. No primeiro, o homem é compreendido como naturalmente invulnerável e ativo no meio ambiente; já no segundo, a postura masculina é justificada pelas experiências que são fornecidas e as expectativas que são criadas em sua volta.

Essas duas formas de compreender a formação do homem coexistem, com o diferencial de que a primeira reforça condutas masculinas que acarretam uma maior taxa em acidentes, suicídios, furtos seguidos de homicídios, uso abusivo de substâncias lícitas e ilícitas, ou seja, o enfrentamento do limite como referência de masculinidade. Já o segundo compreende sua conduta pelo aspecto relacional, em que sua forma de atuação depende das relações estipuladas com amigos, objetos, animais, companheira(o), filhos, pais etc. Isso pode vir a desconstruir alguns mitos em torno da masculinidade, sem esquecer a importância de cruzarmos a categoria gênero com as de classe social, etnia, geração, orientação sexual, entre outras.

Sabe-se que qualquer discussão sobre o cuidado é remetida imediatamente ao "universo feminino", pois desde a infância, com a educação familiar e escolar, há um claro incentivo e uma cobrança de que o cuidado esteja presente na postura das meninas, o que é maciçamente reforçado pela mídia, que não se cansa de lançar novos modelos de bonecas, casinhas, cozinhas etc. Em contrapartida, aos meninos é reservado o espaço da rua, com brincadeiras que na maioria das vezes exigem mais esforço físico, visando à competição e ao enfrentamento de riscos como algo natural e incentivado.

Por que se incentiva as meninas a brincarem de boneca e ao menino isto não é permitido? É por medo de que ele venha a ser um homossexual?

Vários questionamentos podem ser suscitados por essa naturalização dos papéis masculinos e femininos relacionados ao cuidado. Por que se incentiva as meninas a brincarem de boneca — o que pode ser entendido como um "treinamento" para uma futura maternidade — e ao menino isto não é permitido? Por que a primeira coisa que vem à cabeça da grande maioria das pessoas quando um menino quer brincar de boneca é o medo de ele vir a ser homossexual? Homossexuais também podem ser pais e mães, ou não? Por que essa brincadeira nunca é interpretada como um menino brincando de ser pai? Com as meninas é justamente isto que acontece: a tarefa de colocar um bebê de brinquedo para dormir, ou banhá-lo, é observada como uma preparação para o seu futuro papel de mãe.

Pensando nisto, é possível imaginar como, para alguns homens, o ato de cuidar e demonstrar carinho pode ser difícil. Afinal, se eles foram repreendidos severamente, até mesmo com punições físicas, por terem tentado expressar carinho e cuidado na sua infância, por que haveria de ser diferente agora que são pais?

Com isso percebe-se que a associação entre gênero feminino e cuidado se encontram indissociadas. Desde que o cuidado foi vinculado à maternidade, o exercício deste foi naturalizado como "instinto feminino", como instinto materno.

Desta forma, quando nasce um bebê, e como consequência surge um pai, a este último é passada a ideia de que um homem não é capaz de exercer de modo competente as tarefas de cuidado que um bebê requer. Mesmo para aqueles que, felizmente, conseguem ir contra esses modelos que a sociedade tenta impor, ainda resta um "ensinamento": ainda que exerçam o cuidado, nunca conseguirão ser tão bons quanto as mães, afinal, a sociedade sustenta o senso comum de que as mulheres possuem um "instinto materno" a seu favor.

Contribuindo com uma crítica sobre essa naturalização, a autora Marília Pinto de Carvalho (1999) ainda coloca uma alternativa para modificar essa articulação rígida entre cuidado e feminilidade, que é tornar o "cuidado" um conceito descritivo, em oposição ao essencialista, permitindo assim sua ampliação e uma consequente inserção masculina nos espaços de cuidado. Isso favoreceria uma quebra da lógica da divisão sexual do trabalho, pois, nas palavras da autora: "O 'cuidado' não é mais colocado na origem de subordinação das mulheres; pelo contrário, as várias formas e configurações das práticas de 'cuidado' precisam ser explicada no contexto de um referencial teórico" (ibidem).

Quando pensamos em cuidado, abrangemos o aspecto relacional com o mundo para além do aspecto relacional entre homens e mulheres; mantemos relações de cuidado diariamente com objetos, plantas, animais e pessoas, que podem vir na figura da(o) companheira(o), filho(a), dos avós, dos amigos etc. Mas esse conceito também está associado a diversas formas de prestação de serviço, como o trabalho em hospitais, creches, escolas e afazeres domésticos, como também a sentimentos de empatia, carinho, compaixão etc. Desse modo, cuidar pode tanto ser uma característica fundamental na execução de determinados trabalhos, ficando vinculado à questão salarial, quanto uma disponibilidade para o outro, que independeria do assalariamento. Neste último caso, teríamos como exemplo primordial a conduta assumida por mulheres, independentemente de suas idades ou da posição ocupada, no interior de suas casas para com suas famílias.

Certamente, compreender o cuidado implica uma leitura da categoria de gênero incluída num contexto de complexidade, que pode ser vislumbrada em diferentes dimensões: a *dimensão cultural*, quando nos referimos aos símbolos disponíveis nos diversos discursos de um povo, os quais trazem consigo representações carregadas de atribuições dicotômicas, afirmando as características e hierarquizando os valores em certas imagens masculinas e femininas; a *dimensão social* das instituições que regulam, (re)produzem e atualizam os significados desses símbolos, tais como famílias, religiões, seitas, escolas, universidades, instituições jurídicas e políticas etc.; a *dimensão da identidade* subjetiva, das identidades de gênero atualizadas por homens e mulheres, de como ambos tomam para si os conteúdos das imagens simbólicas do discurso cultural e institucional.

A família pode ser considerada como uma síntese desse universo simbólico e das instituições nas quais se constroem as subjetividades, onde se reproduz a ordem sociocultural em que estão inseridos e são atualizadas as relações de gênero em todas as suas dimensões, no trabalho, no exercício da sexualidade e nas relações de cuidado. Contudo, o gênero se constrói numa multiplicidade de instituições, e não apenas na família ou nas relações de parentesco: "ele é construído igualmente na economia e na organização política, que, pelo menos em nossa sociedade, operam atualmente de maneira amplamente independente do parentesco" (Scott, 1995, p. 87). Aqui, um exemplo marcante para o tema da paternidade provém da extensão da licença atribuída ao pai e à mãe do recém-nascido:[2] no Brasil, a licença-maternidade estende-se por quatro meses e a de paternidade, por cinco dias.

Quando pensamos em cuidado, abrangemos o aspecto relacional com o mundo para além do aspecto relacional entre homens e mulheres.

Percebendo a hierarquização dos papéis masculinos e femininos como uma construção social, cultural e histórica, acreditamos que somente pela análise das relações de gênero é possível compreender as desigualdades sociais no exercício do cuidado, pois, como propõe Maria Jesus Izquierdo: "a sociedade se acha estruturada em dois gêneros, o que produz e reproduz vida humana, e o que produz e administra riquezas mediante a utilização da força vital dos seres humanos" (1994, p. 49).

Através da abordagem de gênero buscaremos compreender como a noção de cuidado está diretamente associada à noção de feminino, a ponto de constituir-se cerne para uma ética feminina, e como o homem foi — e, na maioria das vezes, continua sendo — excluído (e se exclui) das ações de cuidado.

Felizmente, para uma perspectiva ética que valoriza a flexibilidade e uma abertura ao novo, as pessoas não internalizam os atributos de gênero e os modelos hegemônicos como uma produção em série. O modelo hegemônico tem como principal função ser referencial na construção dessas identidades.

Capítulo II — Dos direitos sociais; Art. 7º; inciso XVIII — licença à gestante, sem prejuízo do emprego e do salário, com duração de cento e vinte dias; inciso XIX — licença-paternidade, nos termos fixados em lei (Brasil, 1988, p. 11).

Dessa forma, foi possível para as mulheres "estranharem" o seu lugar na sociedade e dar início a movimentos que criticaram essas relações de poder, reivindicando cada vez mais espaço no mercado de trabalho e transformando a vivência da sexualidade e da estrutura familiar. Foi então iniciado um processo de mudança irreversível, o qual, por sua complexidade, não temos condições de dominar; podemos, no entanto, perceber sua direção e trabalhar para que esta esteja mais de acordo com as nossas concepções éticas e necessidades.

Da mesma forma como aconteceu com as mulheres, os homens sentem esse "estranhamento", pois cada indivíduo assume a masculinidade de uma maneira singular dentro desse universo, existindo assim masculinidades que se constroem ao redor do modelo hegemônico, que podem ou não desenvolver relações harmoniosas entre si. O poder social dado aos homens possui então uma dupla face, pois, ainda que seja fonte de privilégios e poderes individuais, é também fonte de sofrimento, dor e alienação — a alienação de seus sentimentos, de seus afetos, de um potencial para estabelecer relacionamentos humanos de cuidado para com os filhos —, visto que essa capacidade está "naturalmente" reservada às mulheres (Lyra, 1997).

Com as mudanças ocorridas na estrutura social e familiar, o poder masculino vem sendo "posto em xeque", e esse sofrimento começa a ficar mais evidente, podendo ser percebido em grupos de reflexão, movimentos e organizações que surgiram para tratar dessa temática. Alguns autores, como Michael Kaufmam (1995), propõem para a transformação desses papéis formas de ação em nível tanto social quanto individual, que passariam por três eixos: um no campo dos direitos e das instituições, outro na unidade do trabalho doméstico e, por fim, um último relativo ao cuidado para com as crianças (Lyra, 1997).

A construção da noção de cuidado no universo do discurso masculino é, portanto, uma forma de dinamizar as transformações das relações de gênero, visto que quebraria a dicotomia entre pai-provedor-protetor, ou líder instrumental, e mãe-cuidadora, ou líder expressiva-afetiva nas famílias (Trindade, 1991; Lyra, 1997). Essa quebra promoveria, portanto, uma mudança revolucionária na história da humanidade, quando o eixo do cuidado com os filhos começaria a fazer parte da subjetividade masculina.

Não pretendemos com isso alegar a inexistência de diferenças entre pai e mãe, mas sim trabalhar para uma flexibilização das concepções dos papéis por eles desempenhados e provocar uma ampliação dos repertórios quanto aos sentidos atribuídos ao masculino e ao feminino. Aumentar a aceitação do cuidado realizado pelos pais, segundo Patrice Engle e Cynthia Breaux (1994), pode trazer vantagens também para as crianças, na medida em que esses homens teriam mais possibilidade de prover as demandas infantis, não só em aspectos físicos, mas também afetivos, com mudanças significativas na qualidade da relação pai-criança, que, de acordo com Michael Lamb (1986) e com outros psicólogos que investigam o tema da "nova paternidade", trariam vantagens para o desenvolvimento infantil.

Pensamos na paternidade não como uma obrigação, mas como algo pertencente à ordem do desejo, à dinâmica do direito, e que implica um compromisso.

> "Observa-se, em dias atuais, diferentes modalidades de exercício da paternidade pelo homem. Alguns têm-na como fato real, um compromisso pessoal e afetivo, além dos aspectos sociais. Outros, no entanto, têm-na como possibilidade de acontecimento, pois nunca houve sociedade que ensinasse e permitisse aos homens desenvolverem habilidades de cuidados infantis. Essa tarefa sempre coube à mulher. (...) Para que o exercício da paternidade se faça mais intensamente, haverá necessidade de transformações sociais profundas, quem sabe até com a extinção de preconceitos formados frente a comportamentos expressos, inclusive em brincadeiras infantis." (Souza, 1994, p. 63)

Esse novo pai é mais ativo, não se restringindo à disciplina e ao suporte econômico familiar; ele demonstra um maior envolvimento na educação e no cuidado com os(as) filhos(as) de qualquer faixa etária, participa da alimentação, dá mamadeira, troca as fraldas do bebê, acompanha-os no médico ou dá os remédios, leva-os na escola, para passear, coloca-os para dormir... Enfim, desenvolve contatos mais estreitos com os filhos, o que era antes reservado apenas à mãe. Não que haja uma inversão de papéis ou que o pai se transforme em uma outra mãe; trata-se de um homem-pai que estabelece relações mais complexas, estreitas e mais "reais" com os(as) filhos(as), que deseja e encontra grande satisfação com isso.

Em nosso trabalho diário, compreendemos que, do mesmo modo que os homens aprendem a não cuidar de si, tampouco cuidar dos outros, eles podem reverter esse papel que a sociedade tenta impor. Assim, pensamos na paternidade não como uma obrigação, mas como algo pertencente à ordem do desejo, à dinâmica do direito, e que implica um compromisso. A nossa experiência de intervenção — a "resposta" que temos dos jovens — e o crescente interesse de instituições governamentais e não governamentais nos levam a acreditar que existe, atualmente, um potencial para a mudança, sobretudo quando as oportunidades são mais diversificadas. Discutindo e revendo as formas de socialização, é possível aos homens também serem fonte de cuidado.

■ Referências bibliográficas

Ariès, Philippe. *História social da criança e da família*. Rio de Janeiro: Zahar. 1976.

Brasil. Assembleia Nacional Constituinte. *Constituição do Brasil*. Brasília: Comunicarte, 1988.

Campos, Maria M. Participantes ou marginais: estilos de socialização em famílias de São Paulo e Brasília. *Cadernos de Pesquisa*, São Paulo, n. 14, p. 75-86, 1975.

Carvalho, Marília P. *No coração da sala de aula*: gênero e trabalho nas séries iniciais. São Paulo: Xamã, 1999.

Dupuis, Jacques. *Em nome do pai*: uma história da paternidade. São Paulo: Martins Fontes, 1989.

Engle, Patrice; Breaux, Cynthia. *Is there a father instinct? Fathers' Responsibility for Children*. New York: The Population Council/International Center for Research for Women Series, 1994.

Erickson, Erik H. *Infância e sociedade*. 2. ed. Rio de Janeiro: Zahar, 1976.

Gilligan, Carol. *Uma voz diferente*. Rio de Janeiro: Rosa dos Tempos, 1990.

Gomes, Jerusa V. *Socialização*: um estudo com famílias de migrantes em bairro periférico de São Paulo. Doutorado (Psicologia) — Instituto de Psicologia, Universidade de São Paulo, 1986.

Gomes, Jerusa V. Família e socialização. *Revista Psicologia — USP*, v. 3, n. 1/2, p. 93-106, 1992.

_____. Socialização primária: tarefa familiar? *Cadernos de pesquisa*, São Paulo: Cortez, n. 91, p. 54-61, nov. 1994.

Izquierdo, Maria Jesús. Uso y abuso del concepto de género. In: Vilanova, Mercedes (ed.). *Pensar las diferencias*. Barcelona: Promociones y Publicaciones Universitaria, S.A., 1994, p. 31-53.

Kaufman, Michael. Los hombres, el feminismo y las experiencias contradictorias del poder entre los hombres. In: Arango, Luz G.; León, Magdalena; Viveros, Mara (Comp.). *Género e identidad*: ensayos sobre lo feminino y lo masculino. 1. ed. Bogotá: Tercer Mondo; Uniandes, 1995. p. 123-146.

Lamb, Michael E. (Ed.). *The father's role*: applied perspectives. New York: John Wiley, 1986.

Lyra, Jorge. *Paternidade adolescente*: uma proposta de intervenção. São Paulo. Tese (Mestrado em Psicologia Social) — Pontifícia Universidade Católica, São Paulo, 1997.

Muraro, Rose Marie. *Homem/mulher*: início de uma nova era. Rio de Janeiro: Artes e Contos, 1994.

Noddings, Nel. *Caring*: a feminine approach to ethics & moral education. Los Angeles: University of California Press, 1984.

Programa Papai. *Caderno Paternidade & Cuidado*. São Paulo: 3 Laranjas Comunicações, 2001. (Série Trabalhando com Homens Jovens.)

Ramires, Vera R. *O exercício da paternidade hoje*. Rio de Janeiro: Rosa dos Tempos. 1997.

Scott, Joan W. Gênero: uma categoria útil para análise histórica. *Educação & Realidade*. Porto Alegre, v. 20, n. 2, p. 71-99, jul./dez. 1995.

Souza, Rosane M. de. *Paternidade em transformação*: o pai singular e sua família. Tese (Doutorado em Psicologia Clínica) — Pontifícia Universidade Católica, São Paulo, 1994.

TRINDADE, Zeide A. *As representações sociais da paternidade e da materni-dade*: implicações no processo de aconselhamento genético. Tese (Doutorado em Psicologia Social) — Instituto de Psicologia, Universidade de São Paulo, São Paulo, 1991.

■ Programa Papai

Rua Mardônio Nascimento, 119 — Várzea
CEP 50741-380 — Recife/PE
Brasil
Telefone/fax: (55) (81) 3271 4804
E-mail: papai@ufpe.br
Site: <http://www.ufpe.br/papai/>

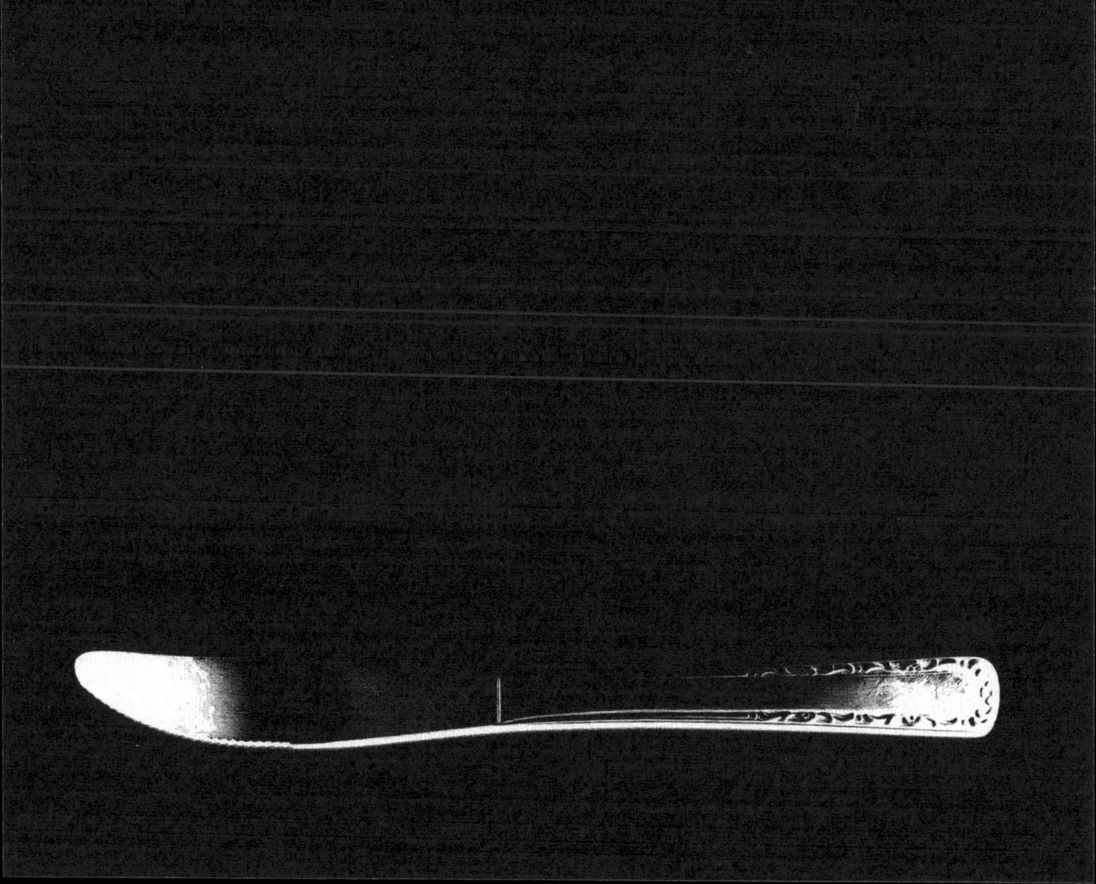

Avós: velhas e novas figuras da família contemporânea

MARIA AMALIA FALLER VITALE*

> *Como ontem está longe! Esse passado*
> *é um infinito fixo de distância,*
> *coisas idas, o início e o terminado,*
> *longe na irreparável semelhança.*
>
> Fernando Pessoa

As figuras dos avós fazem parte de nosso imaginário. Muitos de nós conhecem pelo menos um deles; outros só os conhecem por fotografias e histórias familiares. As trajetórias dessas personagens estão cunhadas por suas inserções sociais, culturais e por suas relações de gênero. Recordamos nossos avós através do lugar, da posição que ocuparam na família e do nosso próprio lugar. Essas posições podem ter se modificado ao longo do percurso de vida. Em algumas famílias, os contatos com eles são ou foram frequentes; em outras, quase inexistentes. A presença familiar de nossos avós paternos ou maternos pode ser diversa em nossa vida e nos imprimir legados distintos. Os legados geracionais — ou seja, a herança simbólica — por eles transmitidos compõem a nossa memória familiar. Podem contribuir ou ter contribuído de inúmeras formas para a vida cotidiana da família. Os avós que estão à nossa volta ou os que alguns de nós somos hoje tendem a se distanciar dos modelos guardados em nossas lembranças.

Esses aspectos, aparentemente tão óbvios, indicam imagens diversas ou contraditórias, diferentes significados e experiências que estão presentes quando se trata dessas figuras. Eles não constituem um universo socialmente homogêneo, embora, quando recobertos pela dimensão da velhice, seus contornos aparentemente se diluam.

* Assistente social; doutora em Serviço Social; professora do Programa de Estudos Pós-Graduados em Serviço Social da Pontifícia Universidade Católica de São Paulo; terapeuta familiar psicodramatista.

Que papel os avós desempenham nas famílias de hoje? De que avós estamos falando? Incursionar por essas questões, focalizar os avós na família por meio das relações intergeracionais e de gênero, considerando suas inserções sociais, esse é o nosso propósito.

Attias-Donfut e Segalen (1998), estudiosas da dimensão geracional, apontam, com base em uma extensa pesquisa, realizada na sociedade francesa, que "os avós, os grandes esquecidos da sociedade, são as novas figuras familiares de nosso tempo". Para as autoras, as separações conjugais, a recomposição familiar, a monoparentalidade, entre outros temas da vida em família, suscitam interesse dos pesquisadores e dos meios de comunicação, enquanto os avós, apesar de tão numerosos hoje, despertam menor atenção.

No entanto, as mudanças dos laços familiares e a vulnerabilidade que atinge as famílias demandam novos papéis, novas exigências para essas figuras, personagens que ganham relevo não só na relação afetiva com os netos, mas também como auxiliares na socialização das crianças ou mesmo no seu sustento, mediante suas contribuições financeiras. No Brasil, essa temática tem sido, entretanto, pouco debatida, tanto nos estudos sobre as questões da família contemporânea como naqueles que pesquisam e tratam do envelhecimento.

Mesmo com o reconhecimento inegável da importância e das implicações do envelhecer em nossa sociedade, os avós não ocupam um espaço privilegiado de discussão. Attias-Donfut e Segalen (1998) chamam a atenção para a pouca visibilidade desses atores sociais nas pesquisas sociológicas. De modo geral, os congressos e os seminários de terapia familiar que tenho acompanhado ao longo dos anos muito contribuíram para a discussão das mudanças e da diversidade familiares, mas pouco os têm destacado. Eles não têm emergido como protagonistas nas cenas das relações familiares.

Em contrapartida, o pensamento psicanalítico tem tradicionalmente apontado o papel simbólico da figura dos avós — vivos ou mortos —, na função de assegurar aos netos uma identidade enraizada no tempo imemorial, ou seja, numa identidade genealógica (Kaës, 2001). Nessa perspectiva, a criança está no cerne das transmissões inconscientes da vida psíquica que ocorrem ao longo das gerações. As contribuições psicanalíticas não podem, entretanto, lançar sombra sobre tantos outros aspectos que recobrem a figura dos avós.

■ **Avós: cuidados e guarda. Afinal, qual o lugar dos avós nas famílias brasileiras de hoje?**

Mesmo com o reconhecimento da importância do envelhecer em nossa sociedade, os avós não ocupam um espaço privilegiado de discussão.

Cuidar, educar ou ser responsável? Disciplinar, ser companheiro das brincadeiras, contar histórias, oferecer pequenos presentes, passeios, guloseimas, conselhos, ouvir sentimentos, segredos, acolher, suprir algumas necessidades infantis, ajudar a sustentar, transmitir as histórias familiares... Esses e tantos outros aspectos indicam a diversidade de situações que envolvem os avós.

Quando a convivência entre avós e netos é intensa, os primeiros podem se tornar parceiros dos pais na educação das crianças. Outros podem sentir que suas relações com os netos devem ter muito mais um caráter lúdico.

A maioria deles se dispõe voluntariamente a cuidar dos netos; outros, entretanto, consideram isso uma prestação de serviços e só interferem quando solicitados; outros, ainda, são obrigados a cuidar pela situação que se encontram de dependência econômica dos filhos. Poucos são os avós que não cuidam em algum momento de seus netos (Peixoto, 2001). Os padrões referentes a esse cuidado e a essa relação são, portanto, construídos cultural e socialmente.

Como se dão esses cuidados ou a guarda dos netos: no cotidiano, nos fins de semana, nas férias? Os avós exercem uma guarda de fato, mas não legal, ou seria uma guarda temporária ou determinada judicialmente?

Cláudia Fonseca, ao abordar a circulação de crianças e a adoção[1] em famílias populares, já aponta a significativa presença dos avós no início do século XX. Estes participavam dos cuidados cotidianos das crianças da família num contexto de flexibilidade da unidade doméstica, uma vez que era corrente um casal morar com os pais. A autora indica que os avós emergem como um dos tipos de pais adotivos:

"Avós, com certeza, recebiam vários benefícios especiais ao cuidarem dos netos: aumentavam suas chances de receber ajuda filial e consolidavam seu direito ao apoio da rede extensa de parentesco. Por ser do 'seu sangue', a criança trazia uma carga simbólica positiva, possivelmente aumentando a

A autora estuda as dinâmicas familiares em grupos populares brasileiros e inclui a pesquisa em arquivos públicos, isto é, processos de Apreensão de Menores entre 1901 e 1926, em Porto Alegre.

satisfação pessoal desses pais adotivos. Finalmente, os avós escapavam à censura pública caso viessem a recusar essa 'missão natural'. Além dessas vantagens, não havia o inconveniente próprio à relação adotivo: o perigo de o pai/pai adotivo perder o contato com seu tutelado quando, já crescido, fosse retirado por um dos seus genitores." (1995, p. 66)

Nesse quadro geral da guarda, eles continuam a ter responsabilidades na criação dos netos. O aumento do número de crianças que vivem com os avós é fato. A pobreza, o desemprego, o aumento da desigualdade social, a insuficiência das políticas públicas e sociais podem ter levado ao aumento de sua contribuição na rede familiar. A precária condição em que vivem os netos tende a mobilizá-los na direção de lhes prestar atendimento. Os avós cuidadores,[2] com sua pouca aposentadoria, procuram ajudar nas dificuldades da família. Existem trocas informais na rede familiar a serem consideradas, e os idosos integram o sistema de apoio mútuo, em especial nas famílias pobres. Convém lembrar que essas trocas não se dão sem tensões no seio da família.

Peixoto (2001), em seu estudo sobre as preferências familiares enfocando as gerações mais velhas, sustenta que as transferências afetivas e de suporte formam os circuitos de solidariedade entre as gerações. No caso brasileiro, em que as políticas sociais são deficitárias ou inexistentes, a família acaba por ter um papel social relevante, havendo uma frequência de contatos que cria maior proximidade entre as gerações. A autora chama a atenção para o fato de que, quando há coabitação da geração mais velha com algum filho, esta não recai, necessariamente, com o filho com o qual o idoso tem maior afinidade. A vivência decorrente dessa coabitação pode, entretanto, contribuir para uma relação privilegiada entre avós e netos.

A pesquisa Perfil dos Idosos Responsáveis por Domicílio no Brasil (IBGE — Censo 2000) aponta que as pessoas com 60 anos ou mais constituem 8,6% da população. O estudo revela que os idosos chefes de família passaram de 60,4%, em 1991, para 62,4%, em 2000. Desse universo, 54,5% vivem com os filhos e são a principal fonte no sustento destes. No entanto, sua renda é menor que a dos chefes de família do resto do país.

[2] Nos segmentos médios, os avós também colaboram com serviços ou com auxílio financeiro para a criação dos netos, em face das dificuldades do dia a dia. Attias-Donfut e Segalen (1998) utilizam o termo "avós providência" para designar aquele que ajudam a cuidar das crianças na relação com o aumento da pobreza e o refluxo do Estado Providência.

Há um crescimento de netos e bisnetos que vivem com avós e bisavós. De 2,5 milhões em 1991, passou-se a 4,2 milhões em 2000 — são 8,8% de netos ou bisnetos do total de pessoas que vivem com os responsáveis.

Camarano (1999), baseando-se em pesquisa sobre o idoso brasileiro,[3] discute seu papel na família e mostra que esse tende a passar da condição de dependente para a de provedor:

Existem trocas informais na rede familiar a serem consideradas, e os idosos integram o sistema de apoio mútuo.

> "Pode-se dizer, em geral, que o idoso está em melhores condições de vida que a população mais jovem; ganha mais, uma parcela maior tem casa própria e contribui significativamente para a renda familiar. Não quer dizer com isto que está em boas condições em termos absolutos. Nas famílias cujos idosos são chefes encontra-se uma proporção expressiva de filhos morando junto, proporção que cresceu com o tempo. Essa situação deve ser considerada à luz das transformações por que passa a economia brasileira, levando a que jovens estejam experimentando grandes dificuldades em relação a sua participação no mercado de trabalho. Além disso, gravidez na adolescência, prostituição, violência, drogas são fenômenos que têm crescido entre o segmento populacional mais jovem e repercutem nos idosos."

Calobrizi, por sua vez, ao estudar, no foco da gerontologia, os avós que têm a guarda judicial de netos por terem filhos envolvidos na prostituição ou nas drogas, entre outras situações, retrata as difíceis condições em que estes vivem e, ao mesmo tempo, seus conflitos e compromissos. Revela ainda o total desamparo dessas pessoas pelo poder público.

Os avós (...) assumem os netos, enfrentam dificuldades, porém o sentimento de amor e proteção se sobrepõe e afirmam categóricos: "o neto é filho duas vezes", "é meu sangue, não vou deixar sofrer", "melhor ficar comigo do que com um estranho", "se eu não cuidar, eles vão ficar aonde?" (2001, p. 146)

Qual a contrapartida oferecida a esses avós? Quem apoia aqueles que têm de assumir a guarda dos seus netos, mediante regulação formal ou não? Qual a atenção que vem sendo dada a esse conjunto de nossa população?

A solidariedade familiar intergeracional parece estar sendo exigida, cada vez mais, como

Essa pesquisa considera como idoso a população de mais de 60 anos.

recurso potencial para o enfrentamento das demandas sociais e econômicas que desafiam a família para encontrar saídas. É nesse quadro que os avós se tornam as *novas* personagens do mundo familiar?

■ Os avós e as relações intergeracionais

A vida familiar, tal como a conhecemos hoje, supõe o convívio e o confronto entre gêneros e gerações. A condição de ser avô ou avó se modifica ao longo do percurso de vida: os belos anos do ser avós podem dar lugar a anos mais difíceis.[4] O nascimento dos primeiros netos corresponde, na maioria das vezes, a uma etapa da vida em que os avós gozam de saúde, estão na vida ativa, dependendo, é claro, das inserções socioeconômicas, como vimos anteriormente, que estruturam suas trajetórias. São os anos das descobertas, das brincadeiras e dos prazeres de ser avô(ó). Mais tarde, a situação se inverte: o apoio do braço de um neto pode se tornar o amparo do(a) avô(ó) idoso(a).[5]

O ser avô (bisavô) é um acontecimento definido pelos filhos (ou netos). Como ressaltam Attias-Donfut e Segalen (1998), os avós assim se tornam, não importa em que momento do ciclo de vida, sem que tenham — acrescento, pelo menos, em princípio — uma palavra a dizer. Por exemplo, uma filha adolescente, ao ter seu bebê, pode tornar sua mãe, com menos de 40 anos, uma avó — sem falar nas *jovens* bisavós. Aí já estão dados os limites e as possibilidades no desempenho desse papel. A chegada de um neto faz também emergirem novas identidades familiares[6] e traz consigo um elemento de reconhecimento e diferenciação na trama familiar, sinalizando ainda o suceder das gerações.

Na sociedade contemporânea, o aumento da expectativa de vida, bem como a maior permanência dos jovens em casa, modifica significativamente as relações intergeracionais: crianças e jovens tendem a conhecer e a conviver mais com

[4] Ver Attias-Donfut e Segalen (1998, p. 20), que utilizam a expressão "belos anos de ser avós" baseados nos sociólogos norte-americanos, que chamam esse período de *the fat part of grand-parenting*.
[5] Eça de Queirós, no livro *Os Maias*, retrata com beleza a força e a mudança da relação entre avô e neto em diversos momentos de uma saga familiar: "Mas, o velho pôs o dedo nos lábios e indicou Carlos dentro, que podia ouvir... E afastou-se, todo dobrado sobre a bengala, vencido enfim por aquele implacável destino que, depois de o ter ferido na idade da força com a desgraça do filho, o esmagava no fim da velhice com a desgraça do neto" (1966, p. 389)
[6] Machado de Assis, em seu conto *Uma Senhora*, narra os sentimentos ambíguos que o anúncio do neto desperta na vaidosa mulher e indica os movimentos de construção de uma nova identidade, ou seja, se

seus avós e bisavós. Há, com frequência, quatro gerações coexistindo numa mesma família. Vale enfatizar que essa convivência não apaga, contudo, os contornos e confrontos geracionais.[7]

Barros,[8] ao discutir família e mudança social nos segmentos médios, pontua:

> "As várias gerações podem oferecer, ao mesmo tempo, ideias de continuidade e de mudança que acabam se concentrando na figura do(a) avô(ó) enquanto elemento intermediário entre dois momentos mais afastados da vida familiar: o passado, reelaborado nas lembranças de sua infância, o presente e o futuro personificado pelas gerações dos filhos e netos e nos projetos e expectativas relativos a eles." (1987, p. 21)

A condição de ser avô ou avó se modifica ao longo do percurso de vida: os belos anos do ser avós podem dar lugar a anos mais difíceis.

De outro ângulo, com o alargamento da expectativa de vida, pode-se passar boa parte da vida adulta na condição de avós, tios-avós e bisavós. Por essas razões, podemos nos questionar: quais laços se mantêm e se renovam ao longo do tempo? Como se modificam no decorrer do percurso de vida as condições socioeconômicas e culturais desses avós, e quais os impactos dessas mutações nos vínculos familiares, em especial com os netos?

Nessa perspectiva, é possível ainda observar a coexistência de situações familiares aparentemente incompatíveis. O chamado "ninho vazio" (termo tão difundido na caracterização das etapas do ciclo de vida familiar) talvez não expresse tão bem a realidade familiar atual, pois há na casa, com muito mais frequência, um ninho pleno com filhos adultos, eventuais netos ou pessoas mais idosas. Por essas razões, podem coexistir no mesmo espaço doméstico os papéis de pais, avós, bisavós. (Attias-Donfut e Segalen, 1998)

Para as crianças pequenas, os avós fazem parte significativa do seu mundo: falar sobre eles é se expressar sobre a família. Para os adolescentes, quando outros grupos se tornam importantes, sua

---

vó: "Esse importuno embrião, curioso de vida e pretensioso, era necessário na terra? Evidentemente, não; mas pareceu em um dia, com as dores de setembro. Durante a crise, D. Camila só teve de pensar na filha; depois da crise pensou na filha e no neto. Só dias depois é que pôde pensar em si mesma. nhm, avó. Não havia que duvidar; era avó. Nem as feições, que eram ainda concertadas, nem os cabelos, que eram pretos (salvo meia dúzia de fios escondidos), podiam por si sós enunciar a realidade; mas a realidade existia; ela era, enfim, vó" (2001, p. 144).

Para Attias-Donfut (1998), as gerações são testemunhas de seu tempo, participam na construção da história.

Barros (1987) discute família e mudança social nos segmentos médios cariocas partindo da figura dos avós, enfocando, portanto, as relações entre as gerações.

participação e influência tendem a decrescer. Do ponto de vista dos avós, as condições de saúde, de renda, de autonomia e, portanto, de sociabilidade tendem a diminuir à medida que se aprofunda o processo de envelhecimento. Assim, avós de crianças pequenas e os de adolescentes e jovens adultos têm vivências distintas. Na medida em que os polos desse eixo se transformam, também se modifica o quadro das relações intergeracionais.

As novas dimensões da vida familiar — tais como as mudanças nas relações de casamento e a monoparentalidade — parecem também colocar em evidência muito mais os laços intergeracionais e destacar a presença de avós nas cenas familiares. Nas famílias pobres, isto se aguça: a vulnerabilidade vivida pela família impede, tanto para os membros mais jovens como para os idosos, movimentos na direção de maior autonomia. Por sua vez, essas famílias, desprovidas de proteção social, têm necessidade de incrementar as trocas intergeracionais para responder às exigências dos diversos momentos de seu ciclo de vida. Os avós, como já foi apontado, participam ativamente dessas trocas.

Outro aspecto a ser levado em conta, quando se trata de relações entre gerações, diz respeito a serem os avós aqueles de quem se espera a doença ou a morte. Quando ocorre a morte de um membro mais novo, isto emerge na família como se fosse uma incongruência ou, ainda, como uma injustiça, uma inversão no percurso de vida (ver Sarraceno, 1992; Elias, 2001). Recordo-me de um idoso que expressou a dor pela perda de seu neto por meio da pergunta: *"Por que não eu?"*.

Em nossa sociedade, os idosos vivem mais, e a morte de jovens tem apresentado, dolorosamente, índices altos. Como, nesse contexto, estão sendo construídas as relações entre as diversas gerações?

Além disso, o aprofundamento do envelhecimento é acompanhado do esgarçamento dos laços afetivos da rede familiar mais próxima e dos vínculos de amizade ou de trabalho (Elias, 2001). Essa etapa de menor autonomia no processo do envelhecer tende a levar a um recrudescimento dos vínculos avós-netos.

■ Relações de gênero: ser avô ou avó

As relações de gênero imprimem um perfil na relação avós-netos. Diz o ditado popular que ser avó *é ser mãe duas vezes*; ser avô é *ser pai com açúcar.* Abranda-se o modelo paterno, perpetuam-se os cuidados femininos. Talvez as coisas não sejam assim tão lineares: os modelos de atenção e vínculo com as crianças são revisitados,[9] transformados e/ou mantidos com o nascimento dos netos. Mas, por certo, os avós, homens e mulheres, dão um sentido diferente a essa relação, segundo suas experiências familiares e seus relacionamentos sociais de gênero.

As relações de gênero imprimem um perfil na relação avós-netos. Diz o ditado popular que ser avó é ser mãe duas vezes; ser avô é ser pai com açúcar.

No esteio das relações intergeracionais, os avós, mais especialmente a mulher, podem conviver não só com o cuidado das crianças, mas também com o dos mais idosos da família. Das mulheres se espera e se delega a assistência à geração mais nova e às mais velhas.

Nas famílias de tendências igualitárias, nos segmentos médios, a tensão existente entre a mulher-mãe e a mulher-indivíduo pode continuar com a mulher-avó, que muitas vezes ainda trabalha, tem seus desejos e sonhos para essa etapa da vida e, ainda, ajuda no trato com as crianças da família. Essas mulheres procuram conciliar demandas eventualmente contraditórias: os projetos individuais com as reciprocidades familiares. Esse processo tem implicações sociais e emocionais na vida dessas avós. Em um passado recente em que a mulher não trabalhava, ela era apenas dependente da figura masculina ou, mais tarde, dos filhos; o caminho "natural" que se apresentava era cuidar dos netos, nem sempre na medida desejada. As atenções às crianças estavam, muitas vezes, inscritas em uma lógica de retribuição aos "favores" recebidos dos próprios filhos.

Nas famílias mais empobrecidas, há hoje uma elevada proporção de mulheres mais velhas que, sem terem tido melhores possibilidades educacionais, trabalham recebendo, consequentemente, menor renda. Essas são, entretanto, chefes de família, provedoras de um grupo familiar que, com frequência, tem poucas pessoas trabalhando. (Camarano, 1999) São as avós chefes de família. O que mudou para essas avós? Que lugar elas ocupam nos espaços de negociação familiar que envolvem as crianças ou os jovens?

Por essas razões, a figura clássica da *vovozinha* sentada na cadeira de balanço, cabelos

Sobre a transformação e a permanência das transmissões intergeracionais, ver Vitale (1994).

brancos, fazendo tricô ou crochê, presente nos livros infantis, pouco corresponde ao perfil das avós atuais, possivelmente em todos os segmentos sociais, considerando-se as mudanças por que passou a família, em especial a partir da segunda metade do último século. Pesquisar quais são as *novas* representações sociais e de gênero associadas aos avós é um caminho a ser mais bem trilhado.

O relacionamento avós-netos tem implicações ainda nas preferências, que em geral se desenvolvem ao longo da infância e se constroem com base em vários aspectos: frequência do contato, guarda temporária ou definitiva, lugar dos netos na fratria ou na rede familiar, sentimento de afinidade e lealdade familiares, reparações em relação aos próprios filhos etc., assim como por questões de gênero. (Peixoto, 2001)

Há laços preferenciais entre avós e netos influenciados pela questão de gênero? Os netos, sob esse ângulo, escolhem também seus avós?

Muitas vezes, os objetos pessoais passados de avós para netos não só recaem nos preferidos, sendo também transmitidos por afinidade de gênero (ibidem), por exemplo, da avó para a neta. Representam sentimentos positivos em relação aos netos, desejo de proximidade e perpetuação afetiva.

Aos avós, por certo, está atrelada a memória familiar, elemento-chave nos processos de identificação e, portanto, na construção do sentido de pertencimento entre os membros de uma família. Essa dimensão se revela muito bem quando se pesquisa pelo menos três gerações — isto é, por meio dos avós é possível recuperar a história familiar, social, atingindo cinco ou seis gerações. (ver Attias-Donfut, 1998; Vitale, 1994; Barros, 1987) A transmissão afetiva dessas histórias familiares se inscrevem, também, no quadro das relações de gênero.

Nos trabalhos clínicos que realizo com uso do genograma,[10] recurso utilizado pelos terapeutas familiares e que vem sendo incorporado igualmente nas pesquisas,[11] os avós, em especial as avós, *reaparecem*, frequentemente com força e intensidade nas biografias individuais.[12] As mulheres têm tido papel privilegiado nos processos de transmissão da cultura familiar. Nesse sentido, os avós emergem como o elo entre as gerações e revelam um tempo familiar e coletivo.

[10] O genograma é um instrumento gráfico que ajuda a mapear a família em pelo menos três gerações, em cada etapa do ciclo de vida familiar.
[11] Marques (2001) utilizou o genograma como instrumento complementar de pesquisa para abordar o trabalho infantil em três gerações. Revela que essa prática se repetiu nos três ciclos pesquisados: a maior parte de pais, avós e netos exerceu o trabalho infantil no campo ou na cidade.
[12] Biografias individuais são entendidas aqui como história social, familiar e pessoal.

Barros ressalta: "A importância do grupo familiar advém do fato de a família ser, ao mesmo tempo, o objeto das recordações dos indivíduos e o espaço em que essas recordações podem ser avivadas." (1987, p. 74). Essas recordações — revividas graças à figura dos avós — são diferenciadas segundo os gêneros.

Aos avós está atrelada a memória familiar, elemento-chave nos processos de identificação e de pertencimento entre os membros de uma família.

■ Os avós e as *novas* relações familiares

Em face da fragilidade dos laços conjugais, os avós tendem a ser, para os netos, um polo de estabilidade familiar. O divórcio ou a separação dos filhos acaba por mobilizar uma função implícita de garantir a instituição familiar (ver Attias-Donfut e Segalen, 1998; Vitale, 1999). Nos períodos de transição, diante das crises familiares, muitas vezes os avós podem ter um efeito tranquilizador do ponto de vista das crianças. Em compensação, quando se somam ao conflito, podem contribuir para o aumento da tensão familiar.

Quando ocorrem separações conjugais ou as famílias estão na condição de monoparentalidade, é frequente pelo menos um dos avós assumir — temporariamente ou não — parte das responsabilidades atribuídas às figuras parentais. Muitas vezes, isso pode gerar entre avós e pais a formação de um par educacional ou provedor mediado, por suas condições culturais e socioeconômicas. Nessas ocasiões, mesmo para os segmentos médios, tende a haver uma diminuição da renda na rede familiar. Em situações mais extremadas, filhos e netos voltam temporária ou definitivamente para a casa dos pais/avós.

Há hoje, também, uma geração de avós divorciados ou em situação monoparental que, em muitos casos, estão recasados ou formando novas famílias. *Novos* arranjos, *novas* convivências incluem igualmente os netos. As relações familiares passam a envolver os *steps grands parentings*, os *avós emprestados, sociais*.

A participação desses avós interfere na qualidade de construção dos vínculos com os netos? Nessas configurações, ainda é possível interrogar: os processos de transmissão familiar ganham algum caráter peculiar?

No esteio das transformações familiares, eu gostaria de levantar uma questão do ponto de vista legal — embora não seja foco desta discussão —, a qual revela as contradições que envolvem o papel dos avós na família. Estes tendem a ser as principais figuras solicitadas — como já foi apontado — a tomar a guarda judicial das crianças, se necessário. No entanto, se ocorre uma separação do casal (pais) e esta for litigiosa ou difícil, eles podem ser impedidos, na vida cotidiana, de conviver com os netos. Não dispõem, pelo menos claramente, de amparo legal para continuar a vê-los. Assumem um papel que tem força simbólica e concreta, mas que não tem um tratamento jurídico.

Antes de finalizar, é importante salientar, ainda, que ao tratar do papel dos avós não estou idealizando essas figuras. Sabe-se que há avós — homens e mulheres — abusivos, negligentes ou destrutivos para a vida familiar, bem como idosos que são maltratados na família. Os estudos sobre violência doméstica e sexual revelam bem essa perversa dimensão.

As questões apresentadas sinalizam a diversidade de relações sociais, lugares, papéis, espaços de negociação, interesses, sentimentos que envolvem a figura dos avós num mundo familiar marcado por tantas transformações. As condições socioeconômicas imprimem organização material à vida cotidiana dos idosos e atribuem significados ao seu vínculo com os netos. As relações intergeracionais e de gênero compõem o tecido para se pensar a condição do ser avô(ó). Estas constituem um espaço de confronto e conflitos, mesmo quando permanecem como sistema de suporte mútuo e lócus de mecanismos de solidariedade familiar (Vitale, 1995). Os avós são personagens em movimento na cadeia das gerações, mas talvez permaneçam em nossa memória como figuras cristalizadas em determinado momento do percurso. A herança simbólica por eles transmitida é mantida e/ou recriada ao longo de nossas vidas, num processo de continuidade e descontinuidade dos bens simbólicos recebidos.

O desenvolvimento de pesquisas sobre os laços intergeracionais que estão no cerne das questões familiares, com foco nos avós, contribui, sem dúvida, para uma melhor apreensão das dinâmicas familiares. Estas ajudarão a compreender sua presença como novas e velhas figuras das famílias contemporâneas. E, finalmente, por meio das relações intergeracionais, podemos examinar o desenho das fronteiras familiares, hoje condição essencial para a discussão das políticas sociais.

■ Referências bibliográficas

ATTIAS-DONFUT, C.; SEGALEN, M. *Grands parents*: la famille à travers les générations. Paris: O. Jacob, 1998.

BARROS, M. L. *Autoridade e afeto*: avós, filhos e netos na família brasileira. Rio de Janeiro: Jorge Zahar, 1987.

BOSI, E. *Memória e sociedade*: lembranças de velhos. São Paulo: T. A. Queiróz, 1979.

CALOBRIZI, M. D. A. *As questões que envolvem a responsabilidade assumida pelos avós enquanto guardiões dos netos, no que se refere à formação de referenciais sociais e aos legados passados de geração em geração*. São Paulo, 2001. Dissertação (Mestrado) — Pontifícia Universidade Católica de São Paulo.

CAMARANO, A. A. (Coord.). *Como vai o idoso brasileiro?* Rio de Janeiro: Ipea, 1999. (Texto para discussão, n. 681.)

ELIAS, N. *A solidão dos moribundos, seguido do "envelhecer e morrer"*. Rio de Janeiro: Jorge Zahar, 2001.

KAËS, R. et al. *Transmissão da vida psíquica entre as gerações*. São Paulo: Casa do Psicólogo, 2001.

MACHADO DE ASSIS, J. M. *Contos*: uma antologia. Seleção, introdução e notas de John Gledson. São Paulo: Companhia das Letras, 2001. v. 1.

MARQUES, W. E. U. *Infâncias (pre)ocupadas:* trabalho infantil, família, identidade. Brasília: Plano, 2001.

PEIXOTO, C. E. Les préférences familiales. L'individualisation de l'affection dans les générations âgées. In: SINGLY, F. (Org.). *Être soi d'un âge à l'autre*: famille et individualisation. Paris: L'Harmattan, 2001. t. 2.

QUEIRÓS, Eça de. *Os maias*. Porto: Lello e Irmão, 1966.

SARRACENO, C. *Sociologia da família*. Lisboa: Estampa, 1992.

SINGLY, F. (Org.). *Tre soi d'un âge à l'autre*. Paris: L'Harmattan, 2001. t. 2.

VITALE, M. A. F. *Vergonha*: um estudo em três gerações. Tese (Doutorado) — Pontifícia Universidade Católica, São Paulo, 1994.

_____. Socialização e família: uma análise intergeracional. In: CARVALHO, M. C. B. *A família contemporânea em debate*. São Paulo: Cortez/Educ, 1995.

_____. Separação e ciclo vital familiar. In: ALMEIDA, W. C. *Grupos*: a proposta do psicodrama. São Paulo: Ágora, 1999.

Parte 2

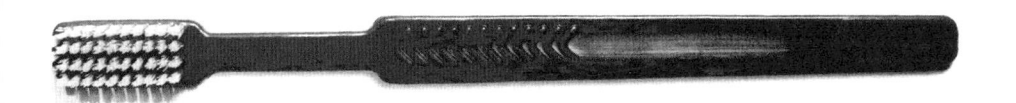

Trabalhando com famílias

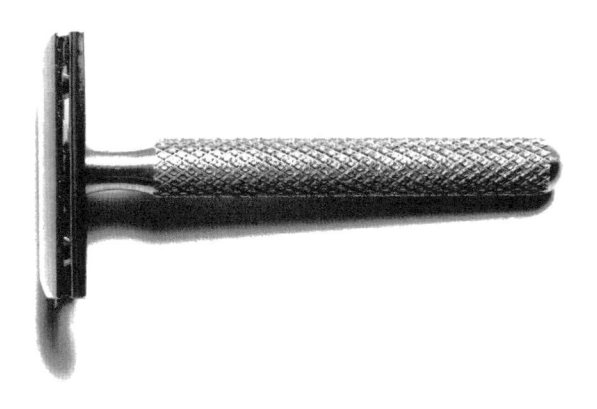

Prefácio

Trabalhando com famílias

Redes, laços e políticas públicas chega à sua 7ª edição, após longos quinze anos, quando foram impressos milhares de exemplares e a temática permanece atuante na vida cotidiana dos sujeitos que integram o Estado e as sociedades, especialmente a brasileira.

A segunda parte deste livro contempla cinco textos que tratam das reflexões sobre o trabalho social e suas metodologias junto às famílias, nos âmbitos da saúde da assistência social e da necessidade do uso de instrumentos e técnicas que facilitem a prática profissional, como os sistemas de informação social que potencializam a avaliação e o monitoramento desses processos. Ilustram essa parte da obra cinco relatos de caso que narram experiências vividas em diversos territórios.

Passados todos eses anos, constata-se que a intervenção profissional com as famílias demanda cada vez mais a necessidade de adequação à formação *interprofissional* e interdisciplinar. Esse tipo de formação demanda maior participação da academia e de suas escolas profissionais.

No seminário que deu origem a esta obra e à sua primeira edição, tratar de redes era quase exclusividade das áreas das ciências exatas. Atualmente, elas estão na vida cotidiana dos cidadãos do mundo, por meio da tecnologia

Nesse sentido, o uso da inovação tecnológica na intervenção com famílias se realiza a partir de canais de comunicação e de metodologias de trabalho social baseadas na escuta de suas narrativas. Essa escuta possibilita compreender a especificidade dos sujeitos individuais e coletivos e a adequação à cultura e *modus vivendi* desses sujeitos Assim, as ações dos profissionais tornam-se capazes de alcançar seus objetivos, transformando a realidade, prioritariamente.

Portanto, conhecer a família e a qualidade de seus laços, , isto é, a complexidade de sua realidade, é prioritário. Ter um claro diagnóstico pode ser o ponto de partida para uma intervenção mais próxima e legítima. Além de planejar as ações buscando interação com outras áreas, ciências, profissões, técnicos alocadas no território e/ou fora deste, para um trabalho em rede, habilitando o profissional para melhor avaliar e monitorar sua intervenção.

Nesse processo, as políticas públicas devem ser mediadoras para o efetivo acesso das famílias aos direitos e proteção social. As famílias, os usuários das políticas públicas, muitas vezes se encorajam nos seus relatos na busca pela construção de projetos de futuro de vida que permitam fortalecer vínculos, prevenir violências e o estabelecimento de colaboração intra e *interfamílias*, comunidades e territórios.

Ana Rojas Acosta

Metodologia de trabalho social com famílias
Naidison de Quintella Baptista*

Uma reflexão sobre o projeto Agentes de Família, desenvolvido pelo MOC e pelo Unicef no Programa de Erradicação do Trabalho Infantil na Bahia

Contextualização

A experiência aqui apresentada insere-se no Programa Estadual de Erradicação do Trabalho Infantil, na área sisaleira da Bahia. Para um melhor entendimento, elencaremos algumas características sociais e econômicas da região.

O projeto aplica-se à área rural, região semiárida da Bahia, onde a miséria e a falta de oportunidades de vida digna impedem as famílias de "dizerem sua palavra" e ocuparem seus espaços de cidadãos. Por sua vez, a ausência de protagonismo por parte dessas famílias colabora para que esta situação de exclusão social se perpetue.

A coordenação é feita pelo Movimento de Organização Comunitária (MOC), organização não governamental sediada em Feira de Santana, na Bahia, que atua há 35 anos na região. Nos últimos dez anos, vem sendo desenvolvida uma intensa parceria com o Fundo das Nações Unidas para a Infância (Unicef), especialmente no âmbito do trabalho pelos direitos das crianças.

Especificaremos, a seguir, alguns elementos contextuais da realidade social e econômica.

---

* Pós-graduado em Liturgia pelo Instituto Litúrgico de Trier, na Alemanha; mestre em Teologia pela Universidade de Roma. Atualmente, é coordenador das atividades administrativas e técnicas do Movimento de Organização Comunitária (MOC). É autor de vários trabalhos publicados.

Campo produtivo

■ A terra está *concentrada* nas mãos de poucos, e há uma multiplicidade ímpar de indivíduos sem-terra, de pequenos e minifundiários, sem propriedade ou com propriedade insuficiente.

■ O acesso ao crédito é burocratizado, o que o inviabiliza, porque as instituições credoras, com suas múltiplas exigências, *não foram pensadas para os pobres*.

■ A *assistência técnica* mostra-se desenraizada da realidade do semiárido, implementando uma proposta técnica desvinculada de uma filosofia de convivência com esse contexto.

■ Há pouco *incentivo* à poupança e a iniciativas associativas de produção, beneficiamento e comercialização.

Num contraponto dialético dessa realidade, há múltiplas lutas pela conquista da terra, criação e funcionamento de muitas cooperativas de crédito, sob o controle dos próprios agricultores, bem como experiências valiosas de assistência técnica sistemática, numa filosofia de convivência com o semiárido.

Campo da educação

■ A escola rural não tem qualidade e mostra-se inadequada à realidade do campo, desvalorizando a vida, a cultura, os valores e os modos de ser dos(as) agricultores(as); desta maneira, destrói a autoestima das pessoas.

■ Os professores não têm acesso a processos sistemáticos de formação.

■ A qualidade da escola e da educação é identificada simplesmente com cursos, prédios, móveis e equipamentos; não se discute a questão do sentido e se o objetivo político de escola está ou não a serviço de processos includentes ou excludentes de desenvolvimento.

■ A escola e a educação ainda não ocupam um lugar de destaque na agenda dos movimentos sociais, especialmente dos sindicatos.

■ Os pais e as mães são analfabetos ou semianalfabetos, sem história de frequência escolar, tendo sua palavra negada em relação à escola e aquilatando negativamente o papel desta na vida dos seus filhos.

Dialeticamente, desenvolvem-se interessantes experiências de interferência na construção de novos processos de educação rural, em especial na qualificação de professores e professoras municipais, na linha de valorizar a realidade rural, resgatar a autoestima e construir o conhecimento com base na realidade em que as pessoas vivem — ou seja, na linha de uma escola que se insere a serviço do desenvolvimento sustentável.

A existência da jornada ampliada do Peti, com uma inserção coordenada, centrada da qualidade e em ajudar as crianças a ver e a aprender com base na realidade, tem intensificado a qualidade da educação.

Fatores culturais e sociais

A maior parte do público pobre da região tem suas raízes na escravatura. Culturalmente, todos aprenderam apenas proibições, cumprimento de ordens, obediência, nunca a cidadania, a criatividade. Até seu mundo religioso era proibido e considerado pecaminoso.

Entre outros fatores, colaboram para a manutenção desse quadro de subserviência e exploração:

- O clientelismo político, que vincula os poucos serviços públicos existentes à vontade benevolente dos políticos, ao sistema do favor e da dádiva (os serviços são entendidos como doação dos políticos e, a seu tempo, deverão ser retribuídos pelos votos).
- A cultura do medo "de dizer sua palavra": na cultura da região, falar o que se pensa pode gerar retaliações, punições por parte dos políticos e dos poderosos.

Existem, no entanto, muitas lutas, experiências e conquistas que já cortam e desenraizam essas mentalidades aqui expostas. Mergulhadas na imensidão da região, são ainda gotas d'água, que, no entanto, projetam um semiárido diferente.

Atuação dos vários atores

- Há atuação das três esferas do Poder Executivo (federal, estadual e municipal), na maioria das vezes de forma desarticulada e pontual; são projetos e não políticas. Outras vezes, como no Programa Estadual de Erradicação do Trabalho Infantil, atuam num nível razoável de inter-relação, e também com a sociedade civil, gerando práticas de democracia e perspectivas de políticas.

■ O Poder Judiciário atua, em alguns lugares, gerando empoderamento, quando responde a demandas de controle social de políticas e projetos desenvolvidos na área. Em outros municípios, é simplesmente ausente, o que pode caracterizar conivência e incentivar a manutenção do *status quo*.

■ Alguns dos espaços oficiais de construção e controle de políticas, como os Conselhos Paritários de Direito e outros, são controlados pelo poder público; outros funcionam construindo e controlando efetivamente políticas e programas públicos.

■ As organizações da sociedade civil, com nível incipiente a médio de articulação, assim se apresentam: de um lado, com crescente potencialidade de diálogo com o poder público, fortalecendo-se e abrindo-se para um debate de construção comum; de outro, ainda tributárias de uma mentalidade fechada, que as faz identificar em si mesmas todas as respostas aos problemas, ignorando a potencialidade dos outros atores, especialmente do Poder Público.

■ Os organismos externos obedecem, via de regra, à mesma lógica: centram-se no poder público, não incentivando a relação deste com a sociedade civil; assim, reforçam os esquemas de poder existentes, que não geram empoderamento dos pobres (são raros os exemplos diferentes).

■ Alguns organismos, como Unicef, OIT, se esmeram por incentivar o diálogo, o inter-relacionamento entre poder público e sociedade civil, e até atuam na intermediação de processos.

Família

A organização familiar atua como ressonância, vítima e reprodutora de todo esse sistema e cultura.

Eis algumas de suas manifestações:

■ Os pais, que cresceram trabalhando desde a infância, incorporaram e difundem a cultura de que "filho de pobre se educa no trabalho" e que "criança que não trabalha cresce vagabundo". O trabalho infantil, por conseguinte, passa de problema a solução.

■ O debate acerca da escolaridade não ocupa papel preponderante na concepção dos pais sobre a necessidade da escola para o enfrentamento da vida; por conseguinte, não a colocam em lugar de destaque. Se os adultos cresceram e vivem sem aprender a ler e a escrever, por que a escolarização seria importante para seus filhos?

■ Os serviços públicos são entendidos como favor, bondade, doação, benesses distribuídas pelos políticos aos mais pobres. Na maioria das vezes, entende-se que deverá ser retribuída com o voto.

■ Ser criança, com o respectivo direito de estudar, brincar, é algo impensável. O brincar é entendido como perda de tempo, e não como espaço de crescimento.

■ As adversidades ou a prosperidade são vistas como uma dádiva de Deus.;

■ As pessoas se vêm objetos e não sujeitos da história, das políticas, de projetos e programas públicos; não vinculam a existência destes com suas lutas e direitos, ignorando, assim, a raiz ou a origem dessas ações.

■ A mentalidade determinista com que avaliam a vida os impede de lutar por modificá-la.

Há, no entanto, muitas famílias que, por influência de vários trabalhos comunitários, já começam a dizer sua palavra, expressar seu próprio pensamento, fiscalizar a escola, exigir mais qualidade. Mais que tudo, começam a considerar a escola como instrumento fundamental para o desenvolvimento da comunidade e o futuro de seus filhos.

O projeto Agente de Família

Introdução

O Programa de Erradicação do Trabalho Infantil trazia e traz, para as famílias cadastradas, alguns dilemas e questões. Sem solucioná-los, o próprio programa tendia a ser assistencialista e paternalista. A partir da concessão de uma bolsa, oferece-se à criança oportunidades de brincar, estudar, ser criança, sem que seus pais assumissem essas dimensões da vida como algo importante. Como em muitos outros programas, as famílias eram *objeto* da assistência social, e não *sujeitos* de processos. Os processos e as ações haviam sido decididos por outros para que elas cumprissem.

Essa realidade era constatada diariamente pelos atores diretos do programa — como monitores, professores, sindicalistas — e, ao mesmo tempo, levantada como ponto crítico de sua sustentabilidade social por avaliadores externos que visitavam a experiência.

O fato de os pais não assumirem o programa e suas dimensões básicas — por desconhecê-lo em seu conjunto como *direito* —, vinha dando espaço a explorações por parte de pessoas e grupos, principalmente políticos, que se apresentavam como os responsáveis por sua implantação na região e, como tais, "benfeitores" da população. O desconhecimento e a desinformação, por conseguinte, ajudavam a enraizar mais ainda a cultura da "dádiva" e da subserviência. Um programa que nasceu com a marca da cidadania, do resgate de direitos, podia ir se tornando, gradativamente, mais um instrumento de escravidão e opressão.

O desafio era, portanto, trabalhar com as famílias para que elas pudessem participar melhor do Peti, como *sujeitos* do processo, vendo-o como resgate da cidadania infantojuvenil, expressão de um direito seu e de seus filhos, e não como benevolência de quem quer que fosse.

Outro desafio era buscar a sustentabilidade do programa — e qualquer um deles só se torna sustentável quando as pessoas envolvidas se assumem como sujeitos da caminhada, tornando-o seu. No que se refere ao Peti, isso somente se concretizaria na medida em que pais e mães o entendessem e o assumissem como um direito; quando se convencessem de que a "jornada ampliada" é importante e fundamental para seus filhos, e não uma obrigação a mais que lhes é imposta; que se vissem como corresponsáveis pelo bom funcionamento da escola de seus filhos; que se conscientizassem de que o trabalho infantil é um malefício a ser evitado; e, enfim, quando se dessem conta de que deles, pais, dependeria a seriedade a ser impressa ao programa, tanto por parte da sociedade civil quanto do poder público.

Foi a reflexão sobre esta realidade, e sobre a necessidade de modificá-la, que fez surgir, na região sisaleira — inserida no Programa Estadual de Erradicação do Trabalho Infantil, numa iniciativa do MOC e do Unicef —, o Projeto Agentes de Família, através do qual se pretende ajudar as famílias a recuperar seu protagonismo em relação ao Programa de Erradicação e, por essa estrada, posicionar-se como cidadãs no seu entorno.

Objetivos

■ Fortalecer a sociedade civil nos municípios, especialmente as famílias, no seu processo de participação efetiva no Peti e, através dele, desenvolver o protagonismo cidadão no seu próprio entorno.

■ Integrar as famílias no programa, levando-as a conhecer seu processo, seus elementos integrantes e o papel dos pais e da comunidade no monitoramento e na avaliação crítica das ações desenvolvidas.

■ Incentivar as famílias integrantes do programa a conhecer os elementos fundamentais do Estatuto da Criança e do Adolescente (ECA). a história e o desenvolvimento do Peti no Brasil e na Bahia; a importância da escola, da saúde, da jornada ampliada; a geração de renda para si e seus filhos; e a participar criticamente dessas iniciativas.

■ Esclarecer essas famílias quanto aos direitos e deveres dos cidadãos, de modo a que entendam e desenvolvam a visão cidadã acerca dos serviços públicos e do desenvolvimento sustentável do município e da região.

Processo operacional e metodológico

■ Quem são os agentes

São pessoas das próprias comunidades ou do seu entorno, capacitadas e responsabilizadas para o trabalho educacional com as famílias. São escolhidas com base em alguns critérios, dentre os quais se destacam:
- residir na comunidade ou em seu entorno;
- dominar as operações básicas de leitura e escrita;
- ter compromisso com o trabalho social e disponibilizar-se de dois a três dias por semana para as atividades;
- ter disponibilidade para frequentar, sistematicamente, os processos de formação e monitoramento.

■ Formação dos agentes

■ O processo global

Trata-se de uma formação na ação, refletindo-se processualmente as atividades realizadas, de sorte que a mesma metodologia utilizada com os agentes possa ser reproduzida em seu trabalho nas comunidades e com as famílias. As fases são:

■ No início, são realizadas sessões intensivas de estudos, nas quais se aprofundam os temas básicos que os agentes deverão tratar com as famílias; ao mesmo tempo, são oferecidas orientações metodológicas sobre dinâmicas de grupo, abordagem com as famílias, planejamento de atividades, monitoramento, relatórios e outros elementos. Somente após esta formação inicial é que eles iniciam o processo de trabalho.

■ Uma vez por mês, eles se reúnem, sob a coordenação do Sindicato de Trabalhadores Rurais e do grupo gestor do Peti, no respectivo município, para um monitoramento do trabalho desenvolvido. Nesta ocasião, são intercambiadas experiências e é replanejado o trabalho de acordo com a seguinte metodologia:

— Relata-se o desenvolvimento das atividades desenvolvidas em cada comunidade, destacando-se as conquistas e os problemas.
— Aprofundam-se os temas relacionados com a prática do grupo, cuja necessidade se evidenciou nos relatos e nos problemas apresentados.
— Replaneja-se o trabalho para o mês seguinte.

■ A cada três meses reúnem-se os agentes de regiões afins, para uma análise da prática em nível mais amplo e intercâmbio de experiências.

■ Alguns temas básicos

Do ponto de vista de conteúdos:
■ Segurança alimentar.
■ O Estatuto da Criança e do Adolescente: a criança como sujeito de direitos e deveres.
■ O trabalho infantil: seus malefícios para o desenvolvimento e a vida da criança.

■ O Peti seus objetivos, origens, parceiros e atores envolvidos; suas instâncias de decisão, máxime as do Estado e as do município; o programa como um direito das crianças e das famílias e um dever do Estado.

■ A participação das famílias como elemento indispensável à sustentabilidade do Peti e das próprias famílias (fiscalização do funcionamento, incentivo a que as crianças frequentem a escola e a jornada ampliada, participação dos pais em cursos de qualificação, em processos de ampliação da renda).

■ O desenvolvimento sustentável e a participação das famílias.

■ A erradicação do trabalho infantil e o desenvolvimento da região.

■ A autoestima das famílias.

■ O desenvolvimento integrado das crianças.

■ Violência intrafamiliar (maus-tratos, violência com a mulher, violência com as crianças).

Do ponto de vista metodológico:

■ Abordagem filosófica e pedagógica do significado do trabalho com as famílias segundo a concepção de que a postura do agente não deve ser aquela de levar receitas prontas, pois as pessoas e os grupos possuem conhecimento e são capazes de produzi-los. A postura básica de um educador deve ser a de inter-relacionamento crítico de experiências como passo para a construção de novos conhecimentos; para isso, é fundamental acreditar na capacidade das pessoas para fazê-lo.

■ Abordagem condizente com a perspectiva pedagógica de respeito e de desconstrução/construção de culturas e comportamentos.

■ Abordagem favorecedora a que grupos e pessoas possam efetivamente dizer sua palavra, descobrir seu papel, assumir sua dimensão de sujeitos nas comunidades e na sociedade.

■ Abordagem dinamizadora da criatividade e da iniciativa por parte das pessoas e dos grupos.

■ Atuação dos agentes

A atuação se dá da seguinte maneira:

■ Ações por áreas geográficas, denominadas "polos comunitários", unidades que agrupam diversas comunidades e onde os agentes são supervisionados pelos Sindicatos de Trabalhadores Rurais; para facilitar o deslocamento, dispõem de uma bicicleta doada pelo projeto.

■ Reuniões sistemáticas nas comunidades, para as quais as famílias são convidadas a fim de participarem de conversas e debates sobre o Programa de Erradicação do Trabalho Infantil, buscando-se constatar sua visão, as informações que detêm e os posicionamentos que desenvolvem a esse respeito; procura-se, ainda, segundo a metodologia adotada, desencadear reflexões que questionem, aprofundem ou reorientem práticas existentes.

■ Visitas domiciliares a famílias que apresentem problemas cuja solução necessite de uma abordagem específica.

■ Participação em eventos mensais de monitoramento, de intercâmbio e formação conceitual.

■ Concepção básica do processo pedagógico

O agente de família é entendido como um *agente comunitário*, cujo principal papel é *dinamizar* o processo de participação comunitária das pessoas e grupos. No caso específico desse projeto, seu trabalho é atuar com as famílias do Programa Estadual de Erradicação do Trabalho Infantil, incentivando-as a participar do próprio programa numa postura de protagonismo e cidadania.

Por isso, metodologicamente, o(a) agente nunca deve se ver como dono dos processos e das decisões, ou como aquele que manda e faz as coisas acontecerem. Ele deve, basicamente, ajudar e instrumentalizar o grupo, as famílias, a desenvolver três atitudes diante da realidade em que se encontram:

Conhecer a realidade

Isto significa interessar-se por:

Quanto à dimensão familiar:
■ Olhar as relações intrafamiliares, como a criança é tratada (afeto, acolhimento).

- Observar o desempenho escolar da criança, o incentivo que recebe dos pais para frequentar a escola.
- Constatar práticas adotadas quanto à alimentação e saúde.
- Observar como se dão as relações companheiro/companheira. marido/mulher; com os mais velhos; com as crianças.

Quanto ao Peti:
- Conhecer e dominar informações sobre o programa em sua totalidade: origem, objetivos, origem dos recursos, atividades previstas, os próprios direitos e deveres.
- Conhecer os direitos e os deveres das crianças e as providências necessárias ao desenvolvimento infantil.
- Conhecer o funcionamento concreto do programa em sua comunidade e em seu município.

Em termos reais, isso pode se expressar no fato de as próprias famílias acompanharem o programa, sobretudo quanto aos seguintes aspectos:
- Certificando-se de que seus filhos estão frequentando a escola e a jornada ampliada.
- Verificando se a jornada e a escola estão funcionando normalmente e com qualidade, o que os professores e os monitores estão desenvolvendo na escola e que temas estão sendo trabalhados.
- Examinando se há disponibilidade de material didático e alimentação em dimensão suficiente e com qualidade.
- Sabendo se o pagamento da bolsa está sendo cumprida com pontualidade ou se sofre atrasos.
- Informando-se sobre os cursos de qualificação profissional oferecidos, como participar deles e de outras atividades de geração de renda.
- Interessando-se em conhecer as instâncias do programa (Grupo Gestor e outros), como elas estão funcionando.

Quanto ao município:
- Obter informações sobre programas e projetos que possam melhorar a vida de sua família e de seus companheiros.

- Informar-se sobre o funcionamento dos serviços públicos (escola, postos de saúde, fornecimento de água, estradas) e de como se pode ter acesso a eles.

Analisar a realidade

Isto significa aprender a:

Quanto à dimensão familiar:
- Comparar o afeto/acolhimento oferecido às crianças com o desejável.
- Comparar o incentivo oferecido à educação escolar com o aconselhável.
- refletir sobre a qualidade da educação, as unidades de saúde, as vacinas.
- Refletir sobre os castigos, o bater nas crianças.
- Pensar sobre a relação homem-mulher, o relacionamento com os mais velhos.

Quanto ao Peti:
- Fazer uma comparação entre o real funcionamento do programa em sua comunidade e o que ele deveria ser segundo as regras e as propostas do próprio programa. Exemplo: pode não estar havendo material didático; o monitor pode não estar frequentando a jornada ampliada; a própria família pode não estar incentivando seus filhos a frequentarem a escola e a jornada; no entanto, a concepção do programa é de que esses elementos estejam em bom funcionamento, em benefício das crianças.

Quanto ao município:
- Comparar os direitos que as pessoas, as famílias e as crianças deveriam ter no município e os que realmente estão tendo. Exemplo: o campo da educação; o acesso à água de qualidade; a qualidade das estradas; a venda dos produtos dos agricultores para a merenda escolar.

- Estabelecer uma comparação entre os deveres que as pessoas deveriam estar cumprindo para a boa convivência umas com as outras e o modo como realmente estão se desempenhando. Exemplo: como as famílias estão tratando a questão do lixo; como conservam os bens públicos; se estão ou não incentivando a participação de seus filhos na escola etc., se reivindicam seus direitos; se participam de associações, sindicatos etc.

Transformar a realidade

Depois de conhecer e analisar a realidade, as famílias podem ser ajudadas pelos agentes a tomar decisões através das quais possam, de modo efetivo, iniciar uma transformação da realidade para melhor. Isto significa aprender a:

Quanto à dimensão familiar:
- Identificar comportamentos e práticas que possam ser modificados, tais como a relação com as crianças, a relação entre pai e mãe; a alimentação etc.

Quanto ao Peti:
- Identificar que aspectos do programa dependem diretamente de cada um para serem melhorados e decidir como se pode fazê-lo. Exemplo: incentivar as crianças a frequentarem assiduamente a escola e a jornada.
- Identificar que aspectos do programa dependem de processos mais coletivos para serem modificados e a que instâncias se dirigir — exemplo: ir em grupo aos gestores do programa no município e exigir pontualidade do pagamento das bolsas; debater a qualidade da jornada.

Desse modo, buscando desenvolver nas famílias a capacidade de conhecer, analisar e transformar, o agente não é dono de nada; ele não dá ordens, não manda, não é representante das famílias, não é seu advogado. É apenas alguém que as ajuda e que não as substitui quando se trata de:

- Entender melhor o programa, com todas as suas partes.
- Entender os direitos e os deveres das crianças.
- Entender o trabalho que a criança deve ou não deve fazer, assumindo-o, quando for o caso, numa dimensão pedagógica e nunca numa dimensão de "ganhar dinheiro". Exemplo: ajudar em casa, ajudar a cuidar dos animais etc.
- Organizar-se para garantir o melhor funcionamento do programa, ou seja: criando associações, ingressando nos sindicatos etc.
- Buscar o desenvolvimento da região.

Assim, os agentes devem incentivar as pessoas e a comunidade a se tornarem capazes de realizar seus projetos, seus sonhos e anseios, e de darem respostas aos seus problemas de forma cada vez mais permanente e sustentável. E eles devem saber que isso só é possível quando:
- Há mobilização de vontades, desejos e compromisso das pessoas em construírem, juntas, um sonho que seja colocado acima das divergências.
- O grupo opta por modificar a realidade e, para isso, as pessoas se organizam, interagem com as instâncias do poder, buscam seus direitos.

Em síntese, o agente é alguém que se dispõe a ajudar as pessoas/famílias a acreditarem em si mesmas, em sua força, nos outros, e, a partir daí, a caminharem com as próprias pernas tendo em vista a construção de uma sociedade mais igual, mais justa e mais solidária.

Alguns resultados

Esse processo de trabalho, após três anos, contabiliza já alguns resultados, constatados em diversos âmbitos.

No âmbito dos agentes:

Há registro de novas lideranças, reveladas pelo projeto. Os agentes são pessoas simples, que se sentem valorizadas na relação mais ampla da sociedade e da própria comunidade, descobrindo seu papel de dinamizadores, de mobilizadores de processos sociais e, desse modo, de educadores.

■ No âmbito das famílias:

Há uma grande mudança cultural em relação à:
- Compreensão do papel da escola na vida das crianças, com consequente incentivo para que a frequentem.
- Valorização da jornada ampliada.
- Avaliação do trabalho infantil como um malefício, e o consequente dever de evitá-lo e combatê-lo.
- Descoberta do direito de fiscalização do funcionamento da jornada ampliada e da escola, quanto a merenda, presença de professores, temas trabalhados, processo geral.
- Atitude de assumir o programa como direito e dever seu e não como dádiva do Estado ou dos políticos.
- Postura cidadã de construção do desenvolvimento da região.

Observa-se uma maior participação das famílias em processos de:
- Qualificação profissional que melhore e potencie sua geração de renda.
- Reivindicação de seus direitos e de serviços básicos (há manifestações frequentes sobre a pontualidade dos pagamentos, contando com mais de 800 pessoas; há ida das famílias, através de sindicatos e associações para debater com os gestores do programa os problemas identificados nas comunidades; há realização de seminários onde se debate violência familiar, água de qualidade etc.).
- Nota-se uma maior filiação e participação em sindicatos, associações, grupos de mulheres, as quais pressionam as entidades que as representam para que cobrem melhores serviços, fiscalizem o programa etc.
- Há uma maior disposição em assumir o programa como seu, com a responsabilidade de mantê-lo em funcionamento, de cobrar dos poderes públicos pontualidade nos pagamentos e qualidade dos serviços.

No âmbito do Peti:
- Registra-se um aumento no número de parcerias e corresponsabilidades, e o programa obtém mais sucesso à medida que melhora o entendimento que cada parceiro tem do seu papel nessa ação. O fato de as famílias entenderem o programa, seus direitos e deveres, faz que estas desempenhem melhor seus papéis e que o poder público seja cobrado e fiscalizado pelos cidadãos, beneficiários dos serviços.
- Há maior zelo pelos bens públicos.
- Observa-se que as famílias, através de suas organizações, passam a sugerir e a exigir pautas e processos do próprio poder público — exemplo: que a merenda seja comprada das próprias famílias e não fora do município, incremento importante à geração de renda; que há qualificação para professores, monitores e merendeiras.

No âmbito do município:
- Percebe-se que a mentalidade cidadã, que cresce e se espalha, interfere no desenvolvimento municipal, uma vez que se começa a exigir serviços de maior qualidade, transparência nas ações, resultados dos investimentos.
- Conclui-se que essa mesma mentalidade interfere no desenvolvimento na medida em que as pessoas se avaliam e atuam como responsáveis por ele, não transferindo todas as responsabilidades ao poder público.

Ensaiando teorizar a prática desenvolvida

■ A importância da família

Constata-se a importância fundamental da unidade familiar, seja qual for o entendimento que dela se tenha, em qualquer processo de mudança social. Por ela passam as decisões e a maioria dos processos culturais básicos que podem contribuir para mudanças ou enraizar procedimentos.

■ Os elementos básicos do processo metodológico

O processo metodológico adotado indica que:
- ■ Qualquer trabalho com as famílias deve ser algo *sistemático*, *processual* e *contínuo*. Ou seja: não interessa uma palestra aqui, outra ali, sejam quais forem os temas ou os palestrantes. É a dimensão sistemática e processual do trabalho que oportuniza uma constante avaliação da prática das pessoas e, consequentemente, a modificação de hábitos e a interiorização de propostas.

O enfoque pedagógico deve ser aquele que reconhece que:
- ■ Todas as pessoas são capazes de produzir conhecimento.
- ■ O conhecimento e a informação são instrumentos necessários à modificação da realidade; o conhecer pelo conhecer tem pouco valor.
- ■ O trabalho pedagógico com as famílias deve ser aquele que reforce as capacidades das pessoas e dos grupos a resgatarem a autoestima e sua dimensão cidadã.
- ■ O conhecimento da realidade, sua análise e a identificação dos problemas e de suas soluções são elementos indispensáveis ao desenvolvimento de qualquer processo protagônico.
- ■ É fundamental e indispensável partir sempre da realidade e da vida de pessoas e grupos para, gradativamente, ir construindo o conhecimento que possa auxiliá-los na transformação dessa realidade.
- ■ Indivíduos e entidades que auxiliem ou trabalhem na capacitação de pessoas e grupos, nesta perspectiva, devem estar imbuídos da convicção de que são auxiliares, não os donos do saber, donos da chave da solução dos problemas. Sua função é ajudar tais pessoas e grupos a descobrirem a estrada a palmilhar, estrada esta que não é a dos assessores, mas aquela decidida pelas famílias e pela comunidade. Esta dimensão de respeito questionador é muito importante.
- ■ O centrar metodológico do trabalho nos passos pedagógicos do *Conhecer/Analisar/Transformar* revela-se um elemento propulsor para que as pessoas saiam do ser objeto para o ser sujeito, pois

aprendem a exercer atitudes vitais no exercício da cidadania, tais como constatar como são ou funcionam os processos; comparar seus funcionamentos atuais com os que deveriam acontecer e, finalmente, decidir o que fazer para reencaminhar processos.

- É importante construir a intervenção *acreditando* na potencialidade das pessoas da comunidade. Por que sempre trazer gente de fora? Por que sempre da Universidade? Por que não da própria comunidade?
- Construir a intervenção potenciando e articulando-se com organizações sociais existentes (sindicatos, movimentos de mulheres, associações, cooperativas etc.) é uma exigência básica.
- Ter uma indignação social e política capaz de movimentar pessoas e processos rapidamente no rumo da justiça é fundamental. Ao mesmo tempo, é importante dotar-se de uma paciência pedagógica capaz de respeitar os caminhos, histórias e vida das pessoas, ajudando-as, por conseguinte, a transformar o mundo em que vivem, sem que para isso seja necessário violentá-las.

■ Referências bibliográficas

BAPTISTA, Francisca; BAPTISTA, Naidison. *Escola rural:* uma experiência, uma proposta. Feira de Santana, 1998.

FREIRE, Paulo. *Pedagogia da esperança*: um reencontro com a pedagogia do oprimido. São Paulo: Paz e Terra, 1998.

GUARESCHI, Pedrinho. *Sociologia crítica:* alternativas de mudança. Porto Alegre: Epicurus, 2001.

MOC. *A situação das crianças que trabalham,* 1995. (Mimeo.)

_____. *Conhecendo o Programa de Erradicação do Trabalho Infantil.* 2000/2002. (Mimeo.)

_____. *Projeto Agentes de Família,* 2001. (Mimeo.)

_____. *Relatórios anuais,* 1999, 2000, 2001.

SETRAS. *Programa de Erradicação do Trabalho Infantil.* 2000. (Mimeo.)

SOUZA, João Francisco. *Atualidade de Paulo Freire.* Recife: Bagaço, 2001.

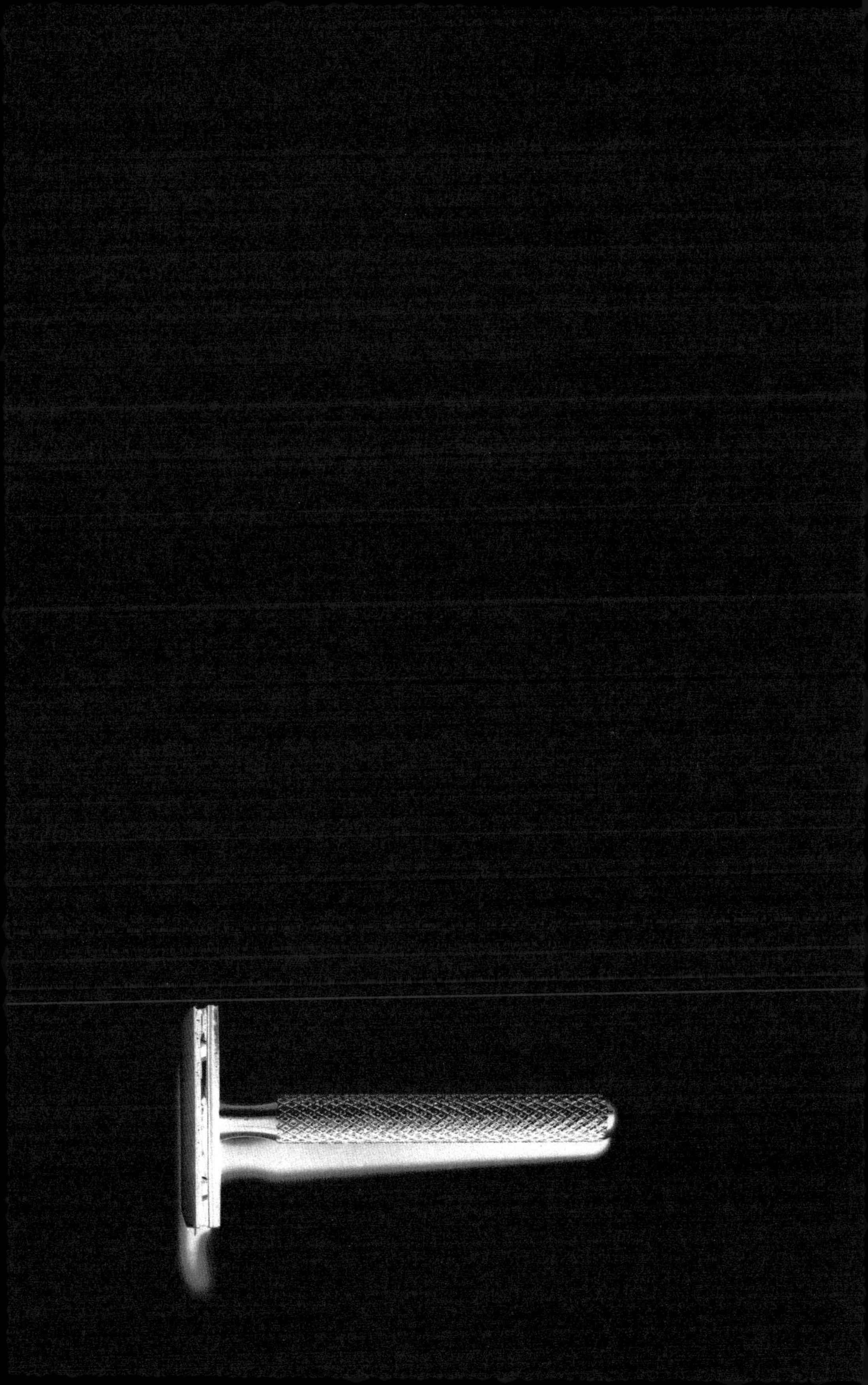

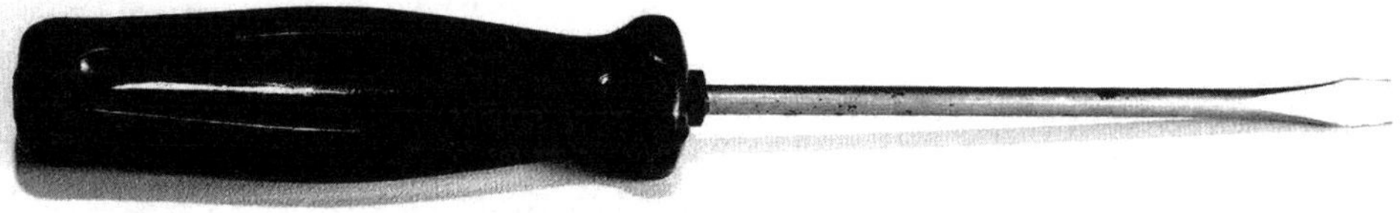

Reflexões sobre o trabalho social com famílias
ROSAMÉLIA FERREIRA GUIMARÃES*
SILVANA CAVICHIOLI GOMES ALMEIDA**

Este artigo trata de indicações metodológicas para o trabalho com famílias pobres. Seu ponto de partida são pesquisas e trabalhos de intervenção realizados pelas duas autoras, em diferentes realidades sociais. Esses resultados preliminares foram apresentados no seminário **Famílias: Laços, Redes e Políticas Públicas** e são aqui sistematizados.

■ Introdução

Na Europa e nos países de economia avançada, sobretudo naqueles que realizaram pesados investimentos sociais num modelo capitalista de Estado presente, regulador e provedor, observa-se a preocupação de repensar o sistema capitalista pós-Consenso de Washington, no que diz respeito à sua reconhecida incapacidade de promover situações econômicas de bem-estar social e de pleno emprego.

No contexto latino-americano, a partir da década de 1930, o foco principal das ciências sociais repousa sobre as relações macroestruturais da sociedade e na necessidade de o sistema capitalista reproduzir-se e expandir-se valendo-se da exploração do trabalho humano e da relação acúmulo/investimento. Essa perspectiva deixou para a família poucas possibilidades de superação e de novidade em relação à ordem vigente, sendo vista, por muito tempo, como mera reprodutora da ordem burguesa, ou seja, como mero celeiro da mão de obra produtiva.

Concernente a essa tendência das ciências sociais, o tema *família* foi pouco focalizado pelo serviço social a partir do movimento de reconceituação da profissão. No momento histórico subsequente, expresso pelo

* Doutora pela PUC-SP; pesquisadora do CEDEPE/PUC-SP; pesquisadora e docente na Unicsul; terapeuta de família.
** Doutoranda pela PUC-SP, pesquisadora e docente na Unicsul.

que José Paulo Netto (1991) nomeia de tendências de renovação da profissão — e que se desdobra em três vertentes: modernização, reatualização do conservadorismo e intenção de ruptura —, seu debate será paulatinamente revisto. Cada uma dessas tendências tratará, a seu modo e a seu tempo, de refletir sobre a família e sua importância para a práxis do serviço social.

Nas duas últimas décadas, as ciências sociais, a psicologia e o serviço social acumularam estudos sobre o tema *famílias*, mas poucas pesquisas foram realizadas com aquelas que convivem com a exploração, a miséria, o desemprego e as dificuldades próprias dos grandes centros urbanos no Brasil contemporâneo. Pouco se avançou sobre as formas adequadas de intervenção em face dos novos contornos que tomam a questão social, que essas famílias exponenciam.

Uma das razões para isso é o fato de que, no contexto brasileiro, é problemática a simples transposição para a nossa realidade de quaisquer das recentes perspectivas de estudo abertas em outros países sobre o desemprego, a pobreza e a exclusão social. Para produzir resultados, os caminhos abertos no exterior necessitam de análises mais aprofundadas, que levem em conta o contexto do avanço e da internacionalização do capital pelo mundo, identificando-se as particularidades com as quais a história nacional se entrelaça à história global.

Nossa dependência colonial (luso-anglo-saxônica), no passado, somada à dependência econômica em relação aos Estados Unidos e às demais potências que hoje concentram os grandes capitais do mundo, legou-nos um patrimônio econômico-social e civilizatório de modelo capitalista muito aquém das proteções sociais geradas pelo capitalismo europeu ou dos avanços econômicos e tecnológicos experimentados em países como os Estados Unidos e o Japão.

Dessa compreensão decorre o fato de que, no Brasil, é muito mais grave e aguda a vivência da pobreza e das demais formas de exclusão social. É preciso ser crítico, realista e cuidadoso na elaboração de políticas e programas sociais, tendo sempre presente a necessidade de desenvolver mecanismos que considerem a real situação das famílias que se quer trabalhar. Apenas um conhecimento real e atualizado, livre de idealizações, baseado em contínuo refinamento metodológico e avaliação permanente, pode garantir melhores resultados e continuidade das intervenções nessas famílias.

Na recente história brasileira, a chamada Constituição Cidadã de 1988 introduziu e legitimou inovações legislativas importantes como o Estatuto da Criança e do Adolescente (ECA), o do Idoso e o Sistema Único de Saúde (SUS), que inspiraram programas para adolescentes, programas de saúde, de famílias, para atendimento a pacientes crônicos, programas de renda mínima, e muitos outros que, no âmbito legal e social, materializaram direitos sociais relevantes.

Com a crise no mundo do trabalho, a abordagem sobre os temas de família ganha necessariamente novos contornos e especificidades.

No cenário mundial, questões relativas aos temas *família* ganharam, recentemente, repercussão significativa. Em 1990, por exemplo, a Organização das Nações Unidas (ONU) instituiu o Ano Internacional da Família, chamando a atenção para políticas públicas que possibilitassem elevá-la como núcleo central de estudos.

■ As famílias pobres

Com a crise no mundo do trabalho, a abordagem sobre os temas de família ganha necessariamente novos contornos e especificidades. Famílias inteiras vêm-se abaladas pelo desemprego estrutural. Os pais perdem seus postos de trabalhos, muitas vezes de maneira irrecuperável. Mulheres voltam ao mercado, não mais na figura de complementadoras da renda familiar, mas como principais responsáveis pelo orçamento doméstico. Os filhos, por sua vez, vivem o assombro de uma sociedade que ameaça não lhes abrir espaço no mercado formal de trabalho, a despeito de toda a dedicação e investimentos eventualmente realizados pela família em sua formação educacional e profissional.

Entre as famílias pobres, as ameaças sempre foram mais presentes e o desemprego muito mais constante; contudo, num mundo de economia globalizada e pobreza regionalizada segundo as especificidades locais, elas são hoje mais duramente atingidas pelo desemprego. A rua passa a ser o espaço em que, paulatina e crescentemente, ganha visibilidade social uma grande gama de excluídos: homens em idade adulta e produtiva, velhos e crianças.

A baixa qualificação da mão de obra, o analfabetismo (total ou funcional), a suscetibilidade e a prevalência de doenças e outros acometimentos ligados à sobrevivência, somados à inconstância do trabalho, criam no cotidiano dessas famílias uma situação opressiva de penúria e precarização da capacidade de manter atendidos e protegidos os adultos e sua prole. O atendimento à urgência torna-se o apelo principal.

Essa situação inviabiliza a família como unidade de reprodução da vida econômica e psicossocial, ou seja, resta comprometido o espaço constitutivo dos vínculos familiares internos e externos. Nessas circunstâncias, a figura real do pai se distancia da figura paterna idealizada, destituído que ele está de seu tradicional papel de provedor e protetor. Os filhos perdem a confiança e a esperança não apenas em seus pais, como — sobretudo e simultaneamente — na própria sociedade que os desqualifica. As mães, mesmo atuando como provedoras, têm dificuldades em garantir solitariamente a unidade e a proteção familiar. Ocupadas, em geral em atividades subalternas, trazem para casa um ganho que, além de insuficiente, contribui para colocar em questão a capacidade de seus companheiros de se colocarem no mercado de trabalho.

Essas famílias estão diante do desafio de enfrentar, sem nenhuma proteção social, carências materiais e financeiras. Convivem, além disso, com graves conflitos relacionais. Essas dificuldades já são suficientes para caracterizar a situação por elas vivida como de violência social. A essas dificuldades somam-se episódios cotidianos de violência urbana, originados pelos grupos do narcotráfico e do crime organizado, compondo um quadro de acúmulo e potencialização da violência familiar. Em outras palavras, as famílias pobres são o microcosmo da contradição social e o paiol de conflitos que, no mais das vezes, eclodem em múltiplas formas de violências. Contraditoriamente, descrevem uma epopeia hercúlea e solitária contra a enorme pressão social e econômica que joga a favor de seu estilhaçamento e da eliminação física de seus membros.

Por essas razões, os recentes estudos no campo da exclusão social[1] começaram a trazer para a cena do conhecimento e da intervenção nas situações de pobreza e exclusão um elemento antes ausente, tido como coadjuvante inexpressivo e ineficaz: o trabalho social com famílias.

[1] Na França, ver Paugam, Castel. No Brasil, ver Mariangela Belfiore, Aldaíza Sposati, Maura Veras.

Reaviva-se, assim, e recoloca-se com maior nitidez a necessidade de estudos que possibilitem aprofundar as metodologias de trabalho com famílias nessa situação.

Os trabalhos que realizamos com famílias pobres, e que obedeceram a essa perspectiva, têm demonstrado que há uma *dimensão preventiva* na experiência com abordagem grupal

Os recentes estudos no campo da exclusão social começaram a trazer à cena do conhecimento um elemento antes ausente: o trabalho social com famílias.

de família em face dos processos graves de exclusão social e indigência. Isto ocorre porque a convivência e a interação grupal antecipam, polemizam, refletem e fornecem alguns instrumentos de busca e enfrentamento das situações de carência e violência que permeiam seu cotidiano familiar e na sociedade.

Os trabalhos têm demonstrado que, mesmo em face da vivência de conflitos acirrados e da violência instalada no seio da família, o grupo pode descortinar uma dimensão efetiva de fortalecimento e potencialização de seus integrantes, tendo em vista recriar ou romper relações que impõem enfrentamentos ainda maiores. Além disso, foi possível observar, também, que as ações e os programas sociais obtêm maior otimização dos recursos quando substituem o indivíduo pela família como objeto de sua intervenção.

■ O trabalho com famílias

Para seguir nessa nova abordagem, é preciso, em primeiro lugar, afastar a ideia de que o trabalho com famílias pode ser conduzido de maneira pragmática, aleatória ou voluntarista. É necessário compreender, também, que o fato de as pessoas ou famílias estarem juntas não concretiza, *per se*, um procedimento grupal que possa conduzir seus membros a processos de autonomização e mudanças da realidade familiar e social.

O autor Pichon-Rivière (1986, 1998) tem sido o principal ponto de partida das referências teóricas com as quais procuramos atuar no trabalho com grupos de famílias.[2] Mas, além deste autor, os conhecimentos produzidos por áreas diversas, tais como a sociologia, a psicologia e

Sobre esta discussão de metodologia de trabalho com grupos, ver Guimarães (2002).

a antropologia, têm-se revelado fundamentais para o objetivo de tornar as orientações metodológicas e teóricas cada vez mais precisas.

Nesse sentido, essenciais são também as pesquisas de Paugam, iniciadas em meados da década de 1980. O autor parte da observação sistemática, na França, de pessoas que recorrem ao serviço social em busca de programas de socorro ao desemprego, então elabora uma reflexão que traz para o centro da discussão sociológica a pertinência e a eficácia de uma profunda análise e investigação interdisciplinar a fim de elucidar e precisar os múltiplos fenômenos sociais que conformam a exclusão social.

Desde então, estudos teóricos e propostas de intervenção têm sido elaborados nas áreas da sociologia, da psicologia social e da educação, tendo em vista compreender e atuar em situações de pobreza e miséria social com base em um conhecimento sensível e situacional.

Por entender que as reflexões sobre as metodologias do trabalho grupal com famílias são inadiáveis, relacionamos alguns de seus indicativos:

- inicia-se pela recepção dos membros presentes e apresentação da proposta de trabalho;
- um ou mais membros de uma mesma família que compareçam à reunião tornam-se representantes de seu universo familiar;
- essas pessoas constituirão grupos de no máximo quinze famílias, que se reunirão, semanal ou quinzenalmente, em espaço acolhedor e propício às discussões, sempre em mesmo local e horário, tendo objetivos comuns e mediante um contrato preciso e pactuado entre coordenadores e famílias;
- esse contrato deve ser revisto periodicamente, a fim de possibilitar aos membros do grupo a incorporação das constantes de tempo e espaço, além das discussões sobre o funcionamento do grupo e seus objetivos.

A proposta de abordagem deve operar num período mínimo de 18 meses, tempo para que o grupo realmente se constitua como tal e as questões relacionais possam ser revistas, polemizadas, recriadas ou encerradas.

As relações familiares e sociais são priorizadas nesse contexto. Diante das histórias narradas pelos representantes das famílias, o grupo realiza a escuta, a reflexão, dialoga e troca experiências. Possibilita-se, assim, a criação de um espaço de comunicação e aprendizagem em que é possível, para cada membro, enxergar a si, sua família e seus pares em seus diferentes ciclos de vida e diante das questões sociais que os afligem. Com isso, recriam novas histórias, tendo os coordenadores como estimuladores dessas histórias ressignificadas.

A metodologia deve buscar o princípio básico de elevar a família à condição de parceira dos programas sociais.

O processo de trabalho com grupos deve possibilitar reflexões sobre:
- os modelos e os papéis sociais e familiares;
- as relações parentais e a conjugalidade;
- a dinâmica dos vínculos familiares;
- a violência que se reproduz dentro da família;
- a violência social.

Além disso, é fundamental ter como preocupação constante do processo de trabalho o estímulo a discussões sobre: ações solidárias; direitos sociais; propostas de geração de renda, capacitação e formação para o trabalho; direito à assistência; direito ao acesso e à participação nos bens culturais e de lazer na cidade — ou seja, o grupo deve ser estimulado constantemente a refletir sobre a busca do pleno exercício da cidadania.

Tendo em vista os indicativos metodológicos que estruturam as atividades com grupos, outros instrumentos devem ser assegurados para viabilizar a efetivação das propostas de trabalho. Eis alguns:
- visitas domiciliares como instrumento de conhecimento sobre as famílias;
- entrevistas de acompanhamento;
- acesso aos bens culturais da cidade (teatros, museus, cursos etc.);
- promoção de avaliações contínuas para propiciar o redirecionamento do trabalho.

É igualmente relevante para uma avaliação positiva do trabalho social com famílias a garantia de que:
- serão selecionados técnicos que realmente demonstrem vontade de ampliar seus conhecimentos sobre o tema *famílias* e intervir nessa realidade;

- será assegurada à equipe uma formação sistemática na tríade grupo, família e políticas/direitos sociais;
- o planejamento de entrevistas a serem realizadas pelos técnicos contemplará um aprofundamento que de fato assegure a inserção das famílias nos programas;
- a inserção dos técnicos na comunidade será efetiva, sendo-lhes permitido conhecê-la e fazerem-se conhecidos;
- haverá a sistematização de diálogo constante com grupos e organizações da comunidade;
- os grupos terão oportunidade de conhecer e frequentar a rede de equipamentos sociais da região.

■ Considerações finais

O momento político e social em que vivemos é particularmente significativo. Há, hoje, uma tendência consolidada apontando a necessidade de se conhecerem e criarem ações para intervir nas contradições e hiatos sociais da sociedade brasileira. Nesse contexto, é possível prever seu esforço tendo em vista ampliar investimentos em políticas sociais que respondam a questões como geração de trabalho, erradicação da miséria e combate à fome.

Para ser efetivo, esse esforço terá de ser acompanhado da busca de uma metodologia eficiente no trabalho de grupo com famílias a fim de que contribuam de fato para a inclusão e o exercício pleno de processos de autonomia.

A metodologia deve buscar o princípio básico de elevar a família à condição de parceira dos programas sociais. A fundamentação teórica e o método devem, portanto, se constituir no meio pelo qual elas se qualifiquem como corresponsáveis pelos programas sociais, ao lado dos profissionais. A tarefa da teoria e da metodologia é justamente criar o espaço de trabalho que possibilite capacitar tanto os profissionais como as famílias à parceria. Trata-se de uma tarefa difícil, mas não inviável.

Por mais precarizadas, vitimadas, vulnerabilizadas que se encontrem as famílias em situação de exclusão, há certamente iniciativas de resistência, há desejos de reconstituição ou de manutenção de vínculos e envolvimentos afetivos; há, enfim, esperança de garantir na família o espaço de proteção.

No Brasil, as pesquisas devem ser aprofundadas não somente em razão dos avanços dos estudos realizados na França e em outros países; devem, sobretudo, inspirar-se no modelo das políticas sociais e dos programas que, a partir da Constituição de 1988, centram na família os focos principais de atuação — mesmo porque o fenômeno dos estudos na Europa, particularmente na França, é direcionado para uma outra pobreza, a chamada "nova pobreza".

Isso significa que, no Brasil, as propostas de trabalho com famílias devem priorizar metodologias que lhes permitam sair do lugar solitário que hoje ocupam para um espaço que gere solidariedade e seja facilitador de formas de enfrentamento das condições econômicas, sociais e políticas: um espaço político no qual a ética seja o valor fundante.

■ Referências bibliográficas

AVENEL, Cyprien. A família ambígua. In: PEIXOTO, Clarice E. et al. *Família e individualização*. Rio de Janeiro: FGV, 2000.

BLEGER, José. *Temas de psicologia*: entrevista e grupos. São Paulo: Martins Fontes, 1980.

FONSECA, Cláudia. Ser mulher, mãe e pobre. In: PRIORE, Mary Del (Org.). *História das mulheres no Brasil*. 2. ed. São Paulo: Contexto, 1997.

GIDDENS, Anthony. *A transformação da intimidade*: sexualidade, amor e erotismo nas sociedades modernas. São Paulo: Unesp, 1993.

GOMES, J. V. Família popular: mito ou estigma? *Travessia*, São Paulo, v. 5, n. 9, jan./abril 1991.

GUIMARÃES, Rosamélia F. Famílias: uma experiência em grupo. *Serviço Social & Sociedade*. São Paulo: Cortez, ano XXIII, n. 71, 2002.

LEFAUCHEUR, N. Les familles dites monoparentales. In: SINLY, F. (Org.). *La famille les états de savoirs*. Paris: Découverte, 1997.

NETTO, José Paulo. *Ditadura e serviço social*: uma análise do serviço social no Brasil pós-64. São Paulo: Cortez, 1991.

Paugam, Serge. Fragilização e ruptura dos vínculos sociais: uma dimensão essencial do processo de desqualificação social. Trad. Mariangela B. Wanderley. *Serviço Social & Sociedade*. São Paulo: Cortez, ano XX, n. 60, 1999.

Pichon-Rivière, Enrique. *O processo grupal*. São Paulo: Martins Fontes, 1986.

_____. *Teoria do vínculo*. São Paulo: Martins Fontes, 1998.

Sarti, Cintia. *A família como espelho*: um estudo sobre a moral dos pobres. Campinas: Autores Associados, 1996.

Sposati, Aldaíza. A exclusão social abaixo da linha do Equador. In: Veras, Maura Pardini. *Por uma sociologia da exclusão social*: o debate com Serge Paugam. O debate em torno de um conceito. São Paulo: Educ, 1999.

White, Michael. *Medios narrativos para fines terapéuticos*. Barcelona: Paidós, 1993.

Zimerman, David; Osório, Luiz Carlos et al. *Como trabalhamos com grupos*. Porto Alegre: Artes Médicas, 1997.

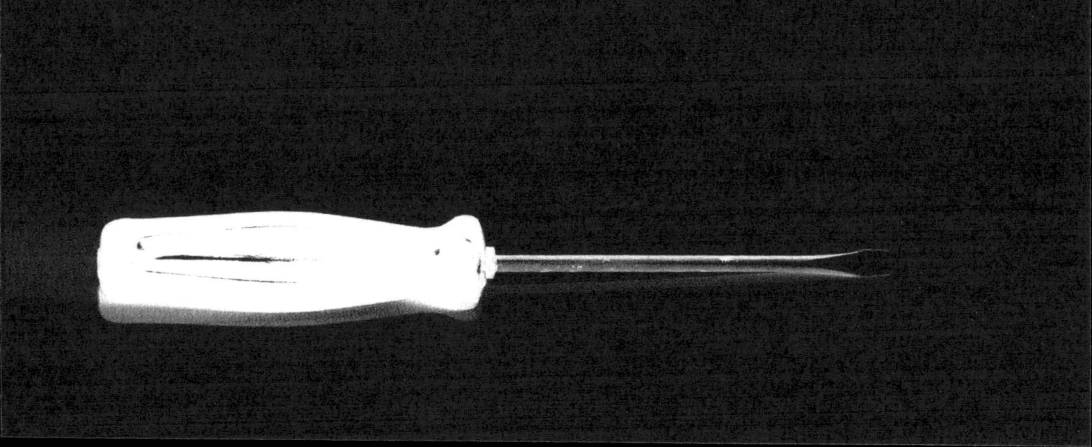

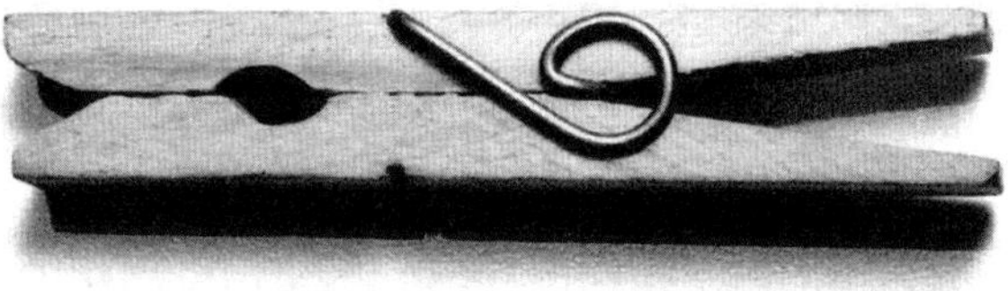

Famílias beneficiadas pelo Programa de Renda Mínima em São José dos Campos/SP: aproximações avaliativas

ANA ROJAS ACOSTA
MARIA AMALIA FALLER VITALE
MARIA DO CARMO BRANT DE CARVALHO

Em agosto de 2002, uma equipe de pesquisadores do Programa de Estudos Pós-Graduados em Serviço Social da PUC-SP[1] buscou conhecer programas de Renda Mínima desenvolvidos por municípios. Esse projeto de pesquisa insere-se no Programa Nacional de Cooperação Acadêmica (Procad)/Capes,[2] de acompanhamento avaliativo de Políticas Municipais de Renda Mínima, destinadas a famílias como oferta de proteção social.

■ Perfil do município

São José dos Campos, município de grande porte e com implementação do Programa de Renda Mínima há pelo menos cinco anos, foi um dos locais escolhidos para o estudo de caso.

Sua população é de 539.313 habitantes (conforme Censo IBGE/2000). O Índice de Desenvolvimento Humano (IDH) estimado em 2000 é de 0,849, e sua classificação no *ranking* no Estado de São Paulo é o 11º lugar, e 36º no Brasil, apresentando, portanto, um bom desempenho nesse aspecto. A taxa de alfabetização gira em torno de 95,8%, e a receita municipal *per capita* é de R$ 893,80. Sem dúvida, trata-se de uma cidade com qualidade de vida superior à maioria dos municípios brasileiros.

Equipe de pesquisa: Profa. Dra. Maria Amalia Vitale; Profa. Dra. Maria do Carmo Brant de Carvalho; Profa. Dra. Ana Rojas Acosta; pesquisadora Patrícia Mendes.

Parcerias entre o Programa de Pós-Graduação em Serviço Social da Pontifícia Universidade Católica de São Paulo, Núcleo de Estudos em Políticas Públicas da Unicamp e Programa de Pós-Graduação em Políticas Públicas da Universidade Federal do Maranhão.

Sabe-se que São José dos Campos é um polo industrial importante, mas que nos últimos dez anos perdeu um significativo número de postos de trabalho, com a transformação produtiva e a crise recessiva contemporânea.

■ Programa de Garantia de Renda Mínima

São vários os programas de transferência monetária ofertados em São José dos Campos. O principal deles, pode-se dizer, é o Programa de Renda Mínima, protagonizado pelo próprio governo municipal. No entanto, são também oferecidas ao mesmo público-alvo outras transferências implementadas pelo governo federal, tais como o Bolsa-Escola, o Bolsa-Peti — Programa Nacional de Erradicação do Trabalho Infantil, a Bolsa-Alimentação, o Auxílio Gás. O programa federal de Bolsa-Escola, por exemplo, estimou a cobertura de 6.068 famílias com filhos em idade escolar (ensino fundamental) e com renda *per capita* inferior a meio salário mínimo.

O número de famílias beneficiárias do Programa de Renda Mínima é de 7.856, computadas no banco de dados do governo municipal, base para monitoramento do programa municipal iniciado em 1997.

Nos critérios normatizados (e seguidos) por este programa, a família só pode ser contemplada pelo período de 12 meses, podendo, após um ano de intervalo, voltar a se beneficiar por igual período. No curso desses seis anos de vigência, é possível, segundo a norma, ter várias entradas e desligamentos. Os dados cadastrados permitem algumas *totalizações* e *análises*.

As famílias consideradas negras representam 16%; as consideradas brancas constituem a maioria: 73,5% do total (7.856 famílias). Em geral, residem em média há 18 anos em São José dos Campos. Apenas 13% delas ali estão há cinco anos, e 17%, entre cinco e dez anos. São, portanto, famílias em sua maioria enraizadas nesse município. Em outras palavras, não são migrantes recentes.

Todas possuem filhos com até 14 anos, principal critério para ingresso no programa. A média é de 2,98 filhos por família. Os menores de 14 anos representam uma média de 2,50 e os maiores, entre 14 e 18 anos, representam 0,4. Esse dado por si só explica a vulnerabilidade dessas famílias no que se refere à renda, quase sempre insuficiente para responder aos gastos de sobrevivência (a chamada "razão de dependência" é alta). Se considerarmos o significativo número de famílias monoparentais, as chamadas competências familiares de cuidado, proteção, formação etc., mostram-se igualmente fragilizadas. Ou seja, são famílias que, em princípio, necessitam de redes de proteção social.

Os dados cadastrais do Programa de Renda Mínima de São José dos Campos sugerem arranjos familiares majoritariamente nucleares.

Os dados cadastrais sugerem arranjos familiares majoritariamente nucleares. Agregados, netos, sobrinhos, tutelados e mesmo enteados somam 335 (representando 1,8% das famílias), enquanto os filhos somam 22.425, entre crianças e adolescentes. Os portadores de necessidades especiais estão presentes em 11% dos casos; somam 89, o que representa 0,4% do universo de filhos.

Os dependentes totalizam 49% de mulheres e 51% de homens, dentre os quais encontram-se 52% que estudam, enquanto 48% não estudam. Essa alta porcentagem dos que estão fora da escola explica-se, possivelmente, pela forte presença de crianças com menos de seis anos, além de crianças portadoras de necessidades especiais. Este é um dado que merece maior acompanhamento, considerando-se que um dos objetivos maiores do programa é a matrícula dos dependentes na rede de ensino.

São poucos os dependentes que trabalham. Daqueles que se incluem na considerada população economicamente ativa (maiores de 16 anos), 229 atuam no mercado formal, 140 no informal, e 1.439 sem ocupação. Resta saber se estes estudam, um cruzamento fundamental para orientar a intervenção.

■ Situação dos titulares

A maioria das famílias é chefiada por mulheres solteiras, 24%; separadas, 12,8%; viúvas, 3,3% — o que significa igualmente vulnerabilidade, considerando-se o número de filhos menores. No total, as famílias monoparentais representam 43,7%. Destas, 1% são chefiadas por homens.

No geral, os titulares apresentam baixa escolaridade. Entre as famílias negras, encontramos 10% de titulares analfabetos; dentre as demais, 7%. No conjunto, são 7,2% de famílias com titulares analfabetos. Com o primeiro grau incompleto (analfabetismo funcional), encontra-se a maioria, ou seja, 74%, sem diferença entre negras e brancas. Uma porcentagem menor possui o primeiro grau completo (11%); o segundo grau incompleto (3,9%); o segundo grau completo (4,2%); e o superior incompleto (0,1%).

■ Situação de trabalho

Os titulares, na sua maioria, trabalham no setor informal (51,4%). No mercado formal encontram-se apenas 11,2%. Há, no conjunto das famílias, um universo significativo de titulares que não trabalham (37%). Os motivos da inatividade são vários: o desemprego atinge 34,7% dos titulares; a aposentadoria ou pensão somam 1,6% dos casos; os portadores de necessidades especiais sem trabalho representam 0,1%; os afazeres domésticos representam 0,7%.

O mais instigante é que os dados cadastrais apontam para nada menos que 61,7% de titulares sem motivo para inatividade. Resta saber se eles estão nos chamados bicos irregulares ou sazonais, se optaram pelo não trabalho ou omitem essa informação com receio de perder o benefício da Renda Mínima.

A maioria dos que trabalham exercem ofícios manuais não qualificados — de ajudante de pedreiro, arrumadeira, auxiliar de limpeza, auxiliar de cozinha, verdureiro, trabalhador rural etc. — e totalizam 2.308 trabalhadores. Em ofícios manuais que requerem alguma qualificação — de cozinheiro, eletricista, carpinteiro, vendedor etc. — são totalizados 1.992 trabalhadores. Não se registraram casos de ofícios não manuais e qualificados.

Os dados cadastrais sugerem um grau assertivo de focalização em famílias com baixo rendimento e baixa escolaridade.

■ Uma primeira aproximação avaliativa: hipóteses

O Programa de Renda Mínima em São José dos Campos já trilhou um percurso de seis anos. Nesse período, atendeu cerca de oito mil famílias. Por isso mesmo, permite uma avaliação extensa sobre seu desempenho.

1. O Programa de Renda Mínima no âmbito da Política Municipal de Assistência Social

O Programa Municipal de Renda Mínima integra o que se chama, recentemente, de rede de proteção social, destinada a famílias castigadas pela pobreza no município. Compõe o conjunto de programas ofertados pela política municipal de Assistência Social.

A proteção social, nesse âmbito, é compreendida como o alcance de mínimos sociais de sobrevivência e inclusão, capazes de assegurar a seu público-alvo a superação de um patamar de vulnerabilidade que o mantém excluído dos mais elementares bens, serviços e redes sociorrelacionais.

Nessa política, a família tem centralidade, vista como grupo que não só precisa de proteção social, mas que processa proteção. As que carecem de proteção são as que se encontram fora de mecanismos e sistemas de segurança social obtidos pela via do trabalho, pela via do acesso às políticas públicas (saúde, educação, cultura, habitação, saneamento básico etc.) e/ou pela via da inserção em relações sociofamiliares.

Para o grupo de famílias empobrecidas, a rede de proteção social envolve benefícios monetários, na forma de renda mínima, ou benefícios em espécie, tais como cestas básicas, medicamentos, vale-transporte etc. Envolve, igualmente, serviços de proteção, dos quais os mais comuns referem-se aos chamados "serviços de pronto atendimento" (plantões sociais), que ofertam escuta, encaminhamento a serviços das demais políticas, ajuda psicossocial e/ou advocatícia; serviços de fortalecimento de competências e vínculos sociocomunitários — tais como grupos de convivência e autoajuda, microempreendimentos voltados à melhoria da habitação, da renda, da ampliação do universo informacional e cultural —; de conquista e participação em serviços públicos e de melhoria da vida em comunidade.

Assim, redes de proteção social são formadas, articulando benefícios, serviços e processos de inclusão social.

2. A flexibilidade e a articulação das redes de proteção social com outros serviços e processos

As redes de proteção social são indispensáveis em programas de superação de pobreza e se comportam com flexibilidade e alta variabilidade para assegurar proteção efetiva. Essa flexibilidade e articulação com serviços e processos é que precisa ser analisada.

No Brasil, avançamos no desenho de redes de proteção social.

- A opção pela família e não no indivíduo já significa um avanço. A família, mais que os indivíduos, de *per si* pode maximizar redes e recursos para o bem-estar do grupo. Pode, igualmente, criar e articular outros recursos das redes informais a que já se integram, potencializando os programas públicos que lhes são destinados.
- A substituição de transferências de benefícios em espécie (cestas alimentares) por monetária sem dúvida quebrou um ranço assistencialista e tutelar. Permite às famílias pobres exercerem autonomia e escolha.
- Os condicionantes, tais como a manutenção da criança na escola, já evidenciam resultados promissores, a exemplo do aumento desse índice para 97%, bem diferente dos 89% do início dos anos 1990.
- Cobertura: sem dúvida, os programas de transferência monetária são massivos e não mais seletivos, como no passado recente. Estimou-se, em 2002, em âmbito nacional, uma cobertura extensiva aos 9.300 milhões de famílias em situação de pobreza (segundo a Secretaria de Estado de Assistência Social do Ministério de Previdência e Assistência Social — SEAS/MPAS, 2002).

As redes de proteção social — ainda que pensadas apenas na perspectiva de benefícios monetários — avançaram significativamente, porém, observam-se inúmeras dificuldades de percurso e, mais que isto, equívocos na implementação que precisam ser sanados:

> *O atual desenho dos programas de transferência monetária priorizou o grupo infanto-adolescente e o idoso.*

- Há pulverização e concorrência das iniciativas de transferência monetária entre municípios, estados e federação; nos municípios brasileiros, particularmente nas cidades de grande porte, ocorre um "festival de benefícios/renda mínima", o que resulta em fragmentação, superposição e perda de foco, registrando-se famílias com vários benefícios e outras fora da rede, bem como subdivisão em vários objetivos.
- Não havendo âncoras em políticas consistentes, os benefícios ofertados reproduzem os velhos programas compensatórios de cunho assistencialista (e não assistencial).
- Parece não haver clareza e compromisso com políticas e programas de superação de pobreza, que são distintos de políticas ou programas compensatórios voltados a minorar a pobreza.
- Nota-se ausência de clareza e competência para aliar benefícios de proteção social com forte investimento em políticas/programas/serviços às demais áreas de intervenção pública. No geral, quando falamos em combate a pobreza, nós nos limitamos a nomear as ações consideradas, na tradição pública, como as de maior impacto: educação formal para o grupo infantojuvenil, formação profissional e emprego para jovens e adultos etc. Pouco atentamos, porém, para as ações intermédias ou de infraestrutura sociourbana que precisam acompanhá-las.
- O atual desenho dos programas de transferência monetária priorizou o grupo infanto-adolescente e o idoso, se forem incluídos os benefícios de prestação continuada. De uma certa maneira, podemos dizer que se optou, na melhor das hipóteses, pelo ciclo vital da família, buscando cobrir picos de vulnerabilidade. Dizemos "na melhor das hipóteses", pois na observação de sua implementação parece que pouco atentamos para a família, como ela própria o faz, enquanto grupo que carece de proteção, escuta, relações, interlocução política. Em síntese, os programas precisam de uma boa proposta de fortalecimento das competências do binômio família/comunidade, do contrário, utilizamos a primeira apenas como canal de intermediação.

• Quando estamos afirmando que os programas voltados para as famílias não as priorizaram, mas ao grupo infanto-adolescente, queremos sinalizar para algumas armadilhas. Em primeiro lugar, a superação da pobreza nesse recorte é pensada como projeto de futuro, isto é, dependente do desenvolvimento dos filhos ou, ainda, do potencial includente das intervenções relativas às crianças no presente. É preciso pontuar que estamos desperdiçando um sujeito potencialmente estratégico e já mobilizado, que é a própria família. E aí também não bastam programas de geração de renda, mas muito mais. É preciso introduzir a família nas políticas públicas e, sobretudo, no espaço e na cena pública. É preciso que ela tenha espaços de escuta e possibilidade de empreender convivência, articular e realizar projetos familiares e comunitários que respondam a seus anseios de relações interpessoais, assim como de exercício de cidadania.

Nessa condição, não se pode pensar apenas em benefícios de cobertura mínima para sobrevivência ou, ainda, tão somente em microcrédito para empreendimentos geradores de renda, mas em recursos de investimento em microempreendimentos de melhoria da qualidade de vida familiar ou comunitária, ou seja, um pouco dos clássicos programas de desenvolvimento comunitário dos anos 1960. Isto é, quando se trabalha com inclusão social de famílias castigadas pela pobreza é preciso agir na relação destas com seu meio circundante; família/comunidade.

Retratos de família

Esses retratos foram compostos com base em entrevistas, depoimentos e observações das famílias envolvidas nos Programa de Renda Mínima de São José dos Campos, mediante visitas domiciliares. Escutar suas narrativas, dar-lhes espaço, é uma tentativa de deixá-las expressar seus pontos de vista, suas necessidades, suas formas de ver o mundo e, portanto, sua relação com o Programa de Renda Mínima, em especial.

Apresentaremos, aqui, apenas fragmentos dessas narrativas, além de algumas observações acerca do universo estudado, para assim ilustrarmos algumas das questões acima discutidas. Convém lembrar que as situações familiares encontradas são diversas, bem como a lente dos fotógrafos[3]; portanto, esses retratos não formam uma composição homogênea.

A escolha dessas famílias obedeceu às indicações dos técnicos do programa. A aproximação foi orientada por roteiro de entrevistas previamente estabelecido. O desenrolar das visitas domiciliares sinalizou, por certo, que não é adequado pautar-se por esquematismos limitadores da pluralidade e da densidade, presentes nas situações familiares encontradas.

Quando se trabalha com inclusão social de famílias castigadas pela pobreza, é preciso agir na relação delas com seu meio circundante: família/comunidade.

Família 1

■ Perfil

A família é composta pelo casal e dois filhos. A titular do programa é Maria, de 50 anos. Estudou até a 1ª série do primeiro grau, é evangélica, faz bicos (na ocasião da entrevista, estava com um trabalho no Centervale). Maria nasceu na Bahia e mora há muitos anos em São José. Lucas, seu marido, nasceu em Pernambuco, tem 62 anos, é analfabeto, evangélico, trabalha como vigilante.

Dos filhos, Luciane, de 14 anos, nasceu em São Paulo; está na 8ª série e é evangélica. Pedro, de 9 anos, cursa a 2ª série, e é também evangélico. Os filhos estudaram em São José dos Campos, e os pais, em seus estados de origem.

A renda familiar informada é de aproximadamente R$ 400,00.

A casa é própria, de alvenaria, situada em rua sem pavimentação; tem dois quartos, uma sala e um banheiro. A água é de poço, e não se tem acesso ao esgoto. Há energia elétrica. A família possui geladeira, televisão, aparelho de som. A casa é bem cuidada, limpa e em ordem.

Participaram da entrevista: Lucas, o marido, Luciane e Pedro, filhos. O pai foi o depoente central. Luciane também falava, sobretudo quando solicitada. Pedro, por sua vez, entrou e saiu da sala muitas vezes, e participou

Utilizamos, aqui, o termo fotógrafos por analogia aos "retratos de família", mas não para caracterizar uma relação de distância entre sujeito e observador.

pouco da conversa. Todos pareciam interessados nas histórias contadas por Lucas, que, de início, mostrou-se pouco à vontade para falar, uma vez que a participação no Programa de Renda Mínima foi conduzida por Maria.

■ Relações familiares

As relações familiares são apresentadas sobretudo por Lucas. Este lembra com emoção de aspectos da história familiar.

Sou capaz de lembrar até hoje, ela (Maria) descendo de calças listradas, pelo morro ali pra cima (aponta a direção). *Ela veio e me perguntou uma informação. Eu dei e me deu uma vontade de ajudar aquela mulher. Perguntei se podia acompanhá-la. Toda a vida fui uma pessoa honesta, acho que ela percebeu. Descemos juntos, conversando. Daí pra frente, fomos sempre conversando, conversamos de tudo. Acho que eu acreditei na história dela e ela acreditou na minha. Foi assim que a gente se acertou.*

Ambos tinham filhos de relações anteriores.

Ela já tinha filhos de outras relações (três), *e eu também* (quatro). *Nós temos esse menino, Pedro. Maria tem um filho que mora em Belém, e eu tenho filhos do meu primeiro casamento que ficaram lá no Norte. O que eu gosto de contar sobre a minha família é como Maria é zelosa, caprichosa, dedicada, dedicada aos filhos* (com que os filhos concordam de imediato).

Sobre o relacionamento familiar, Lucas aponta:

Casais têm sempre umas brigas. Tem dia que um está mais nervoso que o outro, mas não é briga escandalosa. Entre pais e filhos, também, entre os irmãos...

Nesse momento, Luciane interfere, fazendo uma aliança com o irmão menor: *Eu acho que ele* (pai) *briga muito com o Pedro pra não sair, por causa de escola.*

■ Legados

Os legados familiares mencionados por Lucas podem ser assim sistematizados: *Eu recebi da minha família respeito, honestidade. Acho que isto eu dei para os filhos.* Os filhos concordam.

Sou de um município nordestino em que se vive com luta. Sou de família muito pobre, fui criado no cascalho do São Francisco. Faltou leitura. A escola para os filhos tem que estar em primeiro lugar. Pai tem que forçar ir para a escola, não pode faltar.

■ Trabalho

A trajetória de trabalho inicia-se para Lucas quando ele era ainda menino:

Desde de cedo trabalhei na roça, ajudando meu pai. Fiz muita coisa. Eu vim pra São Paulo com 21 anos, fui pra Santos, e aí fui trabalhando até chegar aqui em São José. Aqui em São José trabalhei nas empresas. Tem uma que fechou. Trabalhei de vigilante, mas quase sempre sem registro. Fiquei muitos meses desempregado, arrumei não faz três meses. Hoje é mais difícil, pois todo mundo quer escolaridade. A senhora precisa de diploma para o que a senhora faz, mas eu, de vigilante... Não basta a história da gente, a honestidade, eles querem segundo grau. Eu sou analfabeto, só sei escrever o nome. É muito difícil.

■ Redes e sistemas de trocas

A relação com a vizinhança não é tão próxima quanto a com parentes ou companheiros de religião.

Temos relações com a vizinhança, mas, ajuda, só se necessitar alguma coisa, como, por exemplo, açúcar, levantar uma parede... Todo mundo se conhece, mas não é de estar junto. (Lucas)

A mãe ajudou a cuidar de oito crianças da vizinhança, ganhava 60 por mês. Acabou desistindo. (Luciane)

Deus é que tem nos ajudado sempre. Ajuda na vida, no esforço, na fé e união. (Lucas)

Os irmãos mais velhos que não moram mais com a gente também, quando podem ajudam, dando alguma coisa, fazendo um supermercado. (Luciane)

E sobre o lazer, dizem:

Nos fins de semana a gente fica em casa, às vezes os parentes aparecem. (Luciane)

Só o filho Pedro que sai pra jogar no "campão" com os colegas. (Lucas)

■ Serviços públicos

Os serviços e os equipamentos sociais instalados no bairro próximo são utilizados pela família.

Utilizo quando preciso, os recursos do bairro Santa Inês. Tem um ônibus que leva. (Lucas)

A escola é uma referência quando se trata dos filhos.

Na escola conheço a professora. A gente foi à reunião de professores neste ano. Não tem reclamação de professora. (Lucas)

Sobre o Programa de Renda Mínima:

Ajudou a pagar o terreno que está atrasado. Ficou um ano no (Programa) Renda. Estão, hoje, no Programa Bolsa-Escola. O dinheiro serve pra pagar um curso de computação pra Luciane e o material escolar para o Pedro. (Lucas)

A gente paga com a bolsa também as provas pagas (xerox). (Luciane)

■ Sonhos, pesadelos, sentimentos

Os sentimentos revelados nos depoimentos marcam repetidamente os desejos ou, sobretudo, a frustração por sua não realização.

A vida foi sofrimento. Sofrimento e luta. Sofrimento de faltar tudo. (Lucas)

Tenho vontade de ir a uma pizzaria, mas nunca pude. Fazer um aniversário de filho. Mas nunca dá pra nada. Consegui dar pra eles uma bicicleta, uma usada, para a Luciane; e depois sobrou um dinheiro, comprei uma para o Pedro, de aniversário, isto eu consegui dar. (Lucas)

Sinto que falta muita coisa, mas o que mais sinto falta é não ter uma aposentadoria. Não quero ter que sair por aí pedindo. (Lucas)

Não quero ter corte de luz e telefone. Queria um salário compensador. (Lucas)

Os sonhos que cada um da família expressa parecem ser construídos de forma relacional. Estão interligados.

Tenho o sonho de pagar o terreno da casa. (Lucas)

Meu sonho é ajudar a realizar o sonho de minha mãe, que é ter a casa. (Luciane)

Eu tenho um sonho de ter um carro. (Pedro)

Em outro ângulo, a família expressa seus medos e a insegurança em que vive. Cada um fala dos seus como algo muito próximo.

Meu pesadelo é não poder terminar de pagar o terreno, perder a casa, morrer e meus filhos ficarem debaixo da telha de outro, e eles perderem tudo, tirarem a casa deles.

Meu medo é perder a minha mãe. (Luciane)

Tenho medo da morte, da morte dos pais. (Pedro)

Família 2

■ Perfil

Esta família é composta pela mãe, Diana, e seus três filhos. A titular do Programa de Renda Mínima é Diana, que nasceu em São José dos Campos. Estudou até a 7ª série, tem 30 anos e é separada. Trabalha como manicure, com renda mensal de aproximadamente 50 reais.

A filha mais velha, Bárbara, de 8 anos, cursa a 1ª série; o filho, Carlos, de 5 anos, está na pré-escola; Júlia, de 2 anos, já que não está na creche fica em casa. Os pais de Diana, que têm entre 60 e 55 anos, nasceram também em São José dos Campos.

A casa da família é de madeira, com três quartos, um banheiro fora da casa, cozinha e sala. Não se tem acesso à água e ao esgoto. Há energia elétrica, e na rua tem coleta de lixo. A família possui geladeira, mas o fogão é a lenha.

No momento da visita, o ambiente encontrava-se desorganizado e sem higiene, e com música alta. Havia dois cachorros, com quem as crianças brincavam.

A casa foi cedida durante o tempo em que o pai de Diana trabalhou na empresa, proprietária do terreno. Como ele se aposentou e pode ser despejado, estão tentando construir uma outra casa onde possam depois se instalar.

São oito as pessoas que moram no mesmo domicílio, entre a família de Diana, seus filhos, seus pais e os irmãos.

■ Relações familiares

Diana conheceu seu companheiro numa danceteria que ela frequentava, porque gosta de dançar. Namorou-o desde os 21 anos, e depois de dois anos de namoro ficou grávida da sua primeira filha, Bárbara. Separaram-se por alguns meses, depois reataram o namoro e se casaram. Só o segundo dos filhos, Carlos, é que foi planejado.

A vida foi melhor dos 17 aos 23 anos, quando trabalhava, antes do casamento, e quando já tinha uma filha. Mas depois que o marido mudou...

Faz muito tempo que ela não sai de casa, a não ser para fazer o curso, ainda quando estava recebendo o benefício do Renda Mínima; há duas semanas, depois de muito tempo, foi dançar com seus tios.

Gosta muito de se apresentar como mãe de três filhos e adora contar histórias de lugares já visitados, a praia e tudo o que nela se pode fazer.

■ Legados

Os legados recebidos são o trabalho e a honestidade.

■ Trabalho

Seu primeiro trabalho foi aos 13 anos, como empregada doméstica. Depois trabalhou no restaurante de uma fábrica, e seu maior gosto foi pela cozinha. Trabalha atualmente como manicure e, às vezes, faz salgadinhos para vender.

■ Redes e sistemas de trocas

Há sistema de trocas na vizinhança, mas parece que é na rede familiar, pela presença das avós, que esse sistema tem maior consistência. A rede familiar envolve, ainda, os vínculos com os irmãos.

A relação com a vizinhança é boa, pois os vizinhos, quando precisam de alguma coisa, tipo pegar o filho na escola ou tomar conta de alguma criança, pedem e eu atendo. Só que, no caso de meus filhos, só confio na sogra ou na minha mãe para tomarem conta deles.

O centro comunitário, por sua vez, emerge como uma referência na rede social mais próxima.

■ Serviços públicos

A família utiliza os serviços de transporte, a escola, o posto de saúde do bairro, bem como o hospital, os serviços assistenciais e o supermercado do centro da cidade. De modo geral, consideram bons os serviços.

Com relação à escola, Diana acompanha e participa das reuniões. Considera que os filhos aprenderam no corrente ano, *a ler e a escrever*. Acha que sua filha está lendo melhor. Aponta que houve mudança na escola; hoje há principalmente *leitura e escritura*. Ela conta: "Neste ano fui na escola todos os dias para deixar a filha". Diana diz que conhece a todos na escola, mas que fala mais com um professor: *Conheço a todos os pais dos coleguinhas da Bárbara.*

Com relação ao Renda Mínima, Diana conheceu-o por meio de sua cunhada, mulher do irmão; participou do programa com muito entusiasmo e tinha feito planos para um ano (tempo do benefício), mas, no segundo mês, o pai foi aposentado, então ela teve que dar um suporte maior para a família. Nesse período, fez o curso de salgadinhos, que lhe permite eventualmente atender a encomendas e ganhar alguns reais para a comida dos filhos; como trabalha como manicure para os vizinhos, também este curso ajudou. O Programa de Renda Mínima e os cursos que realizou a ajudaram a se qualificar.

■ Sonhos, pesadelos, sentimentos

Assim se expressa Diana:
Tenho o sonho de ter o nosso cantinho
Meu pesadelo é ver os filhos pedir alguma coisa e não ter como dar.

Sinto a falta do pai dos filhos, e não do marido, mas do pai das crianças.

Desejo fazer a construção da casa.

Família 3

■ Perfil

É uma família composta pelos pais e as três filhas. Residem num bairro periférico de São José dos Campos, onde as ruas não são asfaltadas e as casas são típicas de assentamentos desordenados e em construção.

A casa dessa família é a mais simples e reduzida da rua. Construída em alvenaria, sem pintura, tem um cômodo e a cozinha, e o banheiro externo. A água encanada foi instalada há pouco na residência e no entorno. À primeira vista, parece muito precária. No entanto, ao entrar, observa-se uma total ordem e limpeza. Entra-se pela cozinha, que se conforma como sala de visitas e espaço de convivência familiar: há o fogão, a geladeira e uma mesa pequena, com cadeiras e uma toalha. Na continuidade, há uma cama e uma bicama, das três meninas, instaladas num corredor. Deste sai o único quarto, onde dormem os pais. Tudo limpo e acolhedor.

Na casa, estava presente apenas a adolescente de 14 anos, Otília, que esquenta o almoço para sair em seguida para a escola. As irmãs estudam pela manhã, a mãe foi ao médico e o pai trabalha informalmente.

Nossa entrevista foi realizada com a filha mais velha, Otília.

O pai, João, tem 36 anos e estudou até a 5ª série; a mãe, Eduarda, tem 33 anos, e estudou até a 2ª série do ensino fundamental. O pai é o único que trabalha na família, fazendo bicos.

Otília cursa a 7ª série; sua irmã Helena, de 12 anos, cursa a 5ª série, e Vanessa, de 11 anos, a 4ª série. Existe uma pequena defasagem idade/série escolar.

A família é católica, frequentadora da missa dominical. As filhas fazem a catequese semanalmente.

▇ Relações familiares

Os pais nasceram na Bahia e lá se casaram. Sua mãe casou-se aos 18 anos, com festa e um forró. Quando Helena era pequena, mudaram-se de cidade. Primeiro foram para Campinas, onde alugaram uma casa. Depois foram para São José dos Campos, onde tinham parentes. De início, foram morar com a tia, depois conseguiram comprar sua casa. Um tio morava com eles, mas já se mudou.

Otília nasceu, como Helena, na maternidade, mas sua irmã menor nasceu em casa, pois sua mãe preferiu tê-la com uma parteira a quem havia conhecido. Helena tem problemas de saúde, de rins, e em 2000 ficou internada. E agora foi sua mãe quem precisou ir ao médico, pois estava com febre há alguns dias e também com dores de cabeça.

Enquanto Otília nos contava a história de sua família, o tio chegou e participou um pouco da conversa. São dois irmãos de sua mãe que moram na mesma rua e parecem estar muito próximos. Ainda durante a entrevista, quando o tio saiu, apareceu a tia. Percebia-se claramente que estavam desconfiados e que desejavam assegurar proteção à sobrinha, uma vez que os pais não estavam.

▇ Legado

Otília diz ter puxado o gênio do pai e a aparência da mãe: *Minha mãe diz que puxou o pai; meu avô é bem sério. Se uma pessoa brigar com ele, ele não fala mais, adeus amizade".*

▇ Trabalho

O pai, João, faz bicos temporários e é carpinteiro. É o único que trabalha na família. A mãe, Eduarda, já foi empregada doméstica, mas atualmente está sem emprego. Quando moravam em Campinas, apesar da violência parecia mais fácil arranjar trabalho. A filha mais velha, Otília, acha que morar em São José dos Campos só não é bom porque não tem trabalho para o pai. Acredita que a falta de trabalho é o maior problema do casal.

Redes e sistemas de trocas

No bairro, a mãe tem muitos amigos, mas não é de ir na casa deles. Quando sua irmã ficou doente, um vizinho que tem carro é que a levou ao hospital, e ficou à disposição. Diz Otília: *Minha mãe é até hoje agradecida.*

Otília nos disse, ainda, que dos dez aos doze anos foi muito bom, porque gostava de brincar e tinha uma bicicleta. Diz também que trabalha em casa: *Faço a comida, arrumo a casa e cuido das minhas irmãs. Minha mãe me ensinou.*

A igreja parece angariar mais comentários seus. Ela já fez a primeira comunhão e agora faz a "perseverança". Participa de uma atividade chamada "conferência", que trata de verificar carências de vizinhos ou colegas. Por exemplo, uma família está sem alimentos para comer, então eles se reúnem para angariar gêneros alimentícios e enviar a essas pessoas.

Nos domingos, vão à missa e assistem televisão. A mãe gosta de ir a São Paulo.

Não gosta de festa que tem brigas: *Minha mãe gosta de beber quando tem festa.* O pai e o tio gostam de beber, mas no fim de semana; bebem no bar e em casa.

Serviços públicos

O lugar em que residem depende em tudo de bairro próximo, Santa Inês, para o qual há um transporte regular e gratuito, da prefeitura. É lá que se encontra o supermercado, o centro comunitário, a escola e o posto de saúde que os atende. O hospital é no centro da cidade; quando necessitam ir lá, *pega-se ônibus no Santa Inês e daí é pago.*

O pai e a mãe costumam ir à cidade duas ou três vezes ao mês.

Da escola, pouco comentou Otília. Diz que aprendeu Português, História e Educação Artística. Não teve passeio. Do ano passado até o presente, a escola é a mesma coisa. Sua mãe vai lá quando é chamada. Nas reuniões de pais, algumas vezes frequenta, outras é a tia.

A mãe conhece a diretora e seu maior vínculo é com a faxineira da escola.

Quanto ao Programa de Renda Mínima, Otília diz que sua mãe ia nas reuniões, pois era obrigada a fazer curso, mas não gostava muito de ir.

■ Sonhos, pesadelos, sentimentos

O sonho de minha mãe é dar uma vida melhor para os pais dela e para nós também. Tem uns irmãos (da mãe) *que bebem muito, dão trabalho para eles. Eles moram em uma cidade da Bahia e agora se aposentaram.*

Minha mãe teve pesadelo quando a minha irmã ficou doente; quando lembra do hospital, chora. Ela ficou traumatizada com medo de repetir. Se repetir, precisa de transplante. Minha mãe dormia na cadeira quando minha irmã ficou no hospital.

Família 4

■ Perfil

A família é composta por Regina, a titular, seu filho de onze anos, Pedro, seu marido, e três filhos do casal, entre nove e três anos.

Regina nasceu em São José dos Campos, tem 28 anos, estudou até a 3ª, é católica. Trabalhava como diarista, mas no momento está sem trabalho. Tem problemas de saúde: diabetes e pressão alta. Pedro, seu marido, tem 39 anos, e é também católico. Cursou até a 2ª série. É ajudante de pedreiro, faz bicos.

Todos os filhos estão na escola, com exceção do menor, que não vai para a creche, já que a mãe atualmente não trabalha. A renda mensal da família é de aproximadamente R$ 200,00.

No domicílio vivem cinco famílias, formando o total de 23 pessoas. Cada uma delas reside num cômodo. Regina mora no cômodo da frente, com os quatro filhos, num espaço que deve ter uns 25 metros quadrados. Ali a família dorme e também cozinha.

Embora residam no mesmo local, essas famílias não fazem as refeições juntas. Cada uma as faz no seu cômodo.

A casa foi construída num terreno que deve ter uns 8 metros de frente por 20 metros de fundo. A construção ainda está no tijolo. Foram levantados dois cômodos na parte de cima, onde mora um dos irmãos de Regina. Na parte térrea, a área construída fica encostada numa das laterais, tendo um largo corredor no outro lado. Percebe-se que foi feita por mutirão, pela forma da disposição dos cômodos.

Aparentemente, o bairro apresenta-se organizado, com asfalto, ruas largas, algumas casas em bom terreno, recuo nas laterais e na frente, apresentando um certo estilo de classe média. Outras casas geminadas construídas em um terreno único, apesar de aparentarem ainda não estar prontas, com tijolos, areia e cal à vista no canto do jardim, na verdade não são casas recentes. A favela, logo acima, não difere da paisagem das casas regulares da rua principal. Só foi percebida porque os entrevistados mostraram onde ela ficava.

Apesar da aparente infraestrutura, asfalto, água, luz, esgoto, esse bairro é muito violento. A polícia passou na frente da casa umas quatro vezes enquanto se fazia a entrevista. As mulheres presentes na ocasião estavam todas apavoradas. Haviam recebido uma ameaça de morte: iriam matar alguém da família, porque, na noite anterior, um rapaz da favela tinha sido assassinado, e achavam que o culpado era um dos irmãos de Regina. Eles já haviam ido para lugar ignorado, em razão dessa briga com a gangue do rapaz morto. Todos estavam apreensivos e até já tinham falado com a polícia, mas, segundo Regina, a polícia nada fez.

A casa parece fresca, apesar do calor, indicando ser muito úmida e fria no inverno. Os cômodos são escuros, sem luz direta. A luz vem do final do corredor, pois a laje do segundo andar cobre-o parcialmente.

A sala onde fiz a entrevista é pequena, com televisão, telefone, som, dois sofás. A casa não prima pela limpeza, isto talvez pelo fato de residirem no mesmo espaço um grande número de crianças, a saber, onze. O mais velho tem 11 anos, e a maioria deles estava na faixa de três anos.

■ Relações familiares

Regina parou de estudar na 3ª série para trabalhar, e também porque, logo depois, ficou grávida e tornou-se mãe solteira. Tinha de trabalhar para sustentar o filho. Conheceu seu atual marido no "sacolão", onde ambos trabalhavam, logo após ter tido seu filho, aos 15 anos. Eles começaram a sair e, em 15 dias, estavam morando juntos.

Pedro assumiu seu filho como se fosse seu. Tiveram mais três; o primeiro deles planejado, dois anos após estarem morando juntos; os outros vieram de surpresa. Casaram no civil e no religioso há três anos, mas estão juntos há 11 anos: *Minha vida com ele é muito boa, e continuo apaixonada até hoje.*

A principal dificuldade nas relações familiares hoje é: *Dividir as contas, sempre sai briga.*

As relações com a rede familiar são frequentes.

▪ Legados

O valor pela família, o respeito e o carinho.

▪ Trabalho

O primeiro trabalho de Regina foi num restaurante, como ajudante-geral do cozinheiro. Foi o emprego de que mais gostou, pois foi lá que *"pegou uma profissão"*. Ela adora cozinhar, até fez curso de culinária quando participava do Programa de Renda Mínima. Gostou muito e esperava trabalhar com isso, mas o médico proibiu-a de trabalhar no momento.

▪ Redes, sistemas de trocas

A relação de vizinhança é percebida por Regina como boa, mas distante:

São vizinhos, não são amigos que você convive. O bairro é muito violento, e as pessoas se escondem nas suas casas. (...) Não se pode contar com elas. Uma vez, soltaram uma bomba caseira em casa e feriu meu filho. Só me avisaram, ninguém acudiu ou levou ao hospital, com medo de se comprometer e ter que denunciar alguém para a polícia.

Regina afirma que eles podem contar com ela, pois não tem *medo de se expor.*

As relações mais próximas e as situações de lazer ocorrem sobretudo com a família. Nos fins de semana, eles geralmente passam em casa, assistindo televisão. E vão à missa. *Algumas vezes, vamos visitar meus avós.(...) Os avós nos dão muito carinho.*

A religião é considerada por Regina como uma ajuda para enfrentar as dificuldades cotidianas: *Ir à Igreja Imaculada Conceição tem sido muito bom pra todos nós. E a nossa união, depois que mudamos pra cá ficamos mais unidos, isto foi muito bom.*

A família sente falta, entretanto, do bairro anterior, Vila do Tesouro, onde a vizinhança era melhor, menos violenta, e eles estavam mais perto dos avós. Para Regina: *Apesar de sofrida, agora é o melhor momento da minha vida, pois tenho as minhas coisas, comprei um lote. Só falta meu marido arranjar um emprego estável.*

■ Serviços públicos

Regina e sua família utilizam o transporte do bairro e da cidade, serviços que ela considera péssimos. Os programas assistenciais são considerados bons, mas de difícil acesso. Diz que o posto de saúde do bairro é muito ruim, mas o pronto-socorro da Vila Industrial é bom, embora longe. É lá que ela recorre ao médico endocrinologista. O hospital na cidade, onde já esteve internada, Regina também considera bom.

Com relação à educação dos filhos, diz: *Tento participar da reunião (de pais, na escola), estudo com eles, às vezes vou assistir alguma aula para poder ensinar para o filho depois.*

Regina acha que os filhos aprenderam melhor Matemática e Religião: foram as matérias em relação às quais eles voltaram para casa mais entusiasmados. Ela não percebe mudanças na escola.

Diz, também, que vai muito na escola, pois tem muita briga entre as crianças, e às vezes costumam ser violentas; as crianças da favela ameaçam muito.

Quando não é briga, vou conversar com a diretora sobre as crianças.

Conheço a maioria dos professores, as mães das séries dos meus filhos e outras também. A escolha é aberta para a nossa participação.

Tenho uma relação muito boa com a professora do meu filho Robinson, da 3ª série. Ela é minha amiga.

Regina, atualmente, recebe a Bolsa-Escola, a Cesta Básica e o Vale-Transporte. Sua rede familiar também se utiliza dos programas: *Minha cunhada está no Programa Renda Mínima, minha mãe também participa, às vezes, do Cesta Básica, e minha outra cunhada também.*

Regina foi incluída no programa no ano passado, finalizando-o em maio deste ano. *Adorei ter participado do programa, espero poder retornar daqui a um ano.*

Ela comprou um lote com o dinheiro, fez um curso muito bom sobre culinária, discutiu seus problemas, tendo uma excelente relação com a assistente social, de quem falou muito:

Vou atrás de cesta básica, de vale-transporte, de tudo que possa melhorar um pouco a minha vida. Tenho que continuar pagando pelo meu lote, não quero perdê-lo.

■ Sonhos, pesadelos e sentimentos

Primeiro ter a casa própria, mas adoro estar com a família; gostaria de morar próxima no bairro anterior, na Vila do Tesouro. Não gosto de ficar sozinha. Éramos felizes e não sabíamos.

O medo acompanha a vida de Regina e de seus familiares. Diante das situações atuais, de ameaça de morte, eles não sabem o que fazer: estão com medo de sair na rua, de ir trabalhar e serem assassinados no meio do caminho, de mandar as crianças para a escola e acontecer alguma coisa por lá, já que, apesar da boa vontade e do cuidado da diretora, essas questões extrapolam seu poder. Renata está preocupada, pois as crianças não podem faltar, senão perdem a Bolsa-Escola.

Outra questão é dos irmãos foragidos terem abandonado os empregos. Isto significa dividir o dinheiro ainda mais, incluindo as contas mensais de telefone, água e luz.

Talvez em razão do clima de ameaça de morte em que Regina vive, eles só conseguem contar histórias permeadas por medo e perdas. Um exemplo é o relato de como vieram parar nesse bairro: tinham uma casa na Vila do Tesouro, onde os avós residem, que pegou fogo. Então a mãe perdeu tudo e a família teve que começar tudo de novo.

■ Reflexão baseada nos históricos das famílias

1. As famílias beneficiárias convivem no círculo perverso da pobreza. Inserem-se, majoritariamente, na economia informal, obtendo pela via do trabalho baixíssima renda e nula proteção. Conquistam precário acesso e usufruto de bens e serviços das políticas públicas e da cidade; não possuem oportunidades nem *poder*. Acrescem a isso a baixa escolaridade e o baixíssimo acesso a informações e trocas culturais. Nesse caldo, as desigualdades se nutrem aprisionando os empobrecidos num processo perverso de *apartheid* e exclusão, quase sem movimento perceptível. Essas mesmas condições de vida dos pobres também reforçam a predominância de programas compensatórios, num país impregnado pela cultura tutelar e do compadrio.

Como alterar esse cenário? Não basta a transferência de renda (embora seja um avanço). Na pauta de estratégias de uma rede de proteção social, é preciso dar primazia ao acesso a serviços urbanos; à educação; a processos de ampliação do universo informacional e cultural; à inclusão em espaços e fóruns públicos de convivência alargada (ganhos de poder). É também preciso processar/implementar fóruns públicos e canais de vocalização de interesses e interlocução política, nos quais os empobrecidos tenham voz e vez.

A desigualdade está tão enraizada em nossa cultura política que, embora defendamos direitos, não sabemos desenvolver cidadania. São ainda as organizações governamentais e não governamentais (os *policy makers* e a classe média militante) que falam pelos destituídos de direitos. Essa postura ratifica a exclusão, a desigualdade, a tutela.

2. As famílias pobres guardam imensas diferenças. Há aquelas que são maioria: habitam nas periferias das grandes cidades, em favelas, cortiços ou casas precárias em bairros vazios de serviços urbanos; lutam pela inclusão social usufruindo, de forma parcial e precária, os serviços sociais públicos que lhes são disponibilizados; convivem também com o trabalho precário e percebem-se apartadas das riquezas da cidade. São famílias que reagem de forma muito satisfatória aos estímulos e às oportunidades que se lhes apresentam na difícil empreitada de conquistarem inclusão e exercerem sua cidadania. Reagem satisfatoriamente porque desejam inclusão e já possuem algumas competências e projetos de futuro. Não têm, no entanto, quase nenhuma chance de adentrarem os espaços públicos e ganharem vez e voz na interlocução política. Por isso mesmo, dizemos que constituem uma maioria silenciosa.

Para estas, os programas de transferência monetária são fundamentais em seus picos de vulnerabilidade (filhos pequenos, separação do casal, doença de familiar etc.), para assegurarem a subsistência. Mas não atentamos para sua maior demanda: transferências monetárias para investimento em qualidade de vida (o pagamento do terreno, um curso de computador para a filha, melhoria no banheiro, um quarto a mais etc.).[4]

Este é, sem dúvida, o caso de famílias como a de Lucas e Maria, e igualmente a de Eduarda e Otília.

Há aquelas famílias jovens e monoparentais, com filhos ainda muito pequenos, num pico de extrema vulnerabilidade e de sofrimento psíquico. Para estas, é preciso dar uma atenção diferenciada. Precisa-se investir em seu projeto de futuro. Ainda não o têm. Estão perdidas em seu momento presente de projetos frustrados. Para esse grupo de famílias, uma renda mínima jamais poderá durar doze meses. E jamais poderia ser-lhes oferecido apenas uma renda. É preciso favorecer sua integração em processos de apoio psicossocial, de fortalecimento de vínculos relacionais, de formação profissionalizante, e, sobretudo, possibilitar novos horizontes. Uma condição de agente de comunidade, atuando em algum dos espaços de ação público-comunitária, pode abrir caminhos para ampliação de vínculos e projetos de futuro. Ao mesmo tempo, não se pode esquecer do desenvolvimento dos filhos pequenos.

Este é o caso da família de Diana.

Há, sem dúvida, outras expressões de pobreza.[5] E temos ainda aquelas famílias — mora-

> *É também preciso implementar fóruns públicos e canais de vocalização de interesses e interlocução política, nos quais os empobrecidos tenham voz e vez.*

> Para esse grupo de famílias, as quais compõem a chamada maioria silenciosa habitantes do espaço urbano, pode-se pensar em períodos mais curtos de intervenção, com um compósito de proteção social — benefícios, serviços —, articulados a processos de inclusão na malha de relações sociocomunitárias e em fóruns de interlocução no mundo público. Essas famílias querem e precisam ter vez e voz.
> Por exemplo, aquelas que permanecem no circuito da chamada pobreza transgeracional, isoladas na paisagem rural, analfabetas, desnutridas etc. Para estas, sem dúvida, investir no desenvolvimento dos filhos é de fundamental importância. Portanto, os fatores condicionantes definidos na maioria dos programas de renda

doras de rua — que apresentam históricos cumulativos de instabilidade afetiva e ocupacional. Não se percebem possuindo territórios de pertencimento, além da própria família. Parte desse grupo já apresenta comprometimentos em sua saúde mental, produzidos pelos déficits que acumularam em suas trajetórias de vida. São igualmente famílias cronificadas nos seus déficits.

Elas falam de um lugar de pertencimento em que cidadania parece não ser um valor; em que esfera pública tem pouco ou nenhum significado; em que o trabalho, igualmente, não se constitui em vetor privilegiado de inclusão social, sendo apenas funcional à imediata subsistência. A cidadania, não sendo um valor no cotidiano vivido, explica em parte a falta de aderência dessas pessoas a muitas das intenções includentes apresentadas por programas e serviços de proteção social. Parece que estes ganham até mesmo um significado "desestabilizador" da precária — mas conhecida — segurança no restrito cotidiano vital desse grupo.

Assim, é quase natural buscarem proteção e apoio assistencial e permanecerem dependentes dessa assistência.[6] Optam pelos circuitos de uma "cidadania protegida"; a inclusão social pela via de uma cidadania conquistada é percebida como um caminho intangível. Faz-se necessário, neste caso, a criação de programas de proteção especial, tais como centros-dia etc.

Dentre as famílias-alvo em São José dos Campos, há possivelmente grupos familiares nessas condições. Carecem de programas de renda mínima contínuos, com peso compensatório e retaguardas de proteção especial, e uma atenção vigilante quanto aos filhos, para que lhes sejam asseguradas as condições de desenvolvimento.

■ A implementação do Programa de Renda Mínima

Adotou-se, em São José dos Campos, a diretriz da gestão descentralizada nas suas micror-

mínima são absolutamente corretos. Ainda assim, os programas de renda mínima são limitados. Não se enfrenta esse tipo de pobreza sem políticas de desenvolvimento local e, sobretudo, fortalecimento de competências e agentes locais. Sem esse ancoradouro, não se supera a pobreza.
[6] A proteção advinda dos agentes técnicos é feita através de uma escuta empática carregada de aceitação e vínculos de confiabilidade, assim como de uma relação de mediação precisa e segura com outras instituições protetoras e de ajuda assistencial. Para esse grupo, é uma proteção competente, que resulta, porém, em dependência e não em emancipação, como o esperado.

regiões. Assim, a seleção e o acompanhamento do Programa de Renda Mínima se fazem por equipes técnicas regionalizadas. Embora haja um bom ideário de implementação, este não vem ocorrendo. As equipes técnicas ressentem-se da indisponibilidade de meios para processarem visitas domiciliares e acompanhamento individual das famílias, da ausência de espaço físico para reuniões com o grupo, e mesmo de possibilidades de ação na relação famílias-comunidades. Na realidade, realizam apenas reuniões grupais mensais com os beneficiários e ofertam/requerem a participação de representantes familiares em cursos profissionalizantes. Em geral, só trabalham com as mulheres da família, consideradas sua porta-voz.

Trabalhar com famílias na superação da pobreza exige focalizar melhor os diversos grupos e expressões de pobreza, com estratégias e objetivos distintos.

Não há, igualmente, elaboração e aplicação metodológica e de conteúdos na ação programática com os beneficiários — indispensáveis a um programa que objetiva o desenvolvimento de competências familiares, de sua autonomia e construção de projeto de futuro. Tampouco há mandato para conjugar os serviços das demais políticas públicas em favor de um projeto emancipador desse público-alvo. Há apenas mandato para inscrição das crianças e dos adolescentes no ensino regular público e no sistema de saúde, ou para inscrição em projetos de formação profissional. A implementação deste programa, nessas condições, torna-se ação compensatória com pouca eficácia no desenvolvimento da autonomia dessas famílias.

Em síntese, trabalhar com famílias na superação da pobreza exige focalizar melhor os diversos grupos/expressões de pobreza com estratégias e objetivos distintos. É preciso produzir recortes programáticos que reconheçam as diferentes expressões de pobreza. Se assim não for, perde-se em eficácia.

Em São José dos Campos, no contato com algumas famílias e técnicos, observou-se um mergulho quase mecânico na destinação do Programa de Renda Mínima. Há, por vezes, uma total impotência dos técnicos na atenção aos beneficiários. Os critérios de transferência de benefícios monetários são lineares, doze meses, sem reconhecimento das diferenças entre as várias expressões de pobreza. Um leque de benefícios de transferência monetária — Bolsa-Escola, Renda Mínima Municipal, Peti etc. — submeteu os operadores de proteção social à condição de operadores de benefícios.

As famílias-alvo sequer percebem o potencial e a dimensão de uma proteção social pública; percebem apenas uma ajuda na forma de renda. Não discutem o benefício nem mesmo a proteção que poderiam alcançar. Não se percebem interlocutoras, apenas beneficiárias. Como sabemos, os pobres têm, como característica dominante, a vulnerabilidade no que tange ao seu precário acesso às rotas da inclusão social.

O agir institucional pode tornar-se perverso quando ignora, neutraliza ou obscurece a dimensão de política pública da proteção social. A ação institucional, nesse caso, despolitiza as demandas do "pobre", tomando-o indivíduo portador de carências psicossociais ou desqualificando-o como frágil merecedor de compaixão. Nessa condição, a ação transmuta-se em tutela, não garantindo ao atendido a voz e a vez na interlocução institucional — arena pública de acolhimento de suas demandas.

Políticas e programas de proteção social são movidos por processos. Processos emancipatórios processam autonomia; processos compensatórios ou tutelares processam dependência, com pouco impacto na superação da pobreza.

Como alterar as fragilidades deste Programa de Renda Mínima?
- Sem dúvida, o que emerge como urgente é a própria oportunidade de reflexão dos técnicos que operam o programa, que parecem abandonados à própria sorte e consigna.
- O programa precisa rever-se enquanto política de proteção social: seus objetivos, seu desenho, suas normas de implementação; precisa, sobretudo, articular a variedade de modalidades de transferência de renda mínima;
- Deve assegurar um forte investimento nas famílias, nas famílias e nas comunidades em que habitam.

■ Referências bibliográficas

CARVALHO, M. C. B. (Org.). *A família contemporânea em debate*. São Paulo: Cortez, 1995.

FONSECA, A. M. M. da. *Família e política de renda mínima*. São Paulo: Cortez, 2001.

GOMES, J. V. *Socialização*: um estudo com famílias de migrantes em bairro periférico de São Paulo. Tese (Doutorado) — Universidade de São Paulo São Paulo, [s.d.]

GIDDENS, A. *Mundo em descontrole*. O que a globalização está fazendo de nós. Rio de Janeiro: Record, 2000.

LE GALL, D.; MARTIN, C. *Families et politiques sociales*: dix questions sur le lien familial contemporain. Paris: L'Harmattan, 1996.

SARTI, C. A. *A família como espelho*: um estudo sobre a moral dos pobres. Campinas: Autores Associados, 1996.

SAWAIA, B. B.; NAMURA, M. R. (Orgs.). *Dialética inclusão/exclusão*: reflexões metodológicas e relatos de pesquisas na perspectiva da psicologia social crítica. Taubaté: Universitária, 2002.

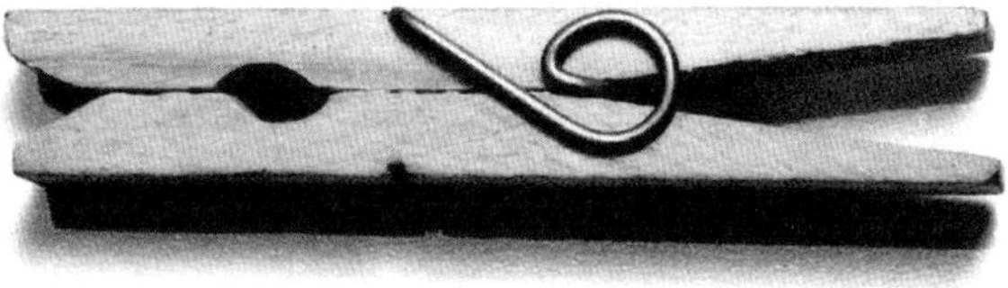

RELATO DE CASO

Programa de Garantia de Renda Mínima e de Geração de Emprego e Renda de São José dos Campos/SP

Aparecida Vanda Ferreira e Silva*
Odila Fátima T. Derriço**
Regina Helena Santana***

I — Identificação do programa

a. Designação:
Programa Herbert de Souza — Betinho de Garantia de Renda Mínima e de Geração de Emprego e Renda (PGRM/GER)
b. Setor de vinculação institucional do Programa:
Secretaria de Desenvolvimento Social
Prefeitura Municipal de São José dos Campos
c. Legislações
- Lei de Criação do Programa n. 4.834/1996, de 2 de abril de 1996
- Lei de Alteração do Programa, n. 5.799/2000, de 29 de dezembro de 2000
- Decreto Regulamentador do Programa n. 9.830/1999, de 3 de dezembro de 1999

II — Objetivo do programa

- Suplementar a renda de famílias com crianças e adolescentes que se encontram residindo em áreas de concentração de pobreza no município, buscando-se a garantia dos mínimos sociais.
- Trata-se, portanto, de uma ação de enfrentamento à pobreza com suplementação da renda, através de subsídio financeiro mensal temporário, e um trabalho socioeducativo, com vias a fomentar nos usuários a necessidade de repensar sobre os aspectos da dinâmica familiar e das relações mais gerais da sociedade.

---

* Assistente social e assessora
e Política de Atenção à Família.
* Assistente social.
** Assistente social e assessora
e Política de Apoio às Entidades
ociais.

III — Critérios de elegibilidade (para cadastramento)

- Morar no município há pelo menos dois anos.
- Ter filhos com idade inferior a 14 anos ou 18 anos PNE.
- Ter renda *per capita* abaixo de 1/2 salário mínimo.

Conceito de família
Núcleo de pessoas composto por, no mínimo, um dos pais ou responsável legal por crianças e adolescentes em idade até 14 anos ou 18 anos PNE, incapacitados para atividades remuneradas.

IV — Critérios de prioridade, associados aos critérios de elegibilidade, para inclusão do beneficiário do programa

O fator determinante de pontuação das famílias para chamamento é o da renda. Outros fatores são de desempate e determinam a classificação:

- maior número de filhos menores de 14 anos;
- maior número de filhos menores de 18 anos;
- maior número de habitantes por cômodos;
- moradora em área de risco social;
- titular com mais idade; e
- registro mais antigo na SDS ou em entidades sociais.

V — Valor do benefício monetário

- Até um salário mínimo por família, conforme Lei n. 5.799/2000.
- O valor pago resulta do seguinte cálculo matemático:
  A renda *per capita* familiar é subtraída de 1/2 salário mínimo. A diferença é multiplicada pelo número de membros que compõem a família. Se o valor encontrado for superior a um salário mínimo, não se pagará o que exceder ao limite legal, porém, se o valor encontrado for inferior, será pago integralmente.

VI — Responsabilidade pelo cadastramento e forma de cadastramento do interessado no programa

- O cadastro dos interessados é feito através do Programa de Plantões Sociais da Secretaria e por entidades sociais conveniadas para tal fim, de forma permanente e contínua.
- O cadastro é feito por assistentes sociais que atuam nos plantões sociais e tem validade por um ano.

VII — Forma de acesso ao benefício monetário

- Cartão magnético bancário, em nome da titular.

VIII — Duração do benefício

- 12 meses.

IX — Exigências contratuais de compromisso do beneficiário como contrapartida ao programa

- Matricular e manter filhos na escola.
- Aplicar subsídio financeiro em aspectos que privilegiem: moradia, saúde, alimentação, material de escola, geração de renda, dentre outros.
- Participar de cursos profissionalizantes e atividades de geraçao de emprego e renda.
- Participar de todas as atividades/ações socioeducativas.

X — Forma de Gestão do Programa

- Coordenação: Secretaria de Desenvolvimento Social.
- Secretaria de Desenvolvimento Econômico.
- Apoios: Grupo Técnico de Apoio Intersecretarial; Comissão Paritária.

XI — Financiamento do programa

- Orçamento próprio da prefeitura municipal.
- Montantes aplicados ano a ano:
- 1997: R$ 227.493,32;
- 1998: R$ 1.258.207,90;
- 1999: R$ 1.132.651,90;
- 2000: R$ 1.533.179,59;
- 2001: R$ 1.669.871,30;
- 2002: R$ 1.930.000,00 (previsão).

XII — Aplicação do recurso financeiro recebido do programa

- Alimentação.
- Melhoria das condições de moradia (reforma, construção, aluguel, compra de terreno etc.).
- Saúde.
- Educação.
- Geração de renda.
- Aquisição de móveis e eletrodomésticos.

XIII — Números de profissionais envolvidos no programa

- O programa é executado por 24 assistentes sociais, tendo como referência mais dois assistentes sociais que atuam com assessoria de política setorial e banco de dados.

XIV — Observações importantes

- Estudos quanto a: atividades dirigidas a crianças e adolescentes que acompanham os pais nas reuniões socioeducativas; projeto de escolarização para os adultos; atividades de geração de emprego e renda.

Famílias: questões para o Programa de Saúde da Família (PSF)

REGINA MARIA GIFFONI MARSIGLIA*

A implantação do Programa de Saúde da Família no Sistema Único de Saúde (SUS), a partir de 1995, com apoio do Ministério da Saúde e das Secretarias Estaduais de Saúde, criou a oportunidade de desenvolvimento de experiências inovadoras em muitos municípios do país. Como em vários outros, os municípios de Itapeva e de Nhandeara, cidades respectivamente de médio e pequeno porte do estado de São Paulo, selecionaram e treinaram equipes especialmente para o programa, e, após dois a três anos de trabalho, já é possível perceber os pontos positivos e os avanços do trabalho em saúde, conforme pudemos tomar conhecimento através das apresentações que me antecederam neste evento.

Os efeitos positivos são muitos, e pretendemos enumerar pelo menos alguns deles:
- acompanhamento e controle de doenças crônicas, como a hipertensão e os diabetes, principalmente em segmentos populacionais que até então não tinham acesso aos serviços de saúde, a não ser em situações de urgência, risco de vida ou em fases adiantadas da doença, muitas vezes exigindo internações, com consequências negativas para os pacientes e altos gastos para os serviços de saúde, especialmente no setor público;
- implementação de medidas de prevenção e diagnóstico precoce, possibilitando, por exemplo, a orientação das gestantes desde o início da gravidez; ampliação do número de exames para diagnóstico precoce do câncer de colo de útero; descoberta de casos de tuberculose e hanseníase, logo no início, evitando seu desenvolvimento para fases avançadas;

*Assistente-doutora do Programa de Pós-Graduação em Serviço Social — PUC-SP; Professora-adjunta da FCM, Santa Casa de São Paulo

- identificação de problemas de ordem social no interior das famílias, que requerem atenção especializada e ações de outros setores da sociedade: uso de drogas e álcool, violência doméstica, dificuldades de acesso a direitos trabalhistas e previdenciários, necessidade de recorrer a programas assistenciais etc.;
- preparação das equipes de saúde para lidar com os problemas a partir das famílias e da base territorial, identificando em cada área e microáreas, as situações de risco, as necessidades e os recursos, sobretudo no que diz respeito à educação e ao saneamento, e incentivando a própria população a desenvolver ações organizadas para a promoção da saúde e a melhoria da qualidade de vida;
- utilização de novas metodologias de trabalho visando à comunicação e à educação em saúde, à apropriação do conhecimento pelos segmentos mais empobrecidos da população, através do teatro, dos grupos de discussão de problemas comuns, das apresentações públicas dos problemas locais;
- compreensão da importância de uma dieta equilibrada e da atividade física para a saúde, incentivando a busca de alimentos alternativos, aproveitamento do que é desperdiçado, caminhadas coletivas que favoreçam não só as condições físicas e psicológicas dos que participam, mas também o desenvolvimento da sociabilidade e da solidariedade nas relações de vizinhança.

Assim, os avanços são muitos, e foram aqui apontados. No entanto, o programa e as equipes de Saúde da Família precisam refletir sobre alguns aspectos importantes que muitas vezes não se lhes apresentam de forma nítida.

Dois deles são essenciais: o primeiro refere-se às tendências das várias políticas sociais na conjuntura atual, a saber, de retomarem a família como unidade de trabalho e base do processo de atendimento às necessidades. E a política de saúde é pródiga neste ponto — desospitalização de doentes crônicos, deficientes físicos e mentais, idosos, acamados, jovens e crianças, redução do tempo de internação nas doenças graves e incentivo ao tratamento domiciliar etc.

As justificativas de tais propostas apontam, por um lado, para as consequências negativas da institucionalização para os doentes e os dependentes — favorecendo a cronificação das situações, os abusos e as violências institucionais — e, por outro lado, para os altos custos dessas formas de atenção, que na prática ainda se revelam como pouco ou nada eficientes ou até contraproducentes.

Se há razões para apoiarmos a desinstitucionalização, suas repercussões positivas na qualidade de vida dos pacientes e dependentes, bem os possíveis efeitos terapêuticos que poderão advir da reinserção dessas pessoas na família, devemos nos perguntar também: as famílias atuais estão preparadas para exercer essas funções? Deveriam receber algum suporte através das políticas sociais e de programas de proteção social para exercê-las (Carvalho, 1998)? Necessitariam de orientações permanentes para lidar com seus doentes e dependentes? As equipes de saúde estão preparadas para oferecer essa orientação?

As equipes do Programa de Saúde da Família estão alertadas para os riscos de basear seu trabalho em uma imagem pessoal ou idealizada de família?

Uma outra ordem de questões deve também ser colocada para os profissionais do PSF: conhecem as mudanças por que passam as famílias no mundo e no país, em sua composição, tamanho, dinâmica, papéis e funções, estratégias de sobrevivência etc.? Foram preparados para o enfrentamento destas questões? Estão alertados para os riscos de basear seu trabalho em uma imagem pessoal ou idealizada de família?

Várias pesquisas (Ipea, 2002; Seade, 1998 e 2002) e autores (Bruschini, 1989; Fukui, 1998; Medeiros e Osório, 2001; Sarti, 1994; Vitale, 1994/1995), para citar apenas alguns estudos, apontam que: no que se refere à composição, há uma grande variação entre as famílias: as nucleares (pais e filhos) predominam, seguidas das famílias extensas, com participação de até três gerações (filhos, pais e avós, às vezes tios e primos, e até agregados); tem aumentado consideravelmente as do tipo monoparental (isto é, um dos pais apenas, com os filhos), em geral chefiadas por mulheres; aumentou também o número de pessoas que moram sozinhas, e não apenas entre os jovens, mas também entre os idosos.

O tipo de composição familiar tem repercussão importante na quantidade de recursos disponíveis para o consumo da família, na distribuição das tarefas domésticas, na inserção de mulheres e jovens no mercado de trabalho, na manutenção das crianças e adolescentes na escola, no cuidado com as crianças, doentes, idosos e incapacitados.

Quanto ao número de filhos por casal, tem havido um decréscimo, e o tamanho das famílias é proporcionalmente menor hoje do que foi no passado, seja nas do tipo nuclear, seja na extensa, seja na monoparental. E no que se refere à dinâmica no interior das famílias, as relações tendem a ser menos hierarquizadas e os papéis menos rígidos, o que não quer dizer que não haja conflitos e disputas entre homens e mulheres, assim como entre gerações, identificando-se até situações de violência intrafamiliar.

Em se tratando do Programa de Saúde da Família, as equipes devem questionar-se, em primeiro lugar, se sua unidade de trabalho são famílias mesmo, ou se, ao cadastrarem pessoas que moram no mesmo domicílio, não estão trabalhando com unidades residenciais (Bruschini, 1989), ou com arranjos domiciliares. (Medeiros e Osório, 2001)

Em segundo lugar, as equipes devem avaliar, ao final da fase de cadastramento, quais os tipos de composição familiar encontrados em cada unidade residencial, ou os arranjos domiciliares engendrados para o enfrentamento da sobrevivência diária — e pensar quais os possíveis desdobramentos desses tipos de composição para a saúde de seus membros. A dinâmica familiar/ou residencial poderia ser apreendida com o aprofundamento dos vínculos da equipe com as famílias, através das visitas domiciliares periódicas e das orientações que fazem parte do PSF.

No PSF há um incentivo para que as equipes classifiquem as pessoas no domicílio de acordo com a gravidade de sua doença ou dos riscos para a saúde a que estão expostas; essa mesma preocupação aparece ao identificarem, no território de abrangência de sua atuação, as situações que representam risco atual ou potencial para a saúde das famílias que ali vivem. As classificações permitem estabelecerem-se prioridades na atuação dos profissionais referente aos indivíduos e às áreas de risco.

Diante disto, nós nos perguntamos: não haveria um avanço importante no trabalho se as equipes também classificassem as famílias ou unidades residenciais e, além disso, desenvolvessem uma ação intencional em relação àquelas em situação de maior risco, por sua condição de saúde, social, composição ou dinâmica interna?

Famílias monoparentais ou pessoas que moram sozinhas são mais vulneráveis às dificuldades econômicas, à perda do emprego, ao adoecimento de um de seus membros. A gravidez na adolescência poderá representar um risco potencializado para a mãe e o recém-nascido nas famílias monoparentais, e até mesmo nas famílias nucleares. Mas o risco não diminuiria, e não haveria até mesmo um fator protetor quando ocorresse com adolescentes pertencentes a famílias extensas, compostas por várias gerações, vivendo ciclos de vida diferentes?

Mas estamos preparados para trabalhar com dinâmicas familiares e comunitárias, processos educativos em saúde, mudanças de comportamento e autocuidados?

Dinâmicas familiares conflituosas em virtude das relações de gênero, da convivência difícil entre várias gerações, do desemprego, do abuso de álcool e drogas, ou da proximidade com o crime organizado, não serão um agravante para recém-nascidos de baixo peso, idosos dependentes, hipertensos e diabéticos, crianças pequenas, pessoas deficientes etc.? E não deveriam por essas razões, receber atenção especial?

Não seria importante mapear no território, além dos recursos existentes, os tipos de relações de vizinhança estabelecidas, as experiências anteriores de solidariedade, para incentivar a formação de redes sociais que deem suporte às famílias mais vulneráveis?

Muito tem sido feito para a preparação das equipes de saúde da família, considerando-se que elas devem dominar outros conhecimentos, desenvolver novas habilidades e atitudes que facilitem a formação de vinculos dos profissionais com as famílias que atendem. Mas pouco ainda se faz para prepará-los para as abordagens de família, como se isso fosse decorrente de um talento inato de cada um ou das experiências pessoais, ou, ainda, que a questão não fosse objeto de conhecimento especializado.

É possível, com as experiências que estamos desenvolvendo, preparar os profissionais para trabalhar com a promoção da saúde, com a prevenção, com o acompanhamento das doenças crônicas — e os relatos sobre o trabalho das equipes no PSF referendam essa posição. Mas estamos preparados profissionalmente para trabalhar com dinâmicas familiares e comunitárias, processos educativos em saúde, mudanças de comportamento e autocuidados em saúde? Este é o desafio atual.

Considerando todas estas questões, devemos afirmar que as atribuições dos profissionais que trabalham no Programa de Saúde da Família não conduzem apenas a um resgate do antigo profissional generalista, que os vários cursos da área de saúde sempre apregoaram que queriam formar. Pelas exigências que as abordagens de famílias e de comunidades implicam — por lidarem com outra unidade de trabalho que não é constituída apenas por indivíduos isolados, como ocorre na abordagem clínica, nem pela população como um todo, como na abordagem da saúde pública —, é possível indagar se as exigências que se fazem hoje para os profissionais que atuam no Programa de Saúde da Família não estejam a apontar para a necessidade de constituição de novas especialidades no interior das profissões da área de saúde.

■ Referências bibliográficas

Brasil. Ministério do Planejamento. Instituto de Pesquisa Econômica Aplicada (Ipea). *Orçamento e Gestão — 2002*. Brasília, Ipea, 2002.

Bruschini, C. Uma abordagem sociológica de família. *Revista Brasileira de Estudos de População*, São Paulo, v. 6, n. 1, p. 1-23, jan./jun. 1989.

Carvalho, M. C. B. de. O lugar da família na política social. In: Palma et al. *Famílias*: aspectos conceituais e questões metodológicas em projetos. Brasília: MPAS/SAS/São Paulo, 1998.

Fukui, L. Família: conceitos, transformações nas últimas décadas e paradigma. In: Palma et al. *Famílias*: aspectos conceituais e questões metodológicas em projetos. Brasília: MPAS/SAS/São Paulo, 1998.

Fundação Sistema Estadual de Análise de Dados (Seade). *Pesquisa de condições de vida na Região Metropolitana de São Paulo*. São Paulo: Seade, 1998.

_____. O emprego feminino no Estado de São Paulo na década de 90. *Boletim Inserção Feminina no Mercado de Trabalho*, São Paulo, n. 9, set. 2002.

_____. Arranjos familiares e inserção feminina no mercado de trabalho da Região Metropolitana de São Paulo na década de 90. *Inserção Feminina no Mercado de Trabalho*, São Paulo, n. 10, dez. 2002.

Medeiros, M.; Osório, R. *Arranjos domiciliares e arranjos nucleares no Brasil*: classificação e evolução de 1977 a 1998. Brasília: Ipea, 2001. (Texto para Discussão, n. 788.)

Sarti, C. A. A família como ordem moral. *Cadernos de Pesquisa*, São Paulo: Fundação Carlos Chagas, n. 91, nov. 1994.

Vitale, M. A. F. As transformações da família: uma análise em três gerações. In: Terapia Familiar no Brasil: estado da arte. In: Congresso Brasileiro de Terapia Familiar, 1., *Anais...*, 1994, São Paulo, Associação Paulista de Terapia Familiar. São Paulo: PUC-SP/NUFAC, 1995. v. II.

Relato de caso
Experiência do Programa de Saúde da Família de Nhandeara/SP

Solange Aparecida Oliva Mattos*
Fabiana Regina Soares**

■ Perfil do município de Nhandeara

Nhandeara é um município de pequeno porte, com população de 10.181 habitantes. Possui um distrito, Ida Iolanda, e dois aglomerados rurais, o Bairro dos Portugueses e a Vila Maria.

Encontra-se situado na região Noroeste Paulista, ocupando uma área de 407 km² e distante 509 km da capital do Estado.

Seu potencial econômico é basicamente ligado à agricultura, à pecuária e ao comércio. Possui ainda pequenas indústrias, tais como de confecções de roupas, de gêneros alimentícios, de produtos químicos, marcenarias, dentre outras.

Há apenas um hospital, com capacidade para 42 leitos, e um Centro de Saúde.

■ História do PSF

No ano de 2001, a Coordenação de Saúde, juntamente com o prefeito municipal, Nilson Antonio da Silveira, idealizaram a implantação do Programa de Saúde da Família (PSF), com o objetivo de reorganizar a atenção básica, uma vez que a resolubilidade dos serviços até então prestados não satisfazia aos anseios da população. Foi então elaborado um projeto

* Enfermeira responsável pelo setor leste do Programa de Saúde da Família de Nhandeara (Coren 41.101).
** Enfermeira responsável pelo setor oeste do Programa de Saúde da Família de Nhandeara (Coren 01831/01).

para a implantação do programa pela Coordenação de Saúde (médico e enfermeira), tendo como objetivos:
- Melhorar o controle dos pacientes com doenças crônicas (hipertensão e diabetes).
- Diminuir o número de encaminhamentos, oferecendo um serviço com maior resolubilidade.
- Identificar as gestantes no primeiro trimestre da gravidez, acompanhá-las durante todo o pré-natal, encaminhá-las ao parto e dar-lhes assistência no puerpério.
- Aumentar o índice de aleitamento materno.
- Melhorar a educação dos pacientes com respeito à alimentação, atividade física, higiene e prevenção de doenças.
- Aumentar o índice de coleta para o exame de papanicolau.
- Ampliar a busca ativa de hanseníase e tuberculose.
- Reduzir o número de internações.
- Aumentar o grau de satisfação da comunidade.
- Humanizar e personalizar o atendimento.

Para operacionalização e cumprimento dos objetivos e das metas, pensou-se na criação de três equipes, a fim de causar impacto significativo na população do município, atingindo mais de 70% dos seus habitantes. Dessas três equipes, duas trabalhariam no próprio município de Nhandeara e outra, no distrito de Ida Iolanda. Seriam criadas de acordo com a prioridade geográfica nos bairros onde o risco de adoecer se mostrava maior e o poder econômico menor, e incluiriam:
- um médico;
- um enfermeiro;
- dois auxiliares de enfermagem;
- seis agentes comunitários de saúde;
- um dentista e seu auxiliar.

Execução do projeto

Tendo sido aprovado pela DIR de São José do Rio Preto, deu-se início ao processo seletivo, que foi realizado pela Coordenação de Saúde

Municipal (médico e enfermeira). Priorizando contratar funcionários de qualidade para uma profissionalização dos serviços prestados, a seleção ocorreu em três fases: escrita, oral e dinâmica de grupo, aprovando-se os candidatos melhor classificados.

Do treinamento

No dia 18 de março de 2002, iniciou-se o treinamento dos candidatos aprovados para o Programa de Saúde da Família, realizado no próprio município pelos técnicos da DIR XXII, de São José do Rio Preto. Realizou-se em três módulos:

▪ Módulo 1 — Introdutório

Nesse módulo, foram enfatizados os seguintes itens:
- Princípios do Sistema Único de Saúde (SUS).
- Função de cada membro da equipe, com ênfase no papel do agente comunitário.
- Cadastramento.
- Noções de seguimento, área e microárea.
- Importância do digitador.
- Igual importância dos membros das equipes; horizontalizando a pirâmide.

Desde o início, ficou claro para os treinadores que o grupo havia percebido ser essencial a participação e a iniciativa de cada um.

Como tarefa, foi passado o cadastramento de algumas famílias.

▪ Módulo 2 — Territorialização

Para surpresa e emoção das funcionárias da DIR, Rossana Flávia dos Santos e Sandra Gomes, foi feita uma demonstração, em forma de música e teatro, das experiências vividas durante o cadastramento. As letras foram compostas pelos próprios agentes e contaram com a participação de todos os funcionários.

Foram realizados dois teatros e um retrato das quatro estações, representando as fases da vida: infância, adolescência, maturidade e velhice. Uma família foi convidada para representar as demais que fariam parte desse novo modelo de assistência à saúde.

Aprendeu-se aqui as noções básicas de:
- Territorialização.
- Atribuições dos profissionais de saúde bucal.
- Classificação dos riscos.
- Noções dos indicadores de saúde.
- Relatórios SIAB, Ficha "D".
- Impressos SSA2 e PMA2.

Como tarefa, foi solicitada a confecção de mapas.

■ Módulo 3 — Mapeamento

Dando continuidade aos trabalhos, iniciou-se a confecção dos mapas territoriais. Nessa fase, foram detectados alguns problemas, dentre os quais merecem destaque os que se seguem.

Uma mina foi encontrada no perímetro urbano, nos fundos de uma residência, onde a população usualmente buscava água para consumo. No entanto, foram realizadas análises e constatada a presença de coliformes fecais nessa água, o que a tornava imprópria para o consumo humano. Diante disto, a Vigilância Sanitária (Visa) foi acionada e a mina interditada. Foram também localizados poços clandestinos que abasteciam as residências. A água de cada um deles foi analisada e considerada imprópria para consumo; sendo assim, seus usuários foram orientados.

Verificou-se, ainda, um alto índice de cães soltos pelas ruas, em alguns pontos determinados. Este fato foi comunicado à Visa Municipal, para que fossem tomadas as devidas providências.

As dificuldades que determinadas famílias encontravam para chegar até o médico, no Centro de Saúde, foi algo que também sensibilizou, pois necessitavam atravessar uma rodovia de tráfego intenso, o que muitas vezes desmotivava os pacientes mais idosos.

Além disso, foram encontrados problemas sociais. Por falta de informação, os pacientes passavam por dificuldades. Deveriam ser encaminhados ao Serviço Social a fim de serem ajudados com os benefícios, tais como o auxílio-doença, entre outros. Foram ainda detectadas, nessa área, pessoas com complicações de saúde que poderiam estar afastadas do trabalho, mas que não usufruíam desse benefício por falta de informação. Tais casos foram encaminhados ao Serviço Social, através do PSF.

Alguns pacientes, hipertensos e diabéticos, que não tomavam medicação corretamente por falta de alfabetização, orientação e acompanhamento, foram ajudados pelos agentes comunitários; estes organizaram, em caixas de sapatos vazias, a disposição dos remédios com desenhos descritivos dos horários em que deveriam ser ingeridos (exemplo: sol nascendo, indicando o período da manhã; sol exposto, indicando o período da tarde; a lua, indicando a noite). Em casos excepcionais, em que os clientes, após essas orientações, ainda não conseguiam tomar a medicação corretamente, os agentes comunitários dirigiam-se às residências para ministrá-los.

Por fim, foram ainda encontrados problemas relacionados com outros setores da sociedade, tais como pontos de uso de drogas, promiscuidade infantojuvenil etc. Foi preciso informar a autoridade competente — no caso, o delegado de polícia do município —, tudo com a mais absoluta discrição e sigilo.

Assim, a cada dia, todos se viam surpreendidos com situações reais, que não imaginavam existir. Isto motivava a continuar e indicava que o caminho estava certo. Tanto é que os agentes comunitários de saúde passaram a dispensar o tratamento personalizado para as pessoas de seu setor, chamando-os de "meu paciente", por ocasião da apresentação do mapa, mostrando que haviam tomado posse e incorporado o programa.

Nesse módulo, foram convidados ainda alguns profissionais de saúde, tais como psiquiatra, dentista, fonoaudióloga, psicóloga, dentre outras, para que, juntamente com os médicos e as enfermeiras das equipes, passassem orientações elementares sobre hipertensão, diabetes, depressão, higiene etc., situações muito comuns na comunidade.

Terminado o período de treinamento — teórico e prático —, concluiu-se que os pacientes recebem, hoje, um tratamento muito mais humanizado, em que têm a oportunidade de "falar"; o médico, condição e tempo de "ouvir"; os demais, disposição de acompanhá-los.

Assim, pôde-se ver que, "nessa vida, não podemos mudar os ventos. Mas podemos ajustar as velas".

▰ O dia a dia das equipes
Rotina de atendimento das equipes do PSF no município de Nhandeara

Tendo em vista o fato de que as equipes do PSF, setores Leste e Oeste, ocupam as mesmas instalações físicas, procurou-se adequar a rotina de atendimento da unidade de maneira que suprisse as necessidades de ambas. Tal adequação não foi necessária somente para o atendimento dos clientes, mas também para facilitar a adaptação e o relacionamento entre os funcionários, que estão em maior número.

Desta forma, foi aberto um espaço, toda segunda-feira, das 7h30 às 9h, a fim de que os funcionários se reúnam para expressar suas opiniões, comentários, sugestões, enfim, para que troquem várias informações, tornando assim o ambiente de trabalho mais amigável para todos.

Por se tratar de três equipes do Programa de Saúde da Família no município de Nhandeara, surgiu também a necessidade de se fazer reuniões uma vez a cada mês (toda última sexta-feira), para discutirem sobre os trabalhos realizados no município, trocarem ideias, planejarem atividades, e ser promovida a integração entre as equipes.

No âmbito dos atendimentos prestados na unidade, houve a necessidade da criação de uma agenda, sendo as consultas marcadas por solicitação dos agentes comunitários de saúde e também por iniciativa dos clientes que procuram os serviços na própria unidade de Saúde da Família. É priorizado, porém, o agendamento dos pacientes dos programas de hipertensão e diabetes, sobretudo dos que haviam abandonado o tratamento ou o faziam de forma inadequada.

O agendamento é realizado pelas enfermeiras e auxiliares de enfermagem, e segue de acordo com a necessidade de atendimento da população e dos programas de saúde:

Segunda-feira: são realizados atendimentos a crianças, puérperas, gestantes, e também avaliados resultados de exames.

Terça e quinta-feira: os clientes do programa de hipertensão passam por consulta médica no período da manhã e, durante a tarde, por atendimento de enfermagem.

Quarta-feira: são agendadas consultas para alcoolatras, depressivos, poliqueixosos, e para resultados de exames, dentre outros.

Sexta-feira: no período da manhã, são atendidos os clientes do programa de diabetes, avaliados resultados de exames e prestado atendimento aos poliqueixosos; durante a tarde, são realizados atendimentos de enfermagem aos clientes do programa de diabetes.

Como se pode notar, grande parte do atendimento ambulatorial é realizado no período da manhã. Durante a tarde, os médicos da unidade realizam procedimentos de pequenas cirurgias e consultas eventuais, avaliam resultados de exames e, juntamente com os agentes comunitários de saúde, enfermeiro e/ou auxiliares de enfermagem, ainda saem para as visitas domiciliares, uma vez já programadas. Havendo necessidade, o médico também realiza tais visitas no período da manhã. Já as enfermeiras, estas realizam suas visitas domiciliares no período da manhã e à tarde, de acordo com a necessidade.

Vale ainda ressaltar que, durante o atendimento, toda terça, quinta e sexta-feira, são feitas reuniões com os clientes dos programas de hipertensão arterial e diabetes, contando com a participação dos agentes comunitários de saúde. Nessas reuniões, são organizadas dinâmicas de grupo e brincadeiras, durante as quais os funcionários aproveitam para passar orientações e dicas sobre saúde.

Logo em seguida às atividades, os clientes participam de um bate-papo com médicos e enfermeiras, onde aprendem como se prevenir das complicações das doenças crônicas. São passadas dicas sobre alimentação saudável, atividade física, e esclarecidas dúvidas comuns entre os clientes.

Na segunda-feira, dia em que é realizado o atendimento das crianças, os agentes comunitários promovem brincadeiras educativas e atividades diversas.

Há cerca de dois meses, antes do atendimento das sextas-feiras, vem sendo feita uma caminhada com os clientes que aguardam suas consultas, junto com convidados, funcionários de ambos os setores e membros das equipes. Vale ressaltar a presença do médico nessa caminhada. Depois disso, os clientes retornam para a unidade a fim de serem atendidos.

Às quartas e quintas-feiras, os agentes comunitários de saúde do PSF de Ida Iolanda realizam trabalhos com a comunidade, como aulas para alfabetização de clientes, trabalho que vem sendo realizado com muito orgulho e é bem aceito pela população.

Conta-se também com uma equipe de saúde bucal, composta por um cirurgião-dentista e uma auxiliar de consultório dentário (ACD). O atendimento é realizado diariamente, mediante agendamento. Também são feitas visitas domiciliares para avaliação da saúde bucal de pessoas idosas e acamadas.

O dentista, juntamente com sua auxiliar, promove educação em saúde na unidade do PSF, visando à melhoria geral na qualidade da saúde bucal.

O Programa de Saúde da Família, objetivando a melhoria da saúde da população, utiliza uma forma diferenciada de atendimento, conseguindo, assim, conquistar os clientes e manter sua qualidade de vida.

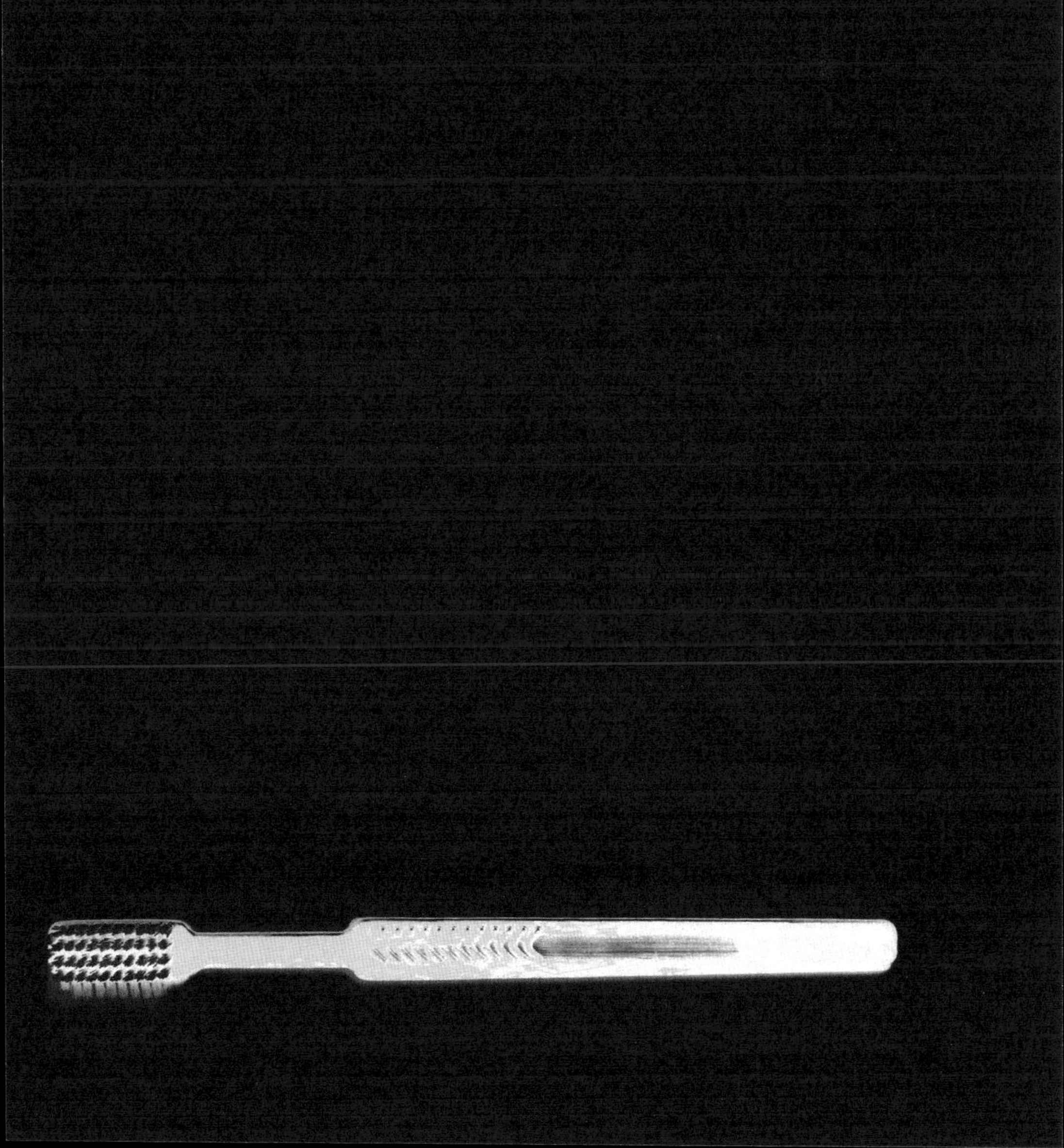

Relato de caso

Experiência do Programa de Saúde da Família de Itapeva/SP: horta comunitária, uma experiência em andamento

Rosa Pieprzownik*
Vanilda Fátima Ribeiro Hatos**

■ Perfil do município

Itapeva localiza-se no sudoeste do Estado de São Paulo e sudeste do Brasil. Sua área é de 1.830,9 km², sendo o segundo maior município paulista em extensão territorial. População: 84.842 habitantes. A partir de 1940, ganharam destaque em Itapeva as atividades voltadas à extração mineral e, com isso, a instalação de indústrias que fazem a transformação da matéria-prima, para onde se volta a maior parte do setor secundário, como a fabricação de cimento e cal. Outra atividade presente no município nas últimas décadas é o processo de reflorestamento, feito em grande parte por grandes empresas, que se ocupam da agricultura e da pecuária. Paralelamente, são desenvolvidas algumas atividades de transformação de matéria-prima, como a produção de resinas, carvão, móveis e caixotes para a agricultura.

- Número de hospitais: 1 (216 leitos)
- Unidades Básicas de Saúde: 4
- Postos de Saúde: 5
- Centros de Saúde: 8
- Unidades de Saúde da Família: 16
- Gestão Plena do Sistema Municipal: desde maio de 1997

* Médica do PSF São Benedito; responsável pela Análise da Mortalidade de crianças menores de um ano, Núcleo Regional de Saúde de Itapeva.
** Enfermeira do PSF São Benedito.

■ Sobre o Programa da Saúde da Família (PSF)

Objetivos:
- cadastrar e diagnosticar a saúde da comunidade da área de abrangência das Unidades de Saúde;
- planejar atividades de promoção, proteção e recuperação de saúde;
- gerar informações para análise e diagnóstico da situação local.

Composição básica da equipe:
- 1 médico especializado em medicina de família e/ou clínico geral;
- 1 enfermeira;
- 2 auxiliares de enfermagem;
- 6 agentes comunitários de saúde.

A coordenação do PSF é composta por:
- 1 coordenador;
- 2 supervisores;
- 2 auxiliares de supervisão;
- 2 oficiais de administração;
- 1 encarregado de subfrota;
- 11 motoristas;
- 1 *motoboy*.

Surgiu em agosto de 2002 para reorientar, supervisionar, avaliar e reestruturar o novo modelo implantado.

PSF de São Benedito

- Implantação: 2 de maio de 2000 (segunda unidade), em zona urbana.
- População atendida: 3.138 pessoas (equivalente a 791 famílias).
- Faixa etária de 0 a 14 anos: 1.029 pessoas (32,7% da população da área).

Após seis meses do início das atividades do PSF da Vila São Benedito — Itapeva/SP, constatamos um alto índice de *anemias ferroprivas* em crianças entre 4 meses a 12 anos (Tabelas 1, 2 e 3), consequência de condições socioeconômicas e culturais deficientes. Sem orientação, essas ocorrências tornam-se ainda mais evidentes nas comunidades assistidas pelos Programas de Saúde da Família.

Tabela 1
Total de acompanhamento (2001-2002)

Hb abaixo de 8	Hb de 8 a 9	Hb de 9 a 10	Hb igual a 10
19	76	65	40
9,5%	38%	32,5%	20%
6 desnutridos	18 de baixo peso	15 de baixo peso	7 de baixo peso

Tabela 2
Alta com acompanhamento (2001-2002)

Hb abaixo de 8	Hb de 8 a 9	Hb de 9 a 10	Hb igual a 10
14	54	60	35
7%	27%	30%	17,5%
4 desnutridos	4 de baixo peso	peso normal	peso normal

Tabela 3
Continuam em acompanhamento (2002)

Hb abaixo de 8	Hb de 8 a 9	Hb de 9 a 10	Hb igual a 10
5	22	5	5
13,5%	59,45%	13,5%	13,5%
4 desnutridos	4 de baixo peso	peso normal	peso normal

Sabemos que a preocupação com a alimentação data de épocas remotas, havendo mesmo registro de que, há cinco mil anos, a civilização védica já a relacionava com a saúde, tornando-se mesmo precursores de hábitos alimentares saudáveis para as demais civilizações antigas. Para os vedas, o processo saúde-doença fundamenta-se na união do sagrado conhecimento científico, fisiológico, religioso, por meio do qual o ser humano demonstra sua harmonia com a natureza, tendo o seu corpo como forma de expressão dessa relação. Os gregos e os romanos, considerados os precursores da medicina ocidental, seguiram esta concepção, dando também uma grande importância aos aspectos ideológicos e dietéticos da alimentação.

O real conceito de alimentação pela comunidade está diretamente relacionado à renda, à família e aos hábitos culturais, dos quais dependem a importância dada à variedade e aos balanços diários dos nutrientes. Muitas vezes, o conhecimento técnico e científico dos profissionais leva-os a orientar as famílias de um modo não condizente com o poder aquisitivo destas.

Projeto Horta Comunitária

Diante desta situação, a equipe encarregada do PSF iniciou um trabalho de alimentação alternativa voltado a mães de crianças menores de 5 anos, no intuito de estimulá-las a modificar os hábitos alimentares, até então rico em carboidratos e pobre ou mesmo sem nenhum outro nutriente importante para a saúde.

A alimentação alternativa deve preencher alguns requisitos:
- maior número de alimentos por refeição;
- aproveitamento total dos alimentos, ou seja, ausência de desperdícios;
- preferência a alimentos disponíveis na região em determinada época do ano, e de menor custo;
- alto conteúdo de micronutrientes;
- preservação da dignidade pessoal, de modo que o indivíduo possa sustentar-se, prover sua própria alimentação e tomar decisões de acordo com as informações sobre o que se deve ou não consumir.

Objetivos

Objetivo geral
- Prevenir a anemia e diminuir a taxa de crianças anêmicas na comunidade.

Objetivos específicos
- Promover educação alimentar.
- Estimular a aquisição de alimentos alternativos de adequado poder nutritivo.

Metodologia
Com o desenvolvimento das atividades, procurou-se conquistar a confiança das mães e, então, através das agentes de saúde, orientar sobre a manipulação, a higienização e a conservação dos alimentos.

Sentindo a confiança da comunidade, foi colocado o Projeto Horta Comunitária, havendo uma receptividade positiva, o que foi facilitado pelo fato de a prefeitura já ter cedido a área para o plantio. No entanto, para o trabalho diário de carpir, semear, plantar e manter a horta, somente alguns se dispuseram. São estes que atuam e fazem com que o projeto hoje seja uma realidade.

A equipe, juntamente com os voluntários, definiu a forma de distribuição dos produtos segundo o seguinte critério:
- Anêmicos, desnutridos e de baixo peso, provenientes de:
  - famílias sem nenhum meio de subsistência, além dos concedidos pelos programas governamentais;
  - famílias com mais de um filho em tratamento.

A distribuição dos produtos é feita pelas ACS de acordo com a coleta, que muitas vezes depende de fatores climáticos — e esta é uma das maiores dificuldades encontradas no decorrer das atividades, pois, para solucioná-la, não basta boa vontade. Quanto às outras dificuldades — como falta de credibilidade de alguns, vandalismo, roubo de material, legumes e hortaliças —, estas foram superadas pela disposição e dedicação dos que estão envolvidos no projeto.

■ **Comentários**

Segundo a Unicef:

A alimentação alternativa tem contribuído para diminuir o risco nutricional de crianças e gestantes, pelo fato de incluir práticas alimentares em grande parte baseadas em conhecimentos científicos consolidados e pela integração com a promoção de ação básica de saúde de comprovada eficácia e com iniciativas que favorecem a dedicação de atenção em carinho para as crianças.

Nem sempre o sucesso é total, pois enfrentamos algumas dificuldades: algumas não podemos controlar, como os fatores climáticos; outras, já encontradas no decorrer das atividades, a boa vontade e a dedicação solucionam.

Com um ano de experiência, podemos considerar que o trabalho vem sendo frutífero, considerando-se os resultados observados nas tabelas acima. Além disso, há concordância com trabalhos de entidades de alta credibilidade, como a Unicef, e apoio dos gestores municipais. Em conjunto, busca-se a melhoria da qualidade de vida da comunidade mediante estímulo para a obtenção de seu próprio sustento.

Por certo, ampliações de intervenções em todas as esferas possibilitarão minimizar as dificuldades para assim podermos erradicar a deficiência alimentar de nossa população como um todo.

■ **Referências bibliográficas**

BITTENCOURT, S. A. Uma alternativa para política nutricional brasileira? *Caderno de Saúde Pública,* Rio de Janeiro, v. 14, n. 13, p. 629-636, 1998.

MONTEIRO, C. A. et al. Estudo das condições de saúde das crianças do município de São Paulo (1984-1985). I. Aspectos metodológicos, características socioeconômicas e ambientes físicos. *Revista de Saúde Pública,* v. 20, n. 6, p. 435-445, 1986.

MONTEIRO, C. A.; SZARFARC, S. C.; MONDINI, L. Tendência secular da anemia na infância na cidade de São Paulo (1974-1996). *Revista de Saúde Pública,* v. 34, n. 6 supl., p. 26-40. 2000.

PASTORAL DA CRIANÇA. *Ações básicas.* Curitiba: Anapac, 1999.

SILVA, D. O.; RECINE, E. G. I.; QUEIROZ, E. F. O. Concepções de profissionais de saúde da atenção básica sobre alimentação saudável no Distrito Federal, Brasil. *Caderno de Saúde Pública,* v. 18, n. 5, Rio de Janeiro, set./out. 2002.

VELHO, L.; VELHO, P. A controvérsia sobre o uso de alimentação "alternativa" no combate à subnutrição no Brasil. *História. Ciência, Saúde* — Manguinhos, Rio de Janeiro: Fiocruz, v. 9, n. 1, p. 125-157, jan.-abr. 2002.

■ **Fluxograma do PSF**

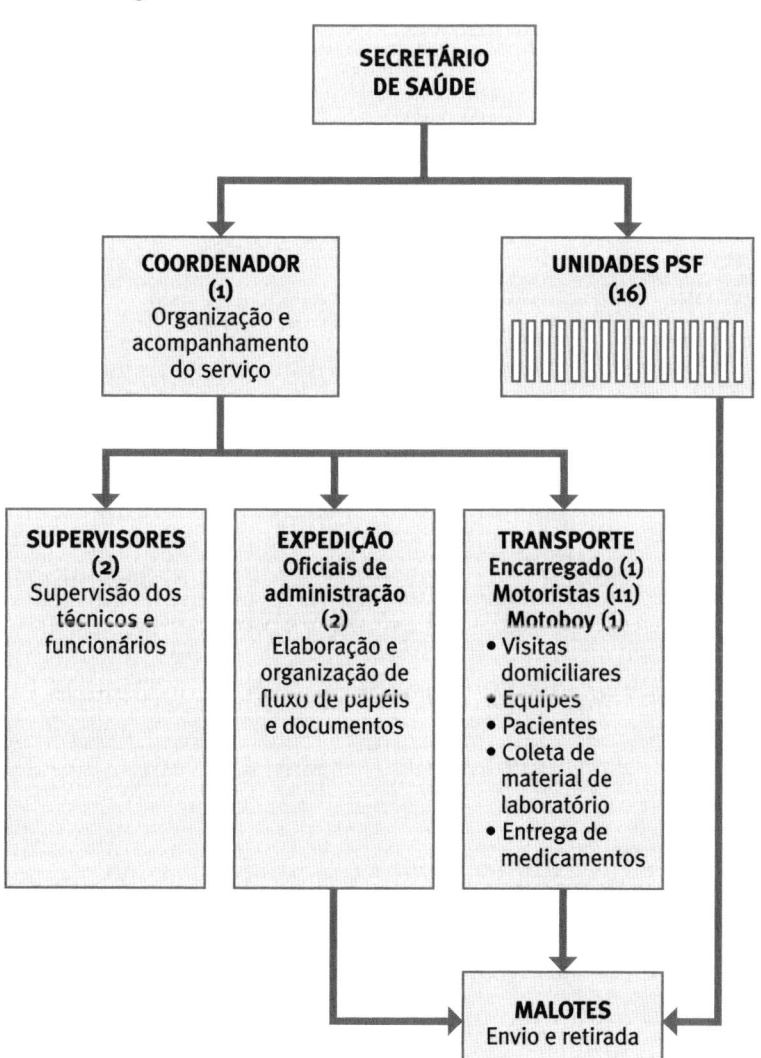

```
                    ┌──────────────────┐
                    │   SECRETÁRIO     │
                    │    DE SAÚDE      │
                    └──────────────────┘
                       │           │
          ┌────────────┘           └────────────┐
          ▼                                     ▼
┌──────────────────┐                  ┌──────────────────┐
│  COORDENADOR     │                  │  UNIDADES PSF    │
│      (1)         │                  │      (16)        │
│  Organização e   │                  │                  │
│  acompanhamento  │                  │                  │
│   do serviço     │                  │                  │
└──────────────────┘                  └──────────────────┘
    │        │         │
    ▼        ▼         ▼
┌─────────┐ ┌──────────┐ ┌─────────────────┐
│SUPERVI- │ │EXPEDIÇÃO │ │   TRANSPORTE    │
│ SORES   │ │Oficiais de│ │Encarregado (1) │
│  (2)    │ │administra-│ │Motoristas (11) │
│Supervisão│ │  ção (2) │ │Motoboy (1)     │
│dos téc- │ │Elaboração│ │• Visitas       │
│nicos e  │ │e organi- │ │  domiciliares  │
│funcioná-│ │zação de  │ │• Equipes       │
│rios     │ │fluxo de  │ │• Pacientes     │
│         │ │papéis e  │ │• Coleta de     │
│         │ │documentos│ │  material de   │
│         │ │          │ │  laboratório   │
│         │ │          │ │• Entrega de    │
│         │ │          │ │  medicamentos  │
└─────────┘ └──────────┘ └─────────────────┘
     │           │                │
     └───────────┼────────────────┘
                 ▼
         ┌──────────────┐
         │   MALOTES    │
         │Envio e retirada│
         └──────────────┘
```

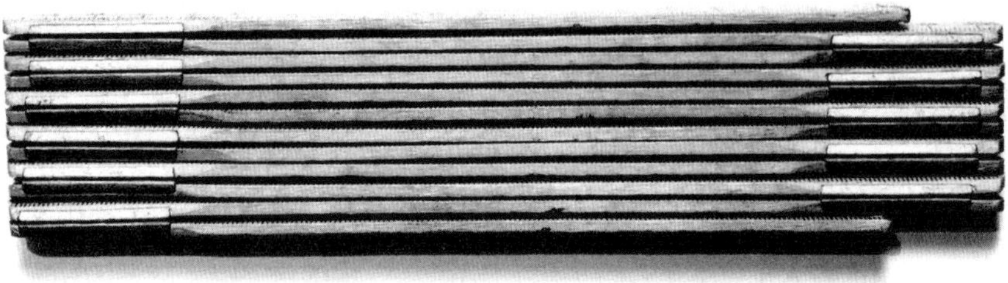

Sistema de Informação de Gestão Social: monitoramento e avaliação de programas de complementação de renda

ANA ROJAS ACOSTA*
MARCELO AUGUSTO SANTOS TURINE**

■ Apresentação

No presente trabalho são apresentados o contexto e os objetivos de uma plataforma computacional em desenvolvimento, para possibilitar a avaliação e o monitoramento de programas sociais, especificamente programas de complementação de renda, que surgiu da parceria da Coordenadoria de Estudos e Desenvolvimento de Projetos Especiais da PUC-SP e da Secretaria de Inclusão Social e Habitação da Prefeitura Municipal de Santo André, com apoio da Fapesp. Essa estratégia tornou possível o desenvolvimento do Sistema de Informação de Gestão Social, denominado SIGS 1.0. Trata-se de uma ferramenta computacional na Internet que disponibiliza um Cadastro Único de perfil social/econômico da família, auxiliando o monitoramento dos diversos aspectos do programa, desde o perfil das pessoas e da família até uma ferramenta gerencial que aponta as fragilidades e as potencialidades de um programa social, tanto no aspecto de aplicação e uso de recursos quanto na verificação das metas e objetivos alcançados.

* Coordenadoria de Estudos e Desenvolvimento de Projetos Especiais (CEDEPE), Pontifícia Universidade Católica de São Paulo; doutora em Serviço Social; pós-doutorado em Políticas Públicas pelo Programa de Pós-Graduação em Serviço Social da Pontifícia Universidade Católica de São Paulo (PUC-SP). E-mail: nroac@uol.com.br.
** Departamento de Computação e Estatística, Universidade Federal de Mato Grosso do Sul; doutor em Engenharia de Software pela USP-São Carlos; pós-doutorado em Políticas Públicas pelo Programa de Pós-Graduação em Serviço Social da PUC-SP. E-mail: turine@dct.ufms.br.

■ Introdução

O conjunto de textos legais que surgiram após a Constituição Federal de 1988 (Loas, ECA, SUS, LDB), que regulamentam as políticas sociais em seus diferentes setores, configura um novo campo de exigências quanto à incorporação de novos modelos de gestão social, diante do qual a estrutura governamental de prestação de serviços sociais se vê impelida a promover a reorganização de seus procedimentos e a redefinição de competências, sempre na perspectiva de consolidar práticas participativas e democráticas de gestão social compartilhada. O uso integrado das novas tecnologias de informação e comunicação para facilitar o processo de tomada de decisão, controle, monitoramento e avaliação de políticas e programas sociais é um dos desafios do atual cenário mundial.

Hoje, o conhecimento tornou-se um dos principais fatores de superação de desigualdades, de agregação de valor, de criação de emprego qualificado e de propagação do bem-estar (Terra, 2001). A evolução científica e tecnológica tornou o conhecimento e o tempo um importante diferencial competitivo para as empresas, a sociedade e os governos.

Na era da Internet, o setor governamental é o principal indutor de ações estratégicas rumo à sociedade da informação. O governo deve promover a universalização do acesso e o uso crescente dos meios eletrônicos de informação para gerar uma administração eficiente e transparente em todos os níveis. Segundo Carvalho (2001), os governos têm sido pressionados pela comunidade nacional e internacional, pela sociedade civil organizada e por usuários dos serviços sociais, em particular, a apresentar maior eficiência na aplicação do recurso público e maior efetividade nos resultados esperados dos serviços e dos programas sociais. No entanto, tal meta é impossível de ser alcançada sem um processo de informatização de operações internas e de serviços prestados pelo governo, o que torna necessário o desenvolvimento de novos sistemas computacionais para execução em plataformas usualmente bastante heterogêneas de computadores e em redes de comunicação. Neste contexto social, surge a proposta de desenvolvimento e implantação do Sistema de Informação de Gestão Social (SIGS), que será apresentado neste trabalho.

A Lei Orgânica da Assistência Social (Loas) define como destinatários da assistência social os grupos sociais em situação de vulnerabilidade e pobreza (crianças, adolescentes, jovens, idosos e pessoas portadoras de deficiência). Pretende-se com as políticas públicas de Assistência Social garantir os mínimos sociais necessários para os segmentos da população mais necessitados, por meio de redes de proteção/promoção social que articulem benefícios, serviços, projetos e programas sociais, considerando como unidade de atuação a *família*.

As definições de política social no nível macroinformacional quase sempre se relacionam com a falta de nutrição, saúde, educação e emprego, enfim, com a pobreza, a exclusão social e a privação. No entanto, poucos autores se detêm a pensar no armazenamento e na recuperação das informações de nível microinformacional, ou seja, o que registrar, como definir um processo de gestão e avaliação eficiente e eficaz, quais informações locais a serem registradas, tanto das famílias quanto dos territórios atendidos, dentre outras características. Tais informações são relevantes e necessárias para que, no desenho da política social, a execução e o monitoramento se aprendam da heterogeneidade da pobreza, permitindo identificar políticas para sua erradicação no próprio lugar onde o público das políticas será atendido.

O governo deve promover a universalização do acesso e do uso dos meios eletrônicos de informação para gerar uma administração eficiente e transparente.

Assim, a política de proteção e de inclusão social tem como um de seus focos de intervenção os programas de complementação de renda das famílias, nas diversas modalidades: Bolsa-Escola, Renda Mínima, Auxílio-Educação, Bolsa-Alimentação, Erradicação do Trabalho Infantil e o Auxílio-Gás, dentre outros.

No Seminário Internacional de Estratégias para Superação da Pobreza, realizado em Brasília de 6 a 8 de novembro de 2002, abordou-se a temática "Estratégias de convergência para o desenvolvimento local", que aponta, entre outras sugestões, a necessidade de:

- Construir uma agenda social, a partir dos planos municipais, iniciada pelo *cadastro local de todos os projetos existentes*, acrescida de definição operacional de porta de entrada. (...)
- Garantir uma metodologia que dê conta de planejamento unificado, promovendo a interação dos planos municipais e estaduais com o plano nacional de assistência social;
- Estabelecer a *família como eixo prioritário* e redirecionador os atuais eixos setorizados por faixa etária;

- Elaborar diagnóstico social local como parâmetro para o traçado do plano municipal.
- Dar ênfase ao *controle social* a ser garantido pela atuação dos conselhos.
- *Atrelar os benefícios monetários dos programas* ao trabalho de capacitação e empoderamento das famílias.
- Estabelecer *articulação ético-política* que garanta definição de gestão e articulação operacional com convergência de papéis e resultados.
- Garantir *eficiência e transparência no uso dos recursos*; maior racionalidade nos gastos das atividades meio. (...) (grifos nossos)

Enfim, tais citações direcionam a uma política de proteção ou de inclusão social que articule as esferas local, estadual e federal para apresentarem maior eficiência na aplicação dos recursos públicos e maior efetividade nos resultados esperados de serviços e programas sociais. Tal necessidade é reforçada pela crescente competitividade e globalização dos mercados, além do uso e do desenvolvimento das tecnologias de informação disponíveis, que exigem das organizações uma busca contínua de excelência na gestão das informações, reforçando a aplicabilidade de processos de informatização/sistemas de informação.

Nesta direção, a ferramenta informacional SIGS é uma das novas tecnologias da área de sistemas de informação que surge para auxiliar processos gerenciais de programa sociais (endereço: <http://www.sigs.com.br>). A Coordenadoria de Estudos e Desenvolvimento de Projetos Especiais da PUC-SP, em parceria com a Secretaria de Inclusão Social e Habitação da Prefeitura de Santo André e com apoio da Fapesp, acompanhou a definição e a execução do Programa de Renda Mínima de Santo André, visando construir o SIGS para auxiliar o monitoramento e a avaliação de insumos e resultados de políticas locais de complementação de renda.

Em resumo, o SIGS tem como foco principal o cadastro único de famílias e o seu monitoramento durante a permanência no programa, desde o perfil do público beneficiário até a gestão dos insumos, passando pela identificação de fragilidades e potencialidades operacionais e, finalmente, pela avaliação dos resultados em vista das metas estabelecidas.

■ Gestão social

O excesso de burocracia, o desperdício e o desvio de recursos públicos no nível governamental tornam necessária a criação de instrumentos para identificar as famílias, assim como seus dependentes, que estão vivendo em situação de pobreza e são os principais destinatários da política de assistência social. Assim, um dos princípios norteadores para assegurar, por meio das políticas de assistência e programas públicos, o acesso efetivo a bens, serviços e riquezas da sociedade é a convergência de setores, tais como sociedade civil, empresariado e governo em diferentes níveis.

A capacidade de inovar no uso das tecnologias de informação constitui um diferencial importante no planejamento e implementação de políticas públicas.

A capacidade de inovar, em particular no uso e na aplicação das tecnologias de informação e comunicação, constitui um importante diferencial no planejamento e na execução de políticas públicas. A criação de um ambiente propício à inovação, adequado ao novo contexto, demanda esforços conjuntos por parte das organizações e dos formuladores das políticas públicas. A necessidade de participação e de democratização nas organizações públicas exige a gestão de informações e de conhecimento de maneira transparente, a fim de tornar efetivo o processo de tomada de decisão, evitando assim a duplicação de ações e a dispersão de informações. No social, o conhecimento deve ser o fundamento do planejar e do agir. Entender a realidade, as relações que vislumbram potencialidades, oportunidades e riscos são estratégias básicas para opções e escolhas de alternativas de ação.

Para auxiliar o diagnóstico, o planejamento, a gestão e a avaliação de políticas e programas sociais é fundamental o desenvolvimento de sistemas de informação específicos, ou seja, uma solução organizacional e administrativa capaz de permitir soluções a desafios e problemas criados no ambiente político-social. Demanda-se urgentemente por novos modos de gestão nas políticas sociais que busquem uma maior racionalidade nas ações e nos resultados, além de modernos instrumentos tecnológicos que deem conta das novas exigências.

Assim, em termos tecnológicos, o mundo vive em uma verdadeira Sociedade da Informação — uma nova era em que a informação flui em velocidade e em quantidades há apenas poucos anos inimagináveis, assumindo valores sociais e econômicos fundamentais (Brasil, MCT, 2000). A Sociedade da Informação não é um modismo: representa uma profunda mudança na organização da sociedade e da economia. É um novo paradigma técnico-econômico, um fenômeno global com elevado potencial transformador das atividades sociais e econômicas, uma vez que a estrutura e a dinâmica dessas atividades inevitavelmente serão, em alguma medida, afetadas pela infraestrutura de informações disponível.

Aliada à evolução dos sistemas de informação, a demanda por aplicações que utilizam a tecnologia hipermídia encontra-se em contínua expansão, graças principalmente à disseminação da World Wide Web (www) e da Internet. Organizações comerciais estão explorando o potencial da www e da hipermídia para se apresentar ao público e, ao mesmo tempo, vender seus produtos e serviços com mais rapidez, bem como ampliar seu universo de consumidores (Bieber e Vitali, 1997; Ginige e Murugesan, 2000; Turine, 1998).

A Internet pode ser vista como uma forma de expressão/comunicação e um portal de um novo mundo, uma nova forma de relacionamento entre as pessoas e de se fazer negócios. Seu uso se amplia a cada dia devido sobretudo às suas características de fácil utilização, ao seu baixo custo ao disponibilizar aplicações Web e ao grande potencial de comunicação oferecido.

Tais características realçam a importância do presente trabalho, que se contextualiza no desenvolvimento e na implantação de um sistema de informação via Internet capaz de permitir uma gestão de informação social eficiente, eficaz, auxiliando o monitoramento, a sistematização e a avaliação de programas de complementação de renda. Trata-se de um instrumento facilitador da comparabilidade de insumos e resultados, uma vez que possibilita flexibilidade de adaptação às necessidades gerenciais de cada realidade.

■ SIGS

■ Definições

O SIGS é um sistema de informação hipermídia na Web com controle de acesso a diferentes usuários (estagiários, técnicos, gestores, secretários, pesquisadores, entre outros), capaz de auxiliar o cadastro, o monitoramento, a sistematização e a avaliação das famílias inseridas em políticas públicas e programas sociais de complementação de renda. Objetiva propor um desenho de gestão social; garantir um acompanhamento; facilitar o planejamento, o controle, a coordenação, a análise e o processo decisório no programa social. Facilita a comunicação entre os técnicos e a gerência

SIGS é um sistema de informações hipermídia na Web sobre famílias inseridas em políticas públicas e em programas sociais de complementação de renda.

dos programas, podendo ser utilizado em diferentes locais e plataformas computacionais; possui uma interface baseada em representações gráficas — símbolos pré-definidos —, com semântica bem definida, e utiliza o ambiente Internet e www (Word Wide Web) a fim de permitir um acesso amigável aos usuários, muitas vezes leigos em computação.

Um dos objetivos estratégicos defendidos no projeto do SIGS é sua extensibilidade, ou seja, tem um foco específico para programas de complementação de renda, mas possui características genéricas que possibilitam sua apropriação e multiplicação em outras realidades e programas similares.

Segundo Pressman (2000) e Laudon (2000), um sistema de informação pode ser definido como um conjunto de componentes inter-relacionados para coletar, recuperar, processar, armazenar e distribuir informação com a finalidade de facilitar o planejamento, o controle, a coordenação, a análise, a avaliação e o processo decisório nas organizações. São mais conhecidos pelos benefícios que trazem para a gestão dos negócios, tentando eliminar os desperdícios, as tarefas demasiadamente repetitivas, de maneira a melhorar o controle dos custos, a qualidade do produto ou serviço, maximizando os benefícios alcançados com a utilização de tecnologia da informação. O SIGS vem ao encontro desse princípio, transferindo a tecnologia à modalidade de gestão do negócio social.

Os *sistemas de informação* (SI) podem ser classificados e desenvolvidos em quatro níveis de uma organização (Laudon, 2000): operacional, de conhecimento, gerencial e estratégico (Figura 1).

O nível *operacional* é o inicial, em que os sistemas automatizam atividades e transações elementares em uma organização. No nível de

```
        ▲
       ╱ ●────── NÍVEL ESTRATÉGICO
      ╱──╲
     ╱    ╲ ●─── NÍVEL GERENCIAL
    ╱──────╲
   ╱        ╲ ●─ NÍVEL DE CONHECIMENTO
  ╱──────────╲
 ╱            ╲● NÍVEL OPERACIONAL
╱──────────────╲
```

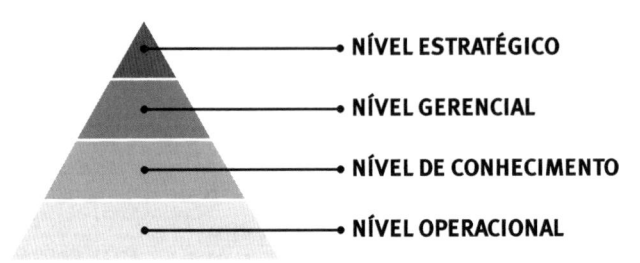

FIGURA 1
Níveis de SI em uma organização

conhecimento, ajudam a controlar o fluxo de trabalho. No nível *gerencial*, o SI é projetado para auxiliar os gerentes a monitorar e controlar atividades administrativas, além de facilitar a tomada de decisões. No nível *estratégico*, todos os sistemas de informação da organização são integrados e auxiliam as atividades de planejamento estratégico em longo prazo. A versão atual do SIGS engloba o nível operacional e de conhecimento do setor social de uma organização.

Uma das contribuições e vantagens do uso desse sistema é a possibilidade de análise e avaliação com base em indicadores quantitativos e qualitativos do monitoramento de famílias em programas sociais. O desafio é estabelecer indicadores quantitativos associados aos qualitativos, e mais, criar formas de medir o intangível, ou seja, os indicadores denominados qualitativos. A importância dos indicadores não está apenas na possibilidade de medir e avaliar os avanços de um dado processo; eles devem ser também um estímulo à reflexão, ao debate, à informação dos sujeitos envolvidos, ou seja, seu próprio processo de formulação deve ser um elemento de transformação das relações existentes.

A versão SIGS 1.0 está disponível no *site*: <http://www.sigs.com.br> e foi implementada utilizando-se o Active Server Pages (ASP), gerenciador de banco de dados MS-SQL 7.0. Como requisito básico para o funcionamento, é necessário o Internet Information Server 4.0 ou superior, da Microsoft, instalado em um NT Server ou superior. Atualmente, a CEDEPE/PUC-SP, a Guest Informática (São Paulo) e o Departamento de Computação e Estatística da Universidade Federal de Mato Grosso do Sul

(DCT-UFMS) estão implementando novos requisitos e funcionalidades nesse sistema.

Na Figura 2 é ilustrada a página de acesso ao SIGS, onde são apresentadas informações sobre o sistema e acesso autenticado, por meio de *login* e senha, aos programas sociais das instituições conveniadas.

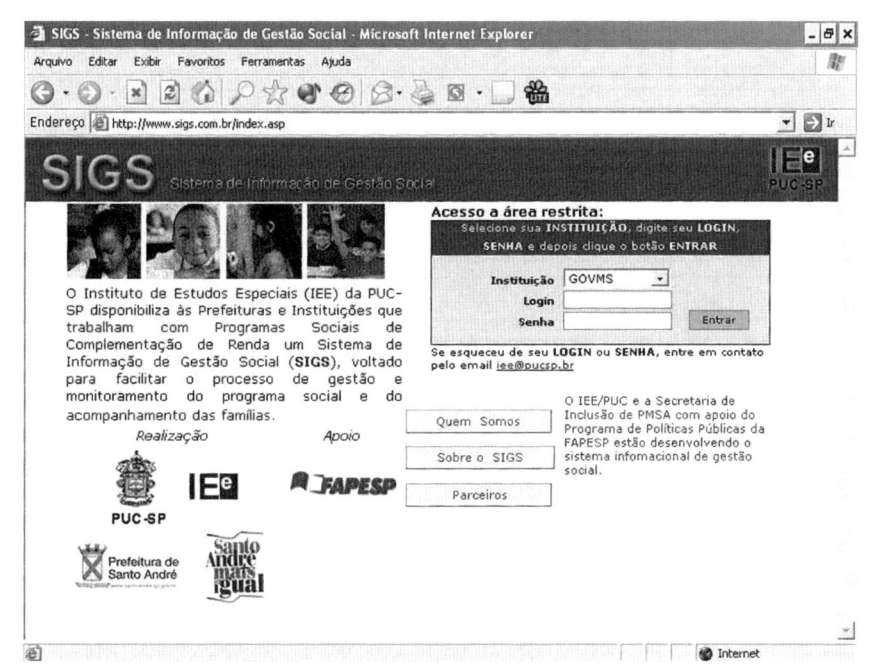

Figura 2
Página inicial do SIGS

■ Estrutura

O SIGS oferece um conjunto de serviços administrativos e sociais customizados à realidade do programa social da organização, devendo manter, sigilosamente, todas as informações armazenadas (Figura 3).

A Coordenadoria de Estudos e Desenvolvimento de Projetos Especiais/PUC-SP pode obter dados gerais dos programas armazenados no SIGS para subsidiar estudos e pesquisas, tendo em vista o contínuo aprimoramento da eficácia de programas de complementação de renda. Com um propósito de formar uma rede multidimensional, compartilhada na busca da excelência na gestão e na avaliação de programas sociais, o uso do SIGS está sendo adotado no programa Fortalecendo a Família da Prefeitura de São Paulo — Secretaria de Assistência Social — totalizando 14 mil famílias atendidas; e nos programas Bolsa-Escola e Segurança Alimentar e Nutricional, do Governo do Estado de Mato Grosso do Sul, totalizando 80 mil famílias atendidas. Basicamente, a arquitetura do SIGS é composta por duas grandes seções (Figura 3): a primeira área é da administração do CEDEPE, onde se detém a responsabilidade de cadastrar as instituições que podem utilizar o SIGS, e também do cadastro de dados gerais, para

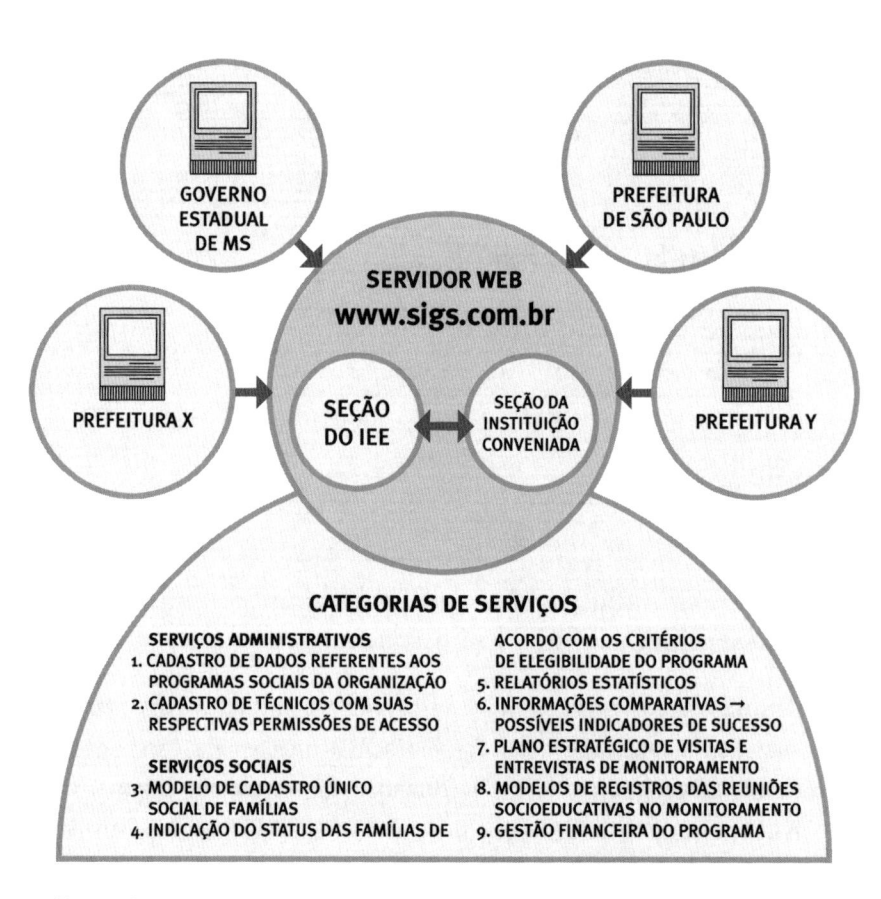

FIGURA 3
Estrutura e serviços oferecidos pelo SIGS

o monitoramento das famílias; a segunda área é institucional, permitindo aos gerentes cadastrar, acompanhar e monitorar programas sociais, técnicos envolvidos, calendário de reuniões socioeducativas, visualizar relatórios estatísticos, dentre outros recursos próprios do monitoramento e do planejamento do programa social.

SIGS oferece um cadastro social único de famílias que pode ser customizado de acordo com o desenho do programa social.

Um cadastro completo, consistente e atualizado de dados das famílias é fundamental para as instituições as avaliarem no programa social. A indicação do *status* das famílias (família cadastrada no SIGS, mas não atuante; famílias atuantes recebendo o benefício; famílias desligadas) servirá para analisar cada uma delas, suas necessidades e prioridades para o desenvolvimento social. Esse *status* indicará a continuação ou não no recebimento do benefício. Os relatórios gerados por esse sistema auxiliará o processo de monitoramento das famílias envolvidas no programa, oferecendo serviços de buscas otimizadas e descobertas de padrões por meio de explorações feitas na base de dados. As informações comparativas servem para detectar metas que os programas adotaram e que resultaram no sucesso de boa parte das famílias, bem como verificar outras metas que contribuíram para um eventual fracasso. Com esses indicadores, novos programas sociais em fase de desenvolvimento podem adotar ou não certas metas dos anteriores.

■ Cadastro social único

É importante ressaltar que, no processo de desenvolvimento da versão atual do SIGS, foram estudados, debatidos e analisados vários documentos reconhecidos socialmente e utilizados para elaboração de cadastros, mesmo censitários. Isso permitiu a elaboração e a formatação de um cadastro social único, geral e abrangente de famílias, o qual incorpora dados imprescindíveis para a caracterização de grupos populacionais. Todos os dados exigidos pelo Cadastro Único do governo federal estão contidos no cadastro básico ou primário do SIGS — tudo em uma única base para manter um padrão de formatação, facilitar a manipulação e a manutenção dos dados.

Conforme ilustrado na Figura 4, o modelo de cadastro social único do SIGS é formado por 12 categorias primárias:
- Composição Familiar;
- Documentos Pessoais;
- Situação Ocupacional e Renda Familiar;
- Escolarização;
- Participação Regular em Atividades;
- Saúde e Doença das Pessoas;
- Deficiência;
- Endereço da Família;
- Domicílio;
- Recebimento do Benefício;
- Condições de Vida; e
- Modalidades.

Em cada uma dessas categorias existem questões obrigatórias que não podem ser modificadas/excluídas pela instituição, e também questões que podem ser adaptadas/excluídas conforme a realidade do programa.

Figura 4
Categorias primárias do Cadastro Social Único de Família do SIGS

Na Figura 5 é apresentada a página do SIGS relativa ao cadastro da família da titular "Valdelira", na qual são apresentadas as pessoas que a integram e as informações específicas da composição familiar, como, por exemplo, grau de parentesco da pessoa em relação ao titular/responsável da família, além de informações que a identificam — nome, data de nascimento, sexo, se faz parte consanguínea da família ou não.

A metodologia dos programas de complementação de renda pesquisados embasou o desenho do processo de monitoramento das famílias no SIGS. Foram definidas estratégias de dimensão territorial, sendo os trabalhos desenvolvidos em grupos socioeducativos, os quais contam com técnicos responsáveis na gestão proposta de no máximo 25 famílias em cada um deles. Desta forma, o SIGS propõe uma hierarquização no processo de monitoramento: com base no cadastro de pessoas são definidas as famílias, que, por sua vez, são integradas em grupos socioeducativos que estão em um território de análise. Desta forma, o processo de avaliação é compartilhado pelas equipes.

Como exemplo, na Figura 6 é ilustrado o calendário de reuniões de acompanhamento de uma família específica, definido pelos gestores responsáveis. Valendo-se desse calendário, um controle sistemático deve ser implantado e seguido pelos técnicos responsáveis.

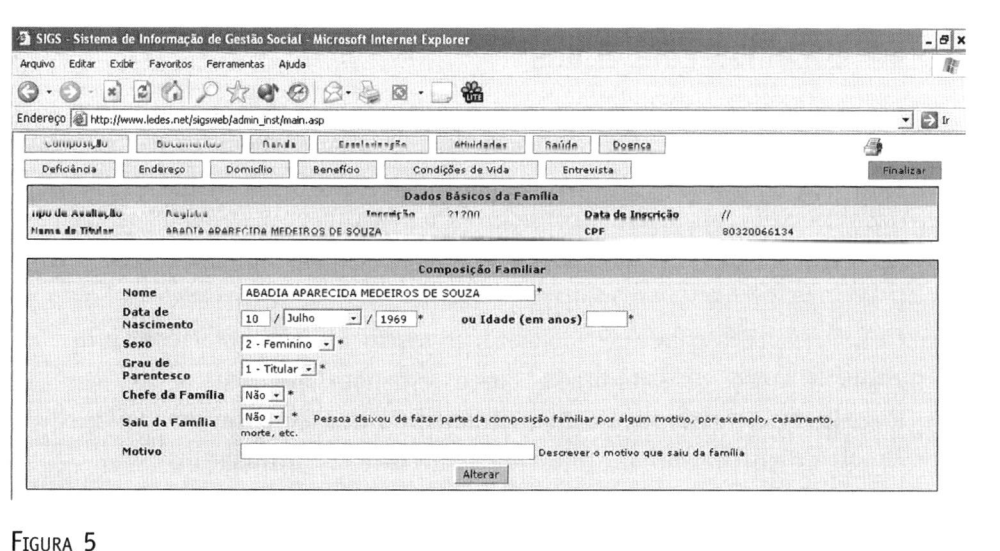

Figura 5
Página do cadastro de família do SIGS

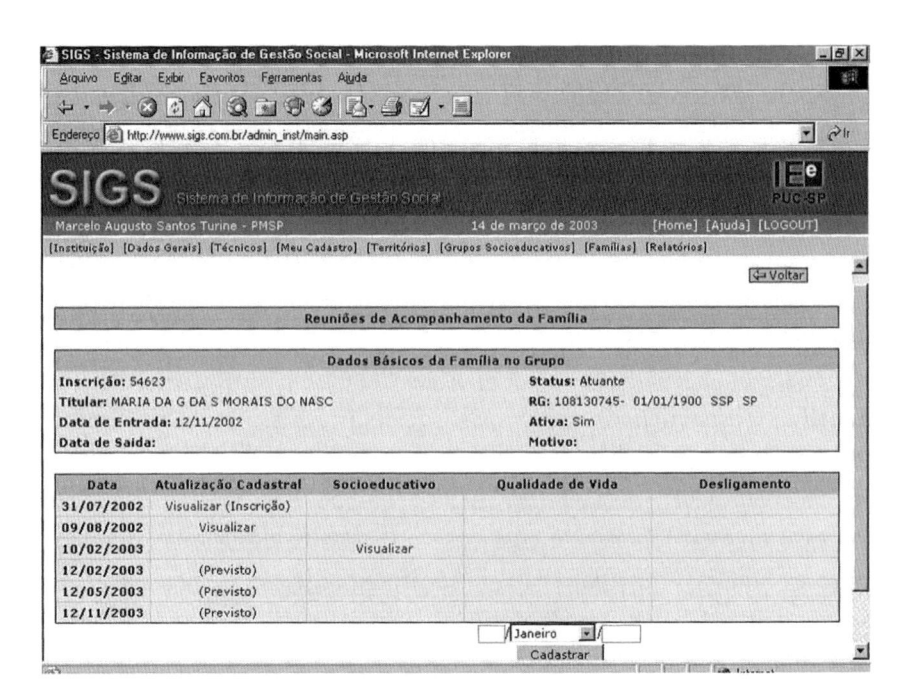

FIGURA 6
Página do calendário de acompanhamento de uma família

Considerações finais

Analisando a literatura, pode-se verificar que não existe um sistema computacional com as funcionalidades e as características sociais encontradas no SIGS, que é assim considerado um instrumento de fundamental importância para o monitoramento do desempenho de programas sociais. O SIGS deve fornecer em tempo ágil as informações e os registros cadastrais necessários para operacionalizar a gestão e o monitoramento próximos de processos e resultados que os programas movimentam. É, sobretudo, uma ferramenta de monitoramento que permite um registro objetivo e continuado das informações necessárias à avaliação.

A necessidade de inovação tecnológica na área social deve permitir subsidiar instrumentais para uma efetiva avaliação, em que se coloquem em relação os percentuais de cumprimentos de metas físicas ou financeiras junto aos processos que foram produzidos, ou seja, os resultados e as mudanças que os programas provocam na realidade na qual incidem, no seu compromisso efetivo com a melhoria da qualidade de vida dos cidadãos beneficiários dos diversos programas e serviços públicos. Desta maneira, acredita-se que a ferramenta informacional ora apresentada — SIGS — facilita esta ação.

■ Referências bibliográficas

BANCO MUNDIAL. *Relatório sobre o desenvolvimento mundial*: luta contra a pobreza. Rio de Janeiro: FGV, 2001.

BIEBER, M.; VITALI, F. Toward support for hypermedia on the world wide web. *IEEE Computer*, p. 62-70, jan. 1997.

BRASIL. Ministério da Ciência e Tecnologia (MCT). *Sociedade da informação no Brasil — Livro Verde*. Brasília, 2000. 195p.

CARVALHO, M. C. B. Avaliação de projetos sociais. In: ASSOCIAÇÃO DE APOIO AO PROGRAMA CAPACITAÇÃO SOLIDÁRIA (AAPCS). *Gestão de projetos sociais*. São Paulo: AAPCS, 2001. (Col. Gestores Sociais.)

DRAIBE, S. Avaliação de implementação: esboço de uma metodologia de trabalho em políticas públicas. In: CEDEPE/PUC-SP. *Tendências e perspectivas na avaliação de políticas e programas sociais*. São Paulo: CEDEPE/PUC-SP, 2001.

GINIGE, A.; MURUGESAN, S. *Web Engineering*: an introduction. University of Western Sydney. Australia: IEEE, 2000.

JANNUZZI, M. P. de. *Indicadores sociais no Brasil:* conceitos, fontes de dados e aplicações. Campinas: Alínea, 2001.

LAUDON, K. C.; LAUDON, J. P. *Management Information Systems:* Organization and Technology in the Networked Enterprise. Prentice Hall, 2000.

PEREIRA, P. A. P. *Necessidades humanas:* subsídios à crítica dos mínimos sociais. São Paulo: Cortez, 2000.

PRESSMAN, R. S. *Software engineering, a practitioner's approach*. 5. ed. Boston, Mass.: McGraw-Hill, 2000.

SEN, A. *Desenvolvimento como liberdade*. São Paulo: Companhia da Letras, 2000.

Silva, M. O. *O Comunidade Solidária:* o não enfrentamento da pobreza no Brasil. São Paulo: Cortez, 2001.

Terra, J. C. C. *Gestão do conhecimento*: o grande desafio empresarial. 2. ed. São Paulo: Negócio Editora, 2001.

Turine, M. A. S. *HMBS*: um modelo baseado em statecharts para a especificação formal de aplicações Web. Tese (Doutorado) — Instituto de Física de São Carlos, Universidade de São Paulo, São Carlos, 1998.

Wanderley, M. B.; Blanes, D. Monitoramento e implantação de um programa social. In: CEDEPE/PUC-SP. *Tendências e perspectivas na avaliação de políticas e programas sociais*. São Paulo: CEDEPE/PUC-SP, 2001.

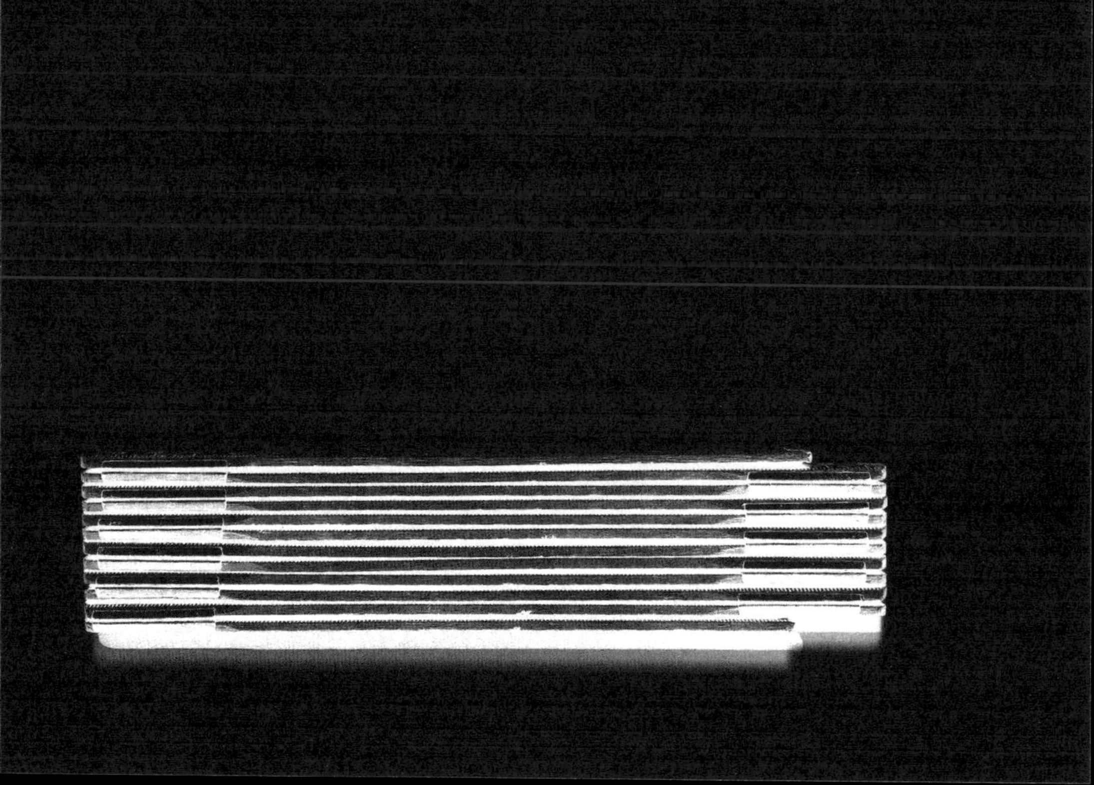

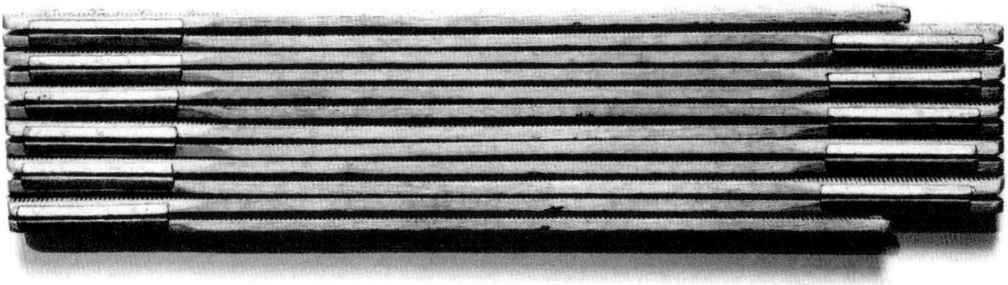

RELATO DE CASO

Programa Mais Igual de Complementação de Renda Familiar da Prefeitura de Santo André/SP

CID BLANCO*
VALÉRIA GONELLI**

O Programa Mais Igual de Complementação de Renda Familiar, desenvolvido pela Secretaria de Inclusão Social e Habitação da Prefeitura de Santo André, atende famílias em situação de vulnerabilidade social, associando-se a ações socioeducativas com o objetivo de que alcancem a autonomia familiar e a melhoria da qualidade de vida. Atualmente, é uma das prioridades do governo municipal, que pretende ampliá-lo para o conjunto da cidade com a mesma lógica utilizada no Programa Integrado de Inclusão Social (PIIS), implementado no município a partir de 1997.

Uma das bases do PIIS foi a política de complementação de renda das famílias, com o Programa de Renda Mínima, aprovado em 1997 e implementado no ano seguinte. Inspirou-se na experiência pioneira de Campinas, atuando em quatro núcleos de favelas. Outra importante iniciativa foi o lançamento da Frente de Trabalho, em 1999, que nasceu como resposta do poder público municipal a uma conjuntura de rápida elevação das taxas de desemprego.

O Programa Mais Igual objetiva atender a todas as famílias com renda *per capita* de até 1/2 salário mínimo, oferecendo não só complementação de renda, mas também ações de apoio à inserção nas demais políticas públicas e (re)construção do "projeto de vida", pretendendo assim ampliar sua autonomia.

Funciona como um sistema de complementação de renda familiar através de três modalidades de atendimento:

- Bolsa-Escola.
- Garantia de Renda Mínima.
- Geração de Trabalho de Interesse Social.

---

* Sociólogo; técnico da Secretaria [de] Inclusão Social e Habitação da [Pr]efeitura Municipal de Santo [An]dré.

** Assistente social; ex-diretora [do] Departamento de Ação Social [da] Secretaria de Inclusão Social e [Ha]bitação da Prefeitura Municipal [de] Santo André.

■ Formas de atendimento

Programa Bolsa-Escola

Este programa atende famílias residentes no município com renda *per capita* de até 1/2 salário mínimo, com filhos entre 6 e 15 anos completos que estejam matriculadas no ensino fundamental. Recebem R$ 15 mensais por criança, até o limite de R$ 45 quando há três ou mais filhos. Os recursos são passados diretamente à família, através de cartão magnético, pela Caixa Econômica Federal, de acordo com cadastramento já realizado pela prefeitura em parceria com toda a rede pública (estadual e municipal) de ensino fundamental.

O Bolsa-Escola é uma iniciativa do governo federal de apoio aos programas municipais de melhoria de renda, financiado pelo Fundo da Pobreza. Nossas estimativas são de repasse de R$ 1,5 milhão/ano (em valores de 2001). A prefeitura é responsável pela inserção e a provisão de ações em horário complementar ao da escola. O programa amplia possibilidades de (re)inserção e permanência de crianças e adolescentes na rede escolar.

Aproximadamente 4.207 famílias (número baseado em estimativas do Ipea) foram atendidas em Santo André no ano da implementação (2001), com possibilidades de ampliação nos anos subsequentes.

Para participar do Programa Bolsa-Escola, as famílias devem garantir a frequência escolar mínima de 85% no caso das crianças de 6 a 15 anos, matriculadas no ensino fundamental regular, podendo ser beneficiadas permanentemente, ou seja, pelo período em que estas se enquadrem nos critérios de elegibilidade.

A gestão do programa é feita pela Secretaria de Educação e Formação Profissional (SEFP), com o apoio da Secretaria de Inclusão Social e Habitação (SISH), e pelos demais órgãos municipais nas ações em horário complementar ao das aulas. O conselho de acompanhamento é composto por oito membros, sendo quatro do governo municipal (dois da SEFP e dois da SISH), um da Diretoria de Ensino (nível estadual) e três da sociedade civil (CMDCA, CME e CMAS, respectivamente). O controle de frequência realiza-se pela própria prefeitura.

Os principais limites e desafios do Bolsa-Escola são:
- o baixo valor do benefício;
- o fato de não beneficiar adolescentes acima de 15 anos e com defasagem idade-série (ensino fundamental inconcluso);
- a cobertura inferior ao número de famílias cadastradas (7.752, das quais aproximadamente sete mil se enquadram nos critérios);
- o custo operacional elevado, que inviabiliza acompanhamento psicossocial das famílias nos mesmos moldes das outras duas modalidades;
- a garantia de sucesso escolar de todas as crianças e adolescentes participantes;
- a provisão de atividades em horário complementar ao da escola para todas as crianças e adolescentes beneficiados.

Programa Garantia de Renda Mínima

Este programa atende famílias residentes no município há três anos, com renda *per capita* inferior a 1/2 salário mínimo e que possuam sob sua responsabilidade crianças, adolescentes até 15 anos completos, ou ainda outras pessoas em condição de dependência (PPD com acentuado grau de perda de sua capacidade laboral ou de aprendizado e com 65 anos ou mais sem qualquer fonte de rendimento). Na experiência anterior, o limite de idade dos adolescentes era 14 anos, incluindo-se também as PPD mas não os idosos.

As famílias atendidas são beneficiadas com a diferença entre a renda familiar *per capita* e 1/2 salário mínimo de renda familiar *per capita*, considerando-se como piso do benefício o valor de 1/4 do salário mínimo (R$ 50,00) e como teto o valor de R$ 180,00 (quando o fator de dependência familiar é inferior a dois) ou R$ 220,00 (quando o fator de dependência é igual ou superior a dois). Assim, o valor do benefício considera o grau de vulnerabilidade relacionado à composição familiar, com inflexão favorável àquelas sob responsabilidade da mulher e também às com maior número de dependentes. Se a família for simultaneamente beneficiária da modalidade bolsa-escola, o valor recebido é considerado como renda familiar. Na experiência anterior, não havia piso nem teto, com o leque de benefícios tendo variado entre R$ 10,00 e cinco salários mínimos.

Os recursos utilizados no Programa Garantia de Renda Mínima são integralmente do tesouro municipal, seja no pagamento dos benefícios, seja no acompanhamento psicossocial das famílias. A meta de atendimento é de duas mil famílias na gestão 2001-2004, sendo metade no primeiro biênio e metade no segundo, com recursos necessários já previstos no orçamento. Na experiência anterior, foram beneficiadas 951 famílias (4.874 pessoas) desde junho de 1998 até hoje.

Para participar desse programa é preciso:
- garantir a frequência escolar mínima de 75% no caso das crianças de 6 a 15 anos matriculadas no ensino fundamental regular;
- participar dos grupos de acompanhamento psicossocial.

O acompanhamento psicossocial se dá em grupos de 15 famílias nucleadas regionalmente, que são acompanhadas em reuniões quinzenais e demais formas (visitas domiciliares etc.) por duplas de estagiários (um estudante de Psicologia e um de Serviço Social), sob supervisão da equipe técnica que fez o acompanhamento da experiência anterior e por novos profissionais contratados pela prefeitura para esta finalidade.

O Programa Renda Mínima tem duração temporária — de até 18 meses —, não podendo a mesma família ser novamente beneficiada. As que já se beneficiaram na experiência anterior também não poderão ser atendidas. Além disso, não pode a mesma família incluir-se simultaneamente nesta modalidade e no Programa Geração de Trabalho de Interesse Social.

Sua coordenação e gestão são feitas pela Secretaria de Inclusão Social e Habitação, com apoio dos demais órgãos municipais no âmbito do PIIS.

As primeiras famílias participantes do Programa Renda Mínima apresentaram os seguintes resultados (conforme pesquisa realizada com as que já se desligaram do programa):
- **a.** 66% afirmaram que sua vida está melhor hoje do que no período anterior à sua inserção no programa;
- **b.** 51% afirmaram que sua vida está melhor hoje do que durante o período em que permaneceram no programa;
- **c.** índices significativamente menores são registrados nos casos em que os valores dos benefícios recebidos foram maiores.

Apesar dos bons resultados, ainda são muitos os desafios, como, por exemplo:
- ampliar as possibilidades de autonomia das famílias;

- manter a qualidade do acompanhamento psicossocial das famílias, como a obtida na experiência anterior, com redução relativa do custo operacional;
- criar um sistema que permita o monitoramento "em processo", de forma a garantir os ajustes necessários durante a permanência das famílias no programa;
- articular com as demais políticas públicas, viabilizando a inserção da família em ações de formação profissional, alfabetização de adultos, microcrédito, incubadora de cooperativas etc., nos mesmos moldes do PIIS.

Programa Geração de Trabalho de Interesse Social

Este programa atende famílias residentes no município há três anos, na qual haja pessoas adultas desempregadas e em condições de exercer atividades laborais.

Os beneficiados atendidos passaram por seleção pública baseada em critérios socioeconômicos, cujo sistema de pontuação considera sua vulnerabilidade de acordo com a renda familiar *per capita*, o fator de dependência familiar, a escolaridade e a condição de moradia, com inflexões que aumentam possibilidades para as famílias que estejam sob responsabilidade das mulheres, para as pessoas portadoras de deficiências, bem como para a população adulta em situação de rua. Foi realizado um cadastramento em 36 locais da cidade, resultando em cerca de 16.913 inscrições. Cada participante recebe um salário mínimo (R$ 200,00) mensal, direitos trabalhistas (seguridade social, férias, 13º salário etc.), cesta básica e vale-transporte.

Assim como o Renda Mínima, o GTIS é financiado integralmente pelo tesouro municipal, seja no pagamento dos benefícios, seja no acompanhamento psicossocial das famílias. A meta de atendimento é de três mil famílias na gestão 2001-2004, mediante abertura de 1,5 mil vagas (900 para homens e 600 para mulheres). Na experiência anterior, foram beneficiadas aproximadamente mil famílias.

Para participar, é preciso:
- prestar serviços à municipalidade, pelo membro selecionado, com jornada de 37,5 horas semanais;

- garantir a frequência escolar mínima de 75% no caso das crianças de 6 a 15 anos matriculadas no ensino fundamental regular;
- garantir a participação de um membro da família (preferencialmente a mulher) nos grupos de acompanhamento psicossocial, podendo ser o contratado ou outra pessoa.

O acompanhamento psicossocial se dá em grupos de 15 famílias nucleadas regionalmente, que são acompanhadas em reuniões quinzenais e demais formas (visitas domiciliares etc.) por duplas de estagiários (um estudante de Psicologia e um de Serviço Social), sob supervisão da equipe técnica que fez o acompanhamento da experiência anterior e de novos profissionais contratados pela Prefeitura para esta finalidade.

A duração do GTIS também é temporária, com contrato de um ano, renovável pelo mesmo período. As famílias já beneficiadas pela experiência anterior (Frente de Trabalho) poderão incluir-se. A mesma família não pode ser atendida simultaneamente nesta modalidade e no Programa Garantia de Renda Mínima.

A coordenação e a gestão também ficam a cargo da Secretaria de Inclusão Social e Habitação, dessa vez com apoio da Secretaria de Administração (SA), e dos demais órgãos municipais no âmbito do PIIS.

Apesar do sucesso da experiência, existem ainda alguns desafios operacionais, como:

- ampliar as possibilidades de autonomia das famílias;
- garantir o acompanhamento psicossocial das famílias nos mesmos moldes da modalidade "Garantia de Renda Mínima", considerando suas especificidades — relação trabalhista etc. (na experiência anterior, os contratados tinham acesso a cursos de formação profissional, com foco apenas no indivíduo);
- criar um sistema que permita o monitoramento "em processo", de forma a garantir os ajustes necessários durante a permanência das famílias;
- articular-se com as demais políticas públicas para inserção da família em ações de capacitação profissional, alfabetização de adultos, microcrédito, incubadora de cooperativas etc., nos mesmos moldes do PIIS.

■ O Programa Mais Igual e o Observatório de Inclusão/Exclusão Social

Os resultados obtidos com o Programa Integrado de Inclusão Social no período 1997-2000, do qual os programas apresentados faziam parte, levaram a uma releitura do projeto, que previa, além de sua ampliação, a implementação de um observatório de indicadores de inclusão/exclusão social.

Infelizmente, os dados iniciais coletados nas quatro áreas do PIIS não seguiam o mesmo padrão, tendo sido coletados sem nenhum tipo de padronização, impossibilitando a fixação clara de um "momento zero" de análise. Sendo assim, a realização desse "momento zero" teve que aguardar a definição das novas áreas a serem atendidas pelo programa, agora denominado Santo André Mais Igual.

Enquanto as novas áreas eram definidas, a equipe técnica decidia sobre o instrumental a ser utilizado na pesquisa, adotando como base os instrumentais discutidos com a equipe do CEDEPE/PUC-SP e o Cadastro Único do governo federal. A ideia era fazer um único cadastro que abrangesse todos os programas, evitando que as famílias fossem visitadas repetidamente por vários técnicos num curto prazo de tempo.

Definidas as áreas e o instrumental, mais de trinta técnicos foram para o campo, no final de 2002, entrevistar inicialmente cerca de duas mil famílias. O novo questionário compunha-se de dez páginas, com perguntas sobre educação, saúde, formas de sobrevivência e características do domicílio; os dados coletados foram digitados e tabulados, possibilitando, de início, a seleção do novo grupo de famílias a serem atendidas pelo Programa Renda Mínima.

Um perfil mais detalhado das diversas áreas permitirá a definição dos programas integrantes do Santo André Mais Igual, que serão implementados em cada uma delas, e o acompanhamento técnico do Renda Mínima permitirá a construção dos primeiros indicadores de inclusão/exclusão social do observatório.

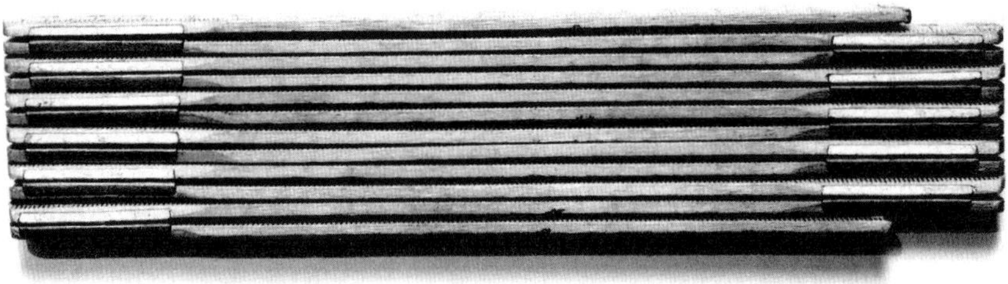

RELATO DE CASO
Políticas públicas de atenção à família
LUCI JUNQUEIRA*
NELSON GUIMARÃES PROENÇA**

Inicialmente, faremos um breve retrospecto dos programas de apoio à família no âmbito do estado de São Paulo, que foram formatados como subsídios financeiros que complementam sua renda, os quais tiveram início há pelo menos cinco décadas. De fato, a família representa o núcleo central das políticas públicas e das ações dos programas sociais, e como tal tem recebido a atenção do poder público, desde muito antes do advento da Lei Orgânica da Assistência Social (Loas). Esta, sancionada em dezembro de 1993, instituiu oficialmente os programas de atenção à família em todo o território nacional.

Durante a gestão do governador André Franco Montoro (1983-1986), o governo do estado de São Paulo reformulou o Serviço de Colocação Familiar, que destinava subsídio financeiro às famílias de crianças carentes ou às famílias substitutas, de conformidade com a Lei estadual n. 560, de 22 de dezembro de 1949. O programa era até então ligado ao poder judiciário, sendo transferido para a esfera do poder executivo e passando a ser denominado Instituto de Assuntos da Família (Iafam), integrando a estrutura da então Secretaria da Promoção Social.

Isto se fez sob a égide da Lei estadual n. 4.467, de 19 de dezembro de 1984, a qual manteve o princípio proposto anteriormente, ou seja, autorizar o poder executivo a repassar subsídios financeiros às famílias de baixa renda, com objetivo de propiciar condições favoráveis ao pleno desenvolvimento físico e mental de suas crianças e adolescentes. Foi mantida no programa a possibilidade de repassar o subsídio financeiro mesmo às famílias substitutas, que estavam previstas no programa original. O valor do subsídio concedido pelo

*Coordenadora de Fomento a
ojetos e Programas da Secretaria
 Assistência e Desenvolvimento
cial, 2001-2002.
 Secretário de Assistência e
senvolvimento Social do Estado
 São Paulo, 2001-2002.

Iafam, para cada uma das crianças e adolescentes, variava de 1/10 a 1/3 do salário mínimo vigente, isto de acordo com o estudo social da família. Um valor maior — com acréscimo de até 1/4 do salário mínimo *per capita* — podia ser concedido, mas apenas em caso de moléstia grave ou de motivo julgado excepcional. O subsídio era concedido ao chefe da família ou a seu responsável legal.

Desde o início do programa, o Iafam tinha sua proposta metodológica de atenção à família com enfoque socioeducativo, de natureza preventiva e de apoio, mediante a abordagem em grupo, com objetivo de fortalecer as relações familiares. Vale dizer que o programa previa, além do subsídio financeiro, um trabalho diferenciado, que concedia atenção integral às famílias beneficiadas. Deixava de ser, por essa razão, um mero programa assistencialista, repassador de recursos financeiros, tornando-se um instrumento de promoção social.

No ano de 1997 (gestão Mário Covas, 1995-2000), a já agora denominada Secretaria Estadual de Assistência e Desenvolvimento Social (Seads) instituiu o Programa Complementando a Renda, que passou a conceder recursos às famílias no valor de R$ 50,00, mantendo-se a premissa de ser acompanhado de trabalho socioeducativo. Pelo Decreto estadual n. 42.826, de 21 de dezembro de 1998, que reestruturou a Seads, os serviços prestados pelo Iafam passaram a ser uma das responsabilidades de sua Coordenadoria de Fomento da Rede de Assistência Social e, para este órgão da nova estrutura, foram transferidos também os recursos financeiros do Iafam.

No ano de 2001, o programa de atenção à família avançou mais, sendo novamente reformulado após avaliação que indicou a necessidade de estabelecimento de novos parâmetros, baseados em critérios e normas operacionais em razão das novas diretrizes dadas à Secretaria Estadual de Assistência e Desenvolvimento Social. Os princípios norteadores foram:

1. **Assistência e Desenvolvimento Social devem ser objeto de políticas públicas bem definidas.**
   Para tanto, é preciso consolidar e aprimorar a Assistência Social, articulando ações e buscando parceria com a sociedade civil organizada.

2. A família representa o principal eixo articulador das políticas públicas de assistência e promoção social.
Articular e integrar programas, projetos, serviços e benefícios tendo como base o núcleo familiar, pois este é o sujeito e o beneficiário das ações, reafirmando assim que seu atendimento é o principal objetivo de todos os programas sociais.

No Estado de São Paulo, programas de apoio à família formatados como subsídios financeiros que complementam sua renda, tiveram início há pelo menos cinco décadas.

3. Focalização da atuação nas áreas de exclusão social.
Centrar ações nos focos de exclusão social, sendo estes identificados por meio de indicadores socioeconômicos que permitam mapear bolsões de pobreza, atendendo prioritariamente famílias excluídas do acesso aos serviços públicos.

4. Compromisso com resultados.
Identificadas quais as características dos focos de exclusão social priorizados, selecionar indicadores que permitam avaliar resultados, estabelecendo os índices a serem alterados pela ação dos programas introduzidos, os quais irão balizar se estão sendo obtidos resultados positivos.

5. Geração de renda.
Usando recursos proporcionados por diferentes setores do poder público, em parceria com entidades sociais sem fins lucrativos, introduzir projetos geradores de renda, para os quais serão encaminhadas as famílias atendidas, criando condições para sua inserção produtiva e sua autossustentação.

Para melhor estruturar a base de apoio logístico às políticas sociais, algumas medidas são consideradas fundamentais e necessitam desde logo ser adotadas:
- Manter um cadastro único para beneficiários da assistência.
- Articular as ações das três esferas de poder (federal, estadual, municipal), integrando programas, projetos e serviços.

- Mapear a rede de proteção social, para encaminhamento dos beneficiários para programas complementares de atendimento em outras áreas, como as de saúde, educação, habitação, cultura, esporte e lazer.
- Valorizar e recuperar a rede de proteção social mantida pela própria comunidade, integrando-a com as políticas públicas.

Caso se decida que a Secretaria Estadual de Assistência e Desenvolvimento Social (Seads) deveria ser a coordenadora da política de assistência e desenvolvimento social no estado de São Paulo, tal competência lhe deveria ser conferida por instrumentos legais.

Após esta visão panorâmica dos desafios a serem enfrentados, iremos agora apresentar, de modo resumido, os programas que a Seads oferece em apoio à família.

Programa Renda Cidadã

Esse programa foi instituído e regulamentado pela Resolução Seads n. 15/2001, de 27 de setembro de 1991, que estabeleceu seus objetivos, critérios de seleção dos focos de exclusão social e das famílias a serem beneficiadas, indicadores de resultados, procedimentos para o monitoramento e a avaliação, bem como normas operacionais básicas para sua implantação, nos 645 municípios do Estado de São Paulo.

Foi idealizado para ser executado em conformidade com os preceitos da Loas, mediante parceria com os municípios. Estes, por sua vez, puderam optar ou pela execução direta, ou pela parceria com entidades não governamentais sem fins lucrativos, ONGs, exigindo-se destas a inscrição nos Conselhos Municipais de Assistência Social.

O programa prevê o repasse de recursos financeiros, com o valor inicial mensal de R$ 60,00, para os anos 2001-2002, às famílias que vivem em focos de exclusão social. Foram prioritariamente selecionadas aquelas com renda mensal, para toda a família, de até um salário mínimo. Parte integrante e exponencial do programa são as ações socioeducativas, na perspectiva de autossustentação e reorganização interna das famílias beneficiadas, tendo em vista a melhoria de sua qualidade de vida e a promoção do seu desenvolvimento social. Em caráter de exceção, foram beneficiadas famílias com renda familiar mensal um pouco maior, de até dois salários mínimos, desde de que tivessem dois ou mais filhos, com idade entre zero e 16 anos.

Para todos os efeitos da resolução que instituiu o programa, foi considerada *família* a unidade nuclear, eventualmente ampliada por outros indivíduos que com ela possuam laços de parentesco, que forme um grupo doméstico, vivendo sob o mesmo teto e mantendo sua economia pela contribuição de seus membros.

Ações socioeducativas são parte integrante do Programa Renda Cidadã, na perspectiva de autossustentação e reorganização interna das famílias beneficiadas.

(É preciso ressaltar que essa concepção, antes adotada em programas federais, foi alterada pelo Código Civil recentemente publicado; neste, o conceito de família foi ampliado.)

Respeitados os limites financeiros disponibilizados para o programa, foram atendidas 50 mil famílias no primeiro ano de sua implantação. Seu cadastramento e a subsequente seleção foi totalmente de responsabilidade dos municípios conveniados, tendo cabido a estes a identificação de seus focos de exclusão social.

A definição das famílias a serem incluídas no programa se fez através de dois formulários padronizados, sendo um para inscrição e outro para seleção. Foi criado um banco de dados que permitiu o acompanhamento de todo o trabalho e a elaboração de relatórios analíticos.

Os formulários utilizados foram construídos com diversos objetivos: possibilitar a inscrição e a seleção; alimentar corretamente o banco de dados, para construção de relatórios gerenciais; permitir a constante inclusão ou substituição de famílias beneficiárias; controlar a utilização dos recursos do programa; atualizar *on-line* a relação de beneficiários; construir seu perfil socioeconômico.

O rigor nesta fase dos procedimentos permitiu caracterizar as famílias desde o momento da sua entrada no programa, bem como acompanhar depois seu desenvolvimento. A construção do perfil inicial é que possibilita a comparação, ano após ano, dos resultados obtidos, de cada família em particular. Além disso, o conjunto de dados associados aos resultados fornece os instrumentais de monitoramento e avaliação do programa, tendo como parâmetro os indicadores estabelecidos nos planos de trabalho.

A *inscrição e a seleção das famílias*, realizada pelos gestores municipais, teve como base os critérios estabelecidos pela Resolução n. 15/2001, e foi feita mediante visita domiciliar. O governo do Estado destinou os recursos financeiros necessários ao cadastramento e seleção. Vale destacar quais foram os critérios adotados para o cadastramento:

- Comprovação de endereço, para permanente acompanhamento.
- Confirmação de residência no município há mais de dois anos, em polo de exclusão social.
- Comprovação de renda familiar compatível com os critérios do programa.

No momento de seleção foram adotados ainda os seguintes critérios:
- Obrigatoriedade da matrícula/frequência das crianças e dos adolescentes no ensino fundamental.
- Existência de desempregado na família.
- Família chefiada por mulher.
- Maior número de filhos com idade inferior a 16 anos.
- Filho cumprindo medida socioeducativa.
- Família integrada por pessoa portadora de deficiência e/ou incapacitada para o trabalho, ou idoso com mais de 65 anos.
- Família com pessoa egressa do sistema penitenciário.

O subsídio financeiro mensal é retirado de uma única vez, através de cartão magnético bancário emitido em nome da mulher, sendo agente financeiro a Caixa Econômica Estadual. As famílias permanecem no programa por 12 meses, podendo esse período ser prorrogado por mais 12 meses após avaliação.

O programa exige as seguintes *contrapartidas* dos municípios:
- Divulgar, na comunidade, os critérios para inscrição e seleção.
- Oferecer espaço físico ou otimizar espaços existentes para atendimento das famílias, em grupos de trinta, os quais deverão possibilitar acesso aos portadores de deficiência, em cumprimento aos preceitos legais.

- Disponibilizar recursos humanos necessários para o gerenciamento, assegurando a presença de um profissional de nível superior, preferencialmente da área de Ciências Humanas.
- Inscrever e selecionar as famílias em formulário próprio, respeitados os critérios definidos.
- Realizar visitas domiciliares para coleta de dados necessários à realização da seleção das famílias.
- Enviar as informações das famílias selecionadas para o sistema de informação do programa estadual.
- Monitorar as ações e avaliar os resultados através dos indicadores estabelecidos.
- Realizar o trabalho com grupos de 30 famílias, acompanhadas em reuniões periódicas e visitação domiciliar.
- Encaminhar as famílias à rede de serviços locais, articulando os diversos recursos públicos e/ou privados existentes na região.
- Encaminhar dados gerenciais para o controle estadual.
- Providenciar o desligamento das famílias que descumprirem o previsto nas normas do programa, que ultrapassarem o limite de renda ou mudarem de município, providenciando sua substituição.

O trabalho integrado entre os programas Renda Cidadã e Fortalecendo a Família garante que o Estado não se torne um mero repassador de recursos.

Os Conselhos Municipais de Assistência Social têm também sua competência, quer avaliando os polos de intervenção social priorizados, quer acompanhando a execução do programa.

Tendo em vista as exigências contidas em sua formulação, em especial quanto ao acompanhamento das famílias mediante utilização da metodologia denominada "ações socioeducativas", o governo do estado de São Paulo implantou um programa adicional para as famílias atendidas pelo Renda Cidadã, denominado Fortalecendo a Família. Em linhas gerais, foram obedecidos os mesmos princípios postulados pelo extinto Instituto de Assuntos da Família (Iafam). A introdução desse segundo programa deu consistência ao primeiro, por assegurar o acompanhamento dos grupos familiares beneficiados. Constituiu-se, assim, um binômio programático que acreditamos ser o grande diferencial em relação a todos os outros programas complementadores de renda anteriormente existentes no país. Graças a esse binômio, temos a garantia de que o Estado não será apenas um mero repassador de recursos, com enfoque apenas assistencialista.

Programa Fortalecendo a Família

Instituído pela Resolução Seads n. 20/2001, de 16 de novembro de 2001, tem como objetivo geral fortalecer as famílias beneficiárias do Programa Renda Cidadã, mediante ações com enfoque socioeducativo, de modo a contribuir para sua emancipação e inclusão social. O atendimento, a ser realizado em grupos de 30 famílias — para efeito de repasse de recursos financeiros do Tesouro Estadual aos municípios, destinados à execução do programa —, teve sua implantação iniciada em janeiro de 2002.

É importante esclarecer que o Programa Fortalecendo a Família foi desenvolvido, intencional e especificamente, para atender às já beneficiadas pelo Renda Cidadã. Graças a este segundo programa, as ações socioeducativas desenvolvidas em grupo possibilitam a busca de soluções para problemas da comunidade que vive no mesmo foco de exclusão social.

O plano de trabalho especifica, entre outros, os seguintes *temas gerais* para as ações em grupo:
- Planejamento familiar.
- Gravidez na adolescência.
- Cidadania e direitos humanos.
- Higiene pessoal e do ambiente.
- Uso indevido de drogas.
- Convivência familiar e comunitária.

O trabalho prevê: acompanhamento da utilização do subsídio financeiro concedido pelo Programa Renda Cidadã; orientação para acompanhamento escolar dos filhos; transmissão de noções de nutrição e preparo de alimentos; utilização do tempo no trabalho e no lazer; utilização dos espaços e recursos da comunidade. O planejamento deve prever, ainda, a promoção de campanhas e eventos comunitários; a participação em comemorações cívicas e festivas; o incentivo a brincadeiras e jogos populares — tudo como forma de propiciar condições para o convívio na comunidade e o desenvolvimento de aptidão para aprender a conviver.

O trabalho é desenvolvido em parceria com as prefeituras municipais. Estas podem utilizar sua própria estrutura assistencial ou conveniar entidades sociais para esse fim específico.

O Fortalecendo a Família procura viabilizar parcerias com universidades e empresas das regiões atendidas, além de incentivar o voluntariado e os estágios.

Outra ação importante é o *encaminhamento* das famílias para a rede de serviços públicos, sejam eles voltados para saúde, educação, habitação, justiça, cidadania, esporte, cultura ou lazer. Mas não basta o encaminhamento e o consequente acompanhamento; é também indispensável que se faça um esforço para obter a articulação entre programas e serviços dos diferentes órgãos públicos, coisa que atualmente deixa muito a desejar. É por essa articulação que se pode garantir e melhorar o atendimento, que deverá ser monitorado e avaliado pelo programa. Graças aos avanços assim obtidos, torna-se possível uma melhor gestão pública, disponibilizando-se informações mais precisas que permitam o encaminhamento de sugestões aos órgãos encarregados das demais políticas públicas, para tomada de decisão.

O adequado encaminhamento dessas famílias exige o mapeamento da rede de proteção social, composta tanto pela rede pública como por aquela constituída por entidades sem fins lucrativos, empresas, sindicatos, associações comunitárias, entidades religiosas e outras, que prestam algum tipo de serviço assistencial gratuito. Para essa rede, também poderá ser feito o encaminhamento necessário ao atendimento das necessidades das famílias atendidas pelo programa.

Importantes *parcerias* são sugeridas pelo Fortalecendo a Família, por exemplo, com as universidades e as empresas da região, incentivando-se o voluntariado, oferecendo-se oportunidades para estágios, implantando-se programas de educação de jovens e adultos que não tiveram oportunidades de escolarização ou que se encontre em defasagem entre a idade e a série escolar.

Com as universidades, em especial, poderão também ser construídos importantes projetos de pesquisa, utilizando-se dados coletados no monitoramento, o que permitiria julgar a validade dos instrumentais especificamente construídos para avaliação do programa. Já as empresas, estas poderão ser parceiras no desenvolvimento dos temas propostos, na forma de campanhas formativas e informativas.

A permanente *avaliação* dos resultados obtidos exige o intercâmbio de experiências, entre gestores de diferentes municípios, o que surge então como mais uma ação necessária ao aproveitamento de experiências socioeducativas exitosas.

Destaque especial: o Programa Fortalecendo a Família aponta a necessidade de encaminhamento para outros programas de qualificação e requalificação profissional, ou de geração de renda. Ambos representam passos adequados e decisivos para garantir a autossustentação das famílias, possibilitando, assim, que estas possam ser desligadas do programa dando lugar a outras que dele necessitem. Não obstante, é aceito o fato de que o fortalecimento das relações familiares pode ser ainda temporariamente necessário, mesmo após já haver garantia da renda familiar necessária, em consequência do risco temporário de desagregação familiar ou de dependência química de um dos seus membros, ou mesmo de outros fatores que prejudicam as relações familiares e vicinais.

Para terminar, um destaque especial para os indicadores sociais que o Renda Cidadã e o Fortalecendo a Família adotam. Eles estão presentes no foco selecionado, sendo sua melhoria um objetivo a ser alcançado. Os indicadores de resultados dos programas, indicados pela Secretaria Estadual de Assistência Social e aceitos pelos municípios, são:
- Permanência e sucesso na escola;
- Diminuição da evasão escolar;
- Melhoria do desempenho escolar;
- Redução do número de adolescentes em conflito com a lei;
- Resgate da autoestima dos membros da família;
- Reorganização familiar e melhoria dos vínculos familiares e sociais;
- Ampliação do número de jovens e adultos alfabetizados;

- Ampliação do número de pessoas atendidas pela rede de proteção social;
- Aumento da participação na vida comunitária;
- Melhoria das condições de higiene pessoal e ambiental;
- Redução do número de adolescentes grávidas;
- Redução do uso de drogas ilícitas;
- Aumento do número de pessoas encaminhadas a cursos de qualificação e requalificação profissional;
- Ampliação do número de pessoas exercendo atividade remunerada;
- Utilização adequada do benefício financeiro.

Após um ciclo de avaliação realizado em 2002, notou-se que a capacitação dos agentes sociais envolvidos é um aspecto decisivo para o sucesso dos programas.

Para cada um desses indicadores de resultado foram definidos os respectivos meios de verificação, descritos em formulários e instrumentais especificamente construídos para o monitoramento e a avaliação, realizados bimestral e anualmente.

Um primeiro acompanhamento foi realizado diretamente por técnicos da Seads, durante o ano de 2002, em visitas aos municípios, que contaram sempre com a presença do Secretário de Estado da Assistência e Desenvolvimento Social. As primeiras avaliações então feitas mostraram que os programas de promoção familiar do governo do estado de São Paulo têm enorme potencialidade. No entanto, em que pesem os esforços para bem desenvolvê-los, notou-se que há uma grande variabilidade quanto aos métodos empregados, bem como quanto aos resultados obtidos, o que exigirá um redobrado esforço para a capacitação dos agentes sociais envolvidos.

Parte 3

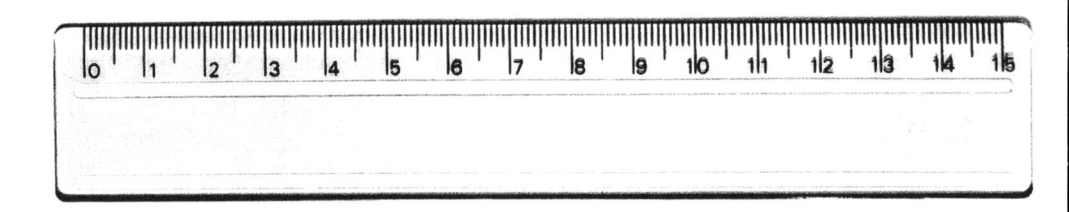

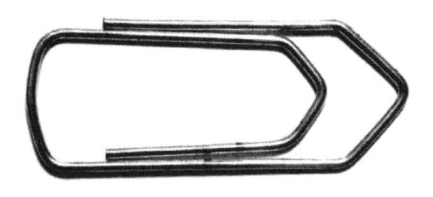

Famílias e políticas públicas

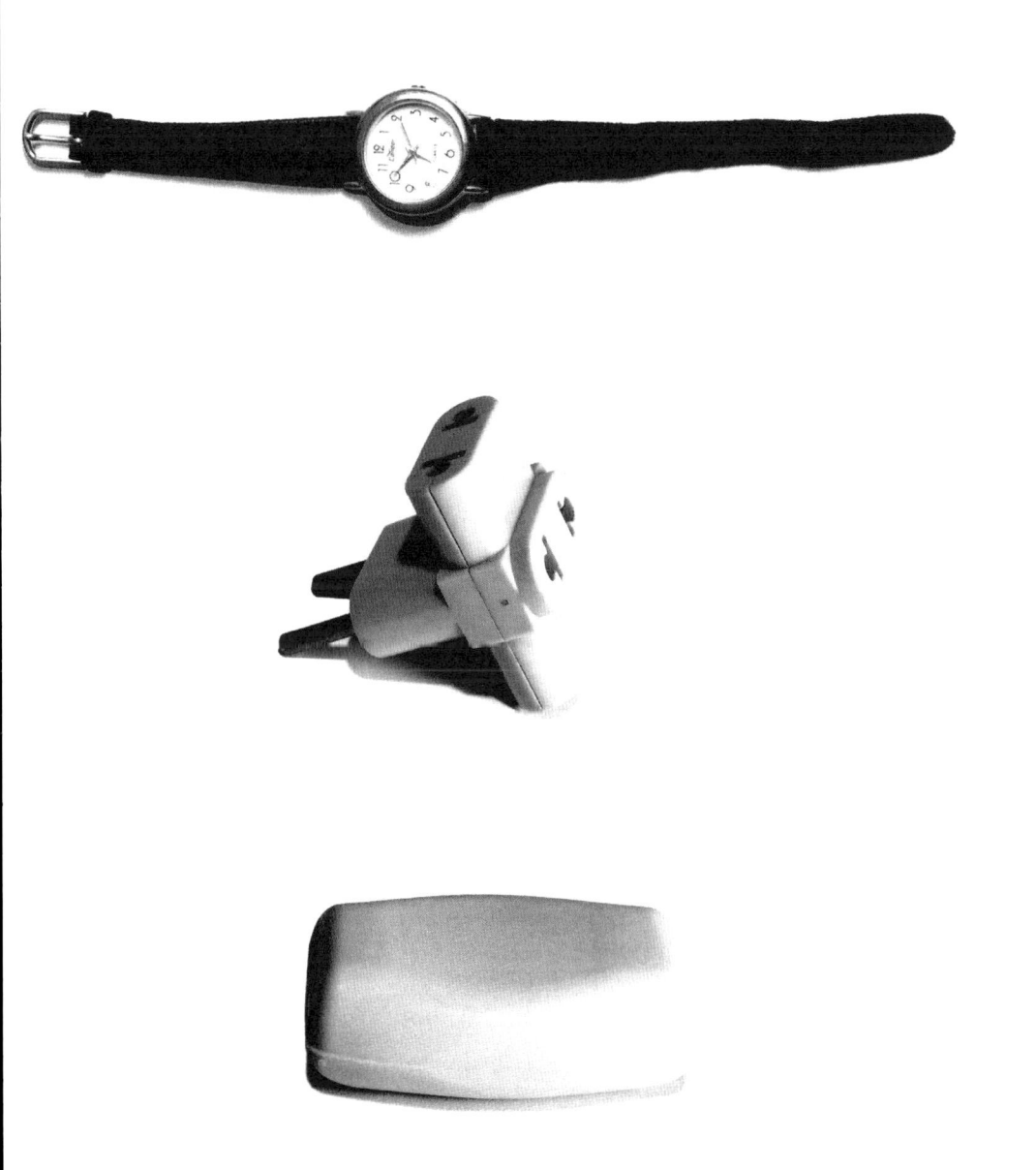

Prefácio

Famílias e Políticas Públicas

Nesta terceira parte, ao abordar as relações "Família e Políticas Públicas", colocamos acento na Família e Estado como atores preponderantes na provisão de bens e serviços necessários à proteção social, à reprodução da vida e ao exercício da cidadania de todos.

Sem dúvida, Estado, famílias, comunidades são os sujeitos e canais mais democráticos de provisão e distribuição de bens, serviços e oportunidades.

O século 20 nos trouxe como utopia o papel proeminente do Estado como grande provedor na proteção e desenvolvimento dos seus cidadãos. No século 20, pensávamos poder depender apenas do Estado e do mercado para suprir todos os bens, serviços e oportunidades que o cidadão carecia e aspirava. Descartaram-se famílias e comunidades na provisão social.

De fato, o Estado de direito, que hoje conhecemos, reduziu e mesmo obscureceu várias das atribuições substantivas da família. Desde o pós-guerra, nos países capitalistas centrais, a oferta universal de bens e serviços proporcionados pela efetivação de políticas públicas pareceu mesmo descartar a família, privilegiando o indivíduo como sujeito de direito. Nesse sentido, apostava-se que a família seria prescindível, substituível por um Estado protetor dos direitos dos cidadãos.

Pensava-se mesmo que famílias e comunidades podiam desaparecer, quando em meados do século 20 a democracia cresceu, a urbanização se expandiu, os movimentos sociais feministas gritavam por liberdade e expressão, o cidadão /indivíduo ganhou primazia para o Estado e mercado.

Mas tanto as famílias quanto as comunidades não desapareceram; recriaram-se, adquirindo novas formas e processos de presença na proteção e provisão social dos seus. Comunidades e famílias navegam nas contínuas inovações tecnológicas/ científicas e usufruem (mais ou menos!) da enorme emancipação social decorrente da busca de liberdade e autonomia possibilitadas pelas sociedades democráticas e do progresso.

Temos hoje novas práticas de trabalho; somos mais escolarizados; seguimos uma parafernália de ícones, informações, senhas e códigos. Convivemos com a sensação de velocidade e efemeridade nas novas formas de experiências social e afetiva. Vivemos um mundo conturbado produzido na complexidade, na incerteza, na falta de governabilidade, em sentimentos oscilantes de potência e impotência política, econômica, afetiva e social.

É um equívoco pensar garantias de proteção e provisão social atreladas unicamente ao Estado e ao mercado. Famílias e comunidades constituem sujeitos/espaços de confiabilidade por onde fluem e se distribuem as oportunidades de coesão, sobrevivência e existência.

Há um tipo de proteção — preciosa — que advém das redes de relações de proximidade geradas pela família e grupos/organizações comunitárias do microterritório. Não ter família e comunidade significa não ter proteção.

Na família e na comunidade, as redes de sociabilidade sociofamiliar e os vínculos de proximidade que se tecem, enquanto comunidade, produzem o que chamamos de sua potência: a confiança social. A confiança é o maior capital social que a comunidade nos oferece. Quando essa se perde, perde-se também a comunidade.

Neste novo milênio, século 21, as mudanças societárias ocorridas no roldão da globalização, obrigaram os estudiosos e formuladores de políticas públicas a rever conceitos, concepções e enfrentar as armadilhas de simplificar a complexidade.

As grandes instituições, incluindo partidos, sindicatos, perderam a confiança pública antes a eles creditada. Tais instituições vivem nas sombras e teias da desconfiança. A confiança social tem se concentrado, cada vez mais, nas relações de proximidade: no local, nas microrredes de convívio, na família.

Se com a Constituição de 1988 promoveu-se a descentralização e municipalização da política pública, o movimento atual é por maior territorialização da ação pública e de garantir maior participação dos cidadãos no chão mesmo da política social (em suas ofertas e serviços).

A ação pública tem como desafio movimentar um projeto de ação integrado partindo das identidades locais, das vocações e contexto local e com a máxima participação e autoria dos grupos locais;
- Agir no território e com o território;
- Agir com um conceito integrador e articulador do conjunto de programas, serviços e benefícios das diversas políticas setoriais, agir em redes;
- Agir potencializando os aportes culturais que podem mover mudanças;
- Agir no fortalecimento de vínculos sociorrelacionais, na competência comunicativa e na participação.

MARIA DO CARMO BRANT DE CARVALHO

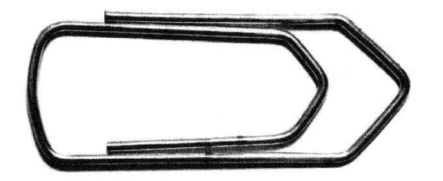

Formulação de indicadores de acompanhamento e avaliação de políticas socioassistenciais
Denise Blanes*

A Coordenadoria de Estudos e Desenvolvimento de Projetos Especiais da PUC-SP vem se dedicando, há alguns anos, à avaliação de programas sociais vinculados a políticas de Assistência Social ou de enfrentamento da pobreza no Brasil. A produção de conhecimentos e a densa experiência obtida neste âmbito levam a CEDEPE a formular e propor sistemas de monitoramento e avaliação de programas socioassistenciais desenvolvidos junto das famílias. Formular sistemas é também eleger e propor indicadores sociais de desempenho dos programas. Mas essa tarefa não é simples.

Indicador é parâmetro que expressa a correlação entre objetivos/metas de um programa e seu desempenho, isto é, processos e resultados. Só em sua aparência o indicador se apresenta como instrumento frio e neutro. Na realidade, sua construção é dependente de intencionalidades políticas, e não apenas de conhecimentos científicos e tecnológicos. Formulá-los é, então, expressar em parâmetros a filosofia, o conhecimento, a intencionalidade, a direção política, o compromisso com a ação, com tais objetivos e resultados.

Trata-se de elemento básico do processo avaliativo. Temos, até hoje, muito conhecimento a respeito dos indicadores denominados *quantitativos*, largamente utilizados nas diversas ciências: quantos metros de estrada são construídos por minuto, quantos parafusos, quantos carros são produzidos por hora (produtividade), qual a temperatura corpórea (febre) etc.? O desafio é estabelecer os indicadores quantitativos associados aos qualitativos — e mais, criar formas de medir o intangível, ou seja, os indicadores denominados *qualitativos*: em quanto aumenta a autoestima de um indivíduo que participa de um grupo

* Assistente social; doutoranda o Curso de Pós-Graduação em erviço Social da PUC-SP; squisadora da Coordenadoria de tudos e Desenvolvimento de ojetos Especiais (CEDEPE) da JC-SP; autora de vários trabalhos blicados na área de políticas blicas e de avaliação de ogramas sociais.

terapêutico, em quanto aumenta a sociabilidade de um adolescente que tem oportunidade de participar de grupos de teatro ou de frequentar atividades culturais? E assim por diante.

Este é o nosso esforço e, como vou mostrar, ainda estamos no começo. Assim, vou explicitar alguns conceitos que embasam a construção dos indicadores de acompanhamento de famílias, em especial aquelas atendidas em Programas de Renda Mínima de Santo André, e hoje também da cidade de São Paulo.

■ O que são indicadores

Indicador é um fator, ou um conjunto de fatores, que sinaliza ou demonstra a evolução, o avanço, o desenvolvimento rumo aos objetivos e às metas do projeto. Trata-se de instrumento importante para controle da gestão, tanto na administração pública como na administração privada. São como fotografias de determinadas realidades sociais; tiradas de uma mesma localidade, em tempos diferentes, permitem acompanhar as mudanças ocorridas no "objeto" que se está avaliando (Kayano e Caldas).

A importância dos indicadores não está apenas na possibilidade de medir e avaliar os avanços de um dado processo, tampouco no exercício de reflexão e debate, na geração de informação para os sujeitos envolvidos. Trata-se de instrumento de poder, de possibilidade de exercício de controle. Neste sentido, ele deve ser apropriado pelos usuários dos programas, e não apenas estar a serviço do poder dos "gerentes" (*policy makers*).

Indicador social é uma medida em geral quantitativa, dotada de significado social substantivo, usado para subsidiar, quantificar ou operacionalizar um conceito social abstrato, de interesse. Do ponto de vista metodológico, segundo Cardoso (1998), "a construção de indicadores tem como premissa básica uma teoria previamente desenvolvida, que qualifica o problema e as hipóteses relevantes e, ainda, uma adequação rigorosa entre o quadro conceitual e as informações disponíveis".

Para exemplificar alguns indicadores reconhecidos social e cientificamente, vamos a seguir demonstrar:

■ Indicadores Sociais Mínimos, IBGE

Medem o desenvolvimento social, a saber:
- Crescimento anual da população
- Taxa de urbanização
- Sexo
- Esperança de vida ao nascer
- Dependência
- Fecundidade
- Mortalidade infantil
- Mortalidade de menores de 5 anos

Indicador é um fator, ou um conjunto de fatores, que sinaliza ou demonstra a evolução, o avanço, o desenvolvimento rumo aos objetivos e às metas do projeto.

Esses indicadores são transformados em taxas médias, de acordo com as metodologias utilizadas, para coleta e apresentação dos resultados e das estratégias de comparação. Por exemplo o indicador referente à *mortalidade infantil* é utilizado como *taxa*, significando a frequência com que ocorrem os óbitos infantis (menores de um ano) em uma população, em relação ao número de nascidos vivos em determinado ano civil; expressa-se para cada mil crianças nascidas vivas. Já o indicador relativo à *dependência* é apresentado como uma *razão* de dependência, isso porque considera o peso da população definida como inativa (0 a 14 anos, e 65 anos e mais de idade) sobre o da população potencialmente ativa (15 a 64 anos de idade).

■ Índice de Desenvolvimento Humano (IDH)

Esse é um outro exemplo, agora internacional, utilizado na comparação de mais de 150 países. É concebido da seguinte forma: Antes da criação do IDH, o principal critério para a avaliação de desenvolvimento humano era o Produto Interno Bruto (PIB) ou o PIB *per capita*. Isto significa que, em termos normativos, valorizava-se a criação de riqueza, independentemente de seus fins. O IDH, por seu turno, tem como ideia básica a expansão das capacidades humanas; não avalia o desenvolvimento humano mediante obtenção da riqueza como finalidade, mas como o meio que propicia a expansão das capacidades humanas. Por isso, esse índice é calculado levando em conta não só o PIB *per capita* — único indicador utilizado até então —, mas também outras variáveis que influenciam e demonstram a melhoria das condições de vida das pessoas, a saber:

- **Renda** — calculada pelo PIB *per capita* ajustado ao custo de vida local, com emprego da metodologia conhecida como paridade do poder de compra (PPC).
- **Longevidade** — medida pela esperança de vida ao nascer.
- **Instrução** — medida por uma combinação entre as taxas de alfabetização e as matrículas nos três níveis de ensino.

Fica bastante claro que existe um componente político muito forte na criação de indicadores, conforme foi descrito acima. Há diferença de concepção sobre desenvolvimento humano antes e depois da criação do IDH. Sendo assim, a construção de um indicador não é uma tarefa tão simples e neutra.

Tendo rapidamente conceituado e exemplificado indicadores, vimos a necessidade de seu embasamento em um referencial teórico, portanto, vamos explicitar nossa escolha para o acompanhamento de famílias em situação de pobreza.

Para a construção dos indicadores de acompanhamento, algumas categorias precisavam ser aprofundadas, entre elas: emancipação, autonomia, qualidade de vida etc. Enfim, optamos pela "Teoria das Necessidades Humanas", desenvolvida por Len Doyal e Ian Gough, os quais definem como necessidades básicas aquelas características universais e objetivas comuns a todos. Segundo eles: As necessidades básicas são *objetivas*, porque a sua especificação teórica e empírica independe de preferências individuais. E são *universais*, porque a concepção de sérios prejuízos, decorrentes da sua não satisfação adequada, é a mesma para todo indivíduo, em qualquer cultura.

Este seria o conceito base que orientaria a construção do processo de acompanhamento das famílias: a possibilidade de um programa social modificar, acrescentar, reorientar as necessidades básicas de um determinado grupo social sob determinada intervenção.

Para os autores, ainda existem dois conjuntos de necessidades básicas que se enquadram nas características acima referidas, quais

sejam, *saúde física* e *autonomia*: "Estas necessidades não são um fim em si mesmo, mas precondições para se alcançarem objetivos universais de participação social".
- **Saúde básica**: "É necessidade básica, porque sem a provisão devida para satisfazê-la os homens estarão impedidos inclusive de viver".
- **Autonomia básica**: "Capacidade do indivíduo de eleger objetivos e crenças, de valorá-los com discernimento e de pô-los em prática sem opressões (...) Ser autônomo, nesse sentido consiste em possuir capacidade de eleger opções informadas sobre o que se tem que fazer e de como levá-lo a cabo".

A construção de um indicador não é uma tarefa tão simples e neutra. Existe um componente político muito forte na sua criação.

Este não é o momento de discorrer sobre a construção teórica feita pelos referidos autores, mas a relação estabelecida entre sobrevivência (saúde) e autonomia (opções) vinha ao encontro de nossa perspectiva de superar a polarização entre dados quantitativos e qualitativos. Foi uma possibilidade de estabelecer uma proposta de acompanhamento plural, dinâmica. A fim de demonstrar esse aspecto um pouco mais, vamos explicitar alguns dos elementos que orientaram a escolha das variáveis e dos indicadores básicos para o acompanhamento, em especial, de Programas de Complementação de Renda.

Por fim, os autores colocam que, apesar das necessidades básicas serem comuns a todos, elas não implicam uniformidade em sua satisfação, uma vez que devem ser contextualizadas no tempo e no espaço socioeconômico, cultural etc. de cada realidade específica. Indicam, assim, 11 variáveis (*satisfiers*) de satisfação das necessidades básicas humanas, capazes de "melhorar as condições de vida e de cidadania das pessoas". Nove características são gerais — aplicam-se portanto a todas as pessoas; uma característica aplica-se às crianças e outra, às mulheres.

1. Alimentação nutritiva e água potável;
2. Habitação adequada: garantia de abrigo suficiente, existência de saneamento, ausência de superlotação residencial;
3. Ambiente de trabalho desprovido de riscos;
4. Ambiente físico saudável;
5. Cuidados de saúde apropriados;

6. Proteção à infância;
7. Relações primárias significativas;
8. Segurança física;.
9. Segurança econômica;
10. Educação apropriada;
11. Segurança no planejamento familiar, na gestação e no parto.

Consideramos que não é possível acompanhar as onze categorias com base no Programa de Renda Mínima. Dentre elas, especificamos algumas variáveis com maior relação com os objetivos e as estratégias adotadas pelo Programa. Assim, colocarei o objetivo de um dos programas de Renda Mínima para que possamos perceber a possibilidade ou não de acompanhar esta ou aquela variável, este ou aquele indicador.

a. Objetivo geral

• Ampliar os níveis de inclusão social dos membros das famílias, no contexto local e da cidade, fortalecendo o grupo familiar de modo a autogerir seu processo de desenvolvimento.

b. Objetivos específicos[1]

• *Apoiar economicamente as famílias.*
• *Garantir a permanência das crianças e dos adolescentes na escola* e o progressivo sucesso em seus resultados escolares.
• *Incluir os jovens e adultos das famílias nos programas de alfabetização e na qualificação e requalificação profissional.*
• Incluir os adultos das famílias em programas de geração de emprego, de renda, de proteção e de fomento a formas cooperativadas de trabalho.
• Integrar física e socioeconomicamente os núcleos de favelas — nos quais residem as famílias —, no contexto do bairro e da cidade.
• *Ampliar os vínculos relacionais da família aumentando suas trocas culturais e seu acesso a novas informações.*
• *Fortalecer o grupo familiar,* de modo a gerir seu processo de desenvolvimento e inclusão social de forma autônoma.

[1] Os grifos se referem aos pontos considerados básicos para qualquer programa de renda mínima.

Com base nessa fundamentação, construímos um núcleo de indicadores básicos de acompanhamento e avaliação de Programas de Renda Mínima, conforme ilustrado nas figuras seguintes.

Figura 1[2]
Autonomização quantitativa/objetiva

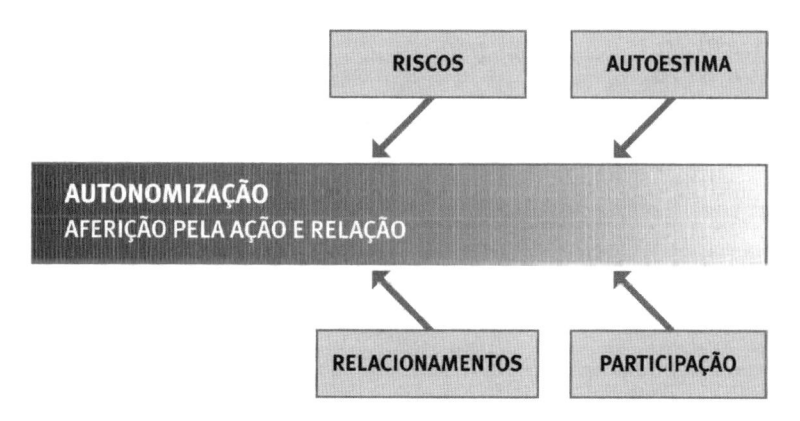

Figura 2
Autonomização qualitativa/subjetiva

[2] As figuras 1 a 4 foram sistematizadas por Ana Rojas Acosta, em 2002.

E aí parece que terminou o trabalho, mas na verdade só está começando. A figura 2 é uma tentativa de levantar os descritores, as variáveis que podem ser mensuradas de cada um dos indicadores.

Na Figura 3 temos alguns exemplos, e outros na Figura 4.

Após essa construção, temos que criar as medidas, os padrões, os parâmetros para transformar o aumento em um aumento, dois aumentos, três aumentos; para transformar o crescimento em um crescimento, dois crescimentos, três crescimentos, ou seja, há que se criar "padrões de normalidade" e escalas que nos mostrem a melhora ou a piora, o aumento ou a diminuição de determinadas variáveis a partir de determinadas intervenções.

Dependendo de onde estivermos, dependendo do que acreditarmos, dependendo das ferramentas e das estratégias que estiverem à nossa disposição, poderemos escolher este ou aquele indicador, esta ou aquela variável como a mais significativa para dizer se houve ou não melhoria na sociabilidade dos jovens que vão ao teatro, para dizer se houve

FIGURA 3
Autonomia quantitativa/objetiva

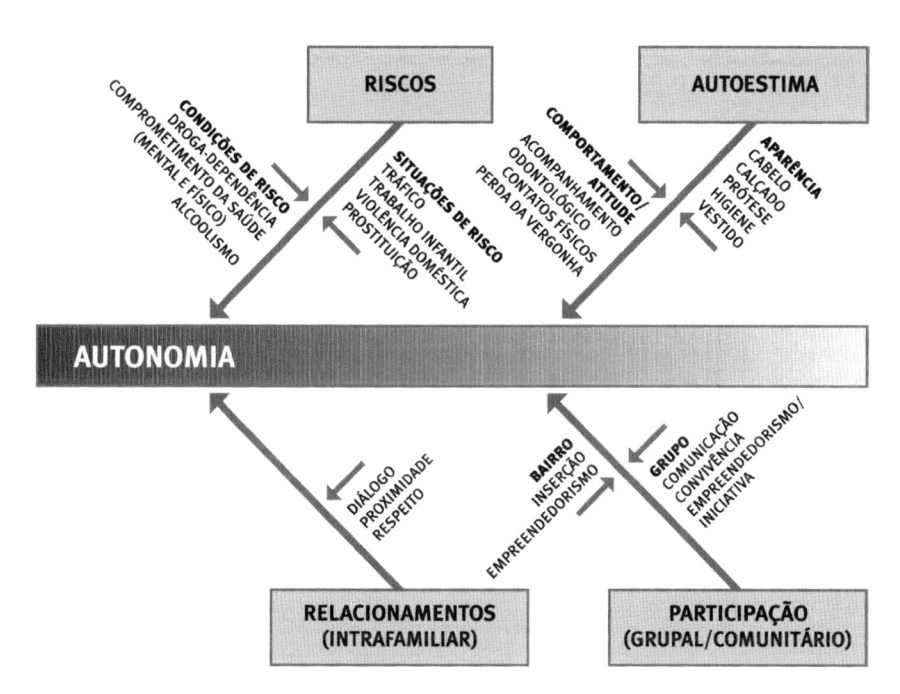

FIGURA 4
Autonomia qualitativa/subjetiva

ou não aumento da autoestima de um membro do grupo socioeducativo do Programa de Renda Mínima.

A avaliação e a construção de indicadores é um processo de valoração; eles identificam os processos e os resultados, comparam dados de desempenho, julgam, informam e propõem soluções segundo um referencial, um acúmulo, um posicionamento político e ideológico. Não é uma tarefa fácil, aliás, é sempre muito polêmica.

■ Referências bibliográficas

CARDOSO, Adauto Lúcio. *Municipalização das políticas habitacionais*. Uma avaliação da experiência recente (1993-1996). Rio de Janeiro: Fase: UFRJ/Ippur, Observatório de Políticas Urbanas e Gestão Municipal, 2000.

JANNUZZI, Martino Paulo de. *Indicadores sociais no Brasil*. Conceitos, fontes de dados e aplicações. Campinas: Alínea, 2001.

Kayano, Jorge; Caldas, Eduardo de Lima. Indicadores para o diálogo. In: *Novos contornos da gestão local:* conceitos em construção. São Paulo: Pólis; Programa Gestão Pública e Cidadania/FGV-Eaesp, 2002.

Pereira, Potyara A. P. *Necessidades humanas:* subsídio à crítica dos mínimos sociais. São Paulo: Cortez, 2000.

Telles, Vera. *Pobreza e cidadania.* São Paulo: USP, Curso de Pós-Graduação em Sociologia. São Paulo: Editora 34, 2001.

www.ibge.gov.br

www.ipea.gov.br

www.un.org

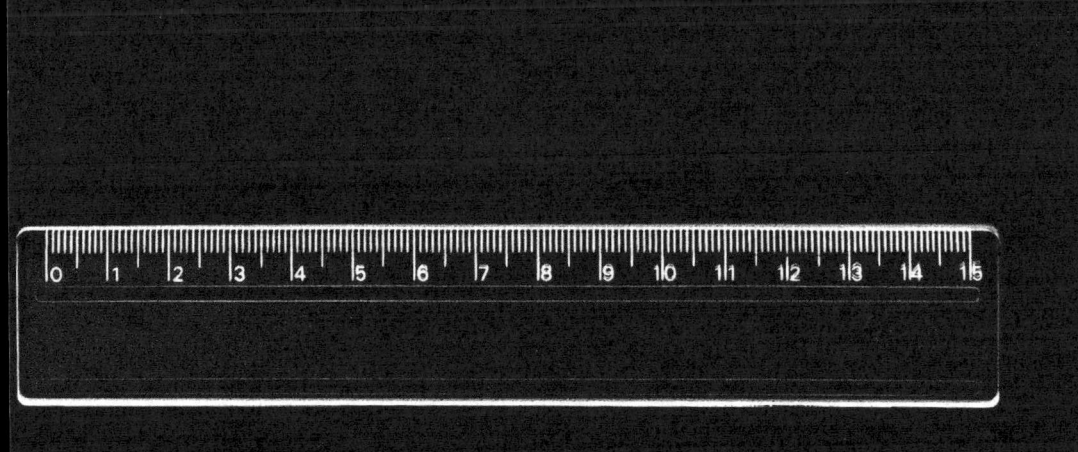

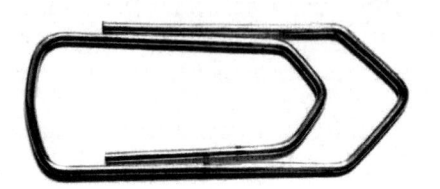

Índice de Desenvolvimento da Família (IDF)
MIRELA DE CARVALHO*
RICARDO PAES DE BARROS**
SAMUEL FRANCO***

Reconhecer que a pobreza é um fenômeno multidimensional não é nenhuma novidade. Entretanto, na prática, a insuficiência de renda acabou adquirindo uma importância muito maior na definição do seu conceito do que a de outras dimensões, tais como o acesso ao conhecimento e às condições de saúde. Essa preponderância se deve ao menos a dois fatores.

Em primeiro lugar, temos de reconhecer que, de todas as dimensões da pobreza, é provável que a insuficiência de renda seja de fato a mais importante. Isto porque, atualmente, na maior parte dos países do mundo, as famílias têm acesso aos meios necessários à manutenção de seu bem-estar através dos mercados, e para isso precisa-se de recursos monetários. Dessa forma, não tê-los suficientemente representa um bom indicador de carência.

O segundo fator diz respeito à necessidade de elaboração de um indicador escalar de pobreza, uma vez que sua existência é condição necessária e suficiente para a ordenação de situações sociais alternativas. Ou seja, considerando-se duas situações sociais distintas — representativas de duas comunidades num mesmo ponto no tempo, ou da mesma comunidade em pontos distintos —, para conseguirmos ordená-las seria necessário contarmos com um indicador. Embora a insuficiência de renda seja um indicador importante, ele certamente não é o único possível.

A ideia de construir um indicador escalar que sintetize todas as dimensões relevantes da pobreza é antiga. Não obstante, tomou verdadeiro impulso apenas após a criação do Índice de Desenvolvimento Humano (IDH) pelo Programa

* Economista pela Universidade Federal do Rio de Janeiro; mestre e doutoranda em sociologia pelo Instituto Universitário do Rio de Janeiro.
** Doutor em Economia; consultor do Ipea.
*** Consultor do Ipea.

das Nações Unidas para o Desenvolvimento (PNUD), no início da década de 1990. Hoje, o IDH rivaliza com indicadores de pobreza que se baseiam na insuficiência de renda a primazia para ordenar a situação social de países, regiões, políticas sociais, bem como para avaliar o progresso no combate à pobreza.

O Índice de Desenvolvimento Humano apresenta, entretanto, deficiências largamente conhecidas e reconhecidas. Três são de particular importância. Em primeiro lugar, e a que mais atenção tem recebido, está a seleção arbitrária dos indicadores e dos pesos utilizados para criar o indicador sintético. Embora isso tenha variado um pouco ao longo dos primeiros anos de existência, o IDH atual se baseia em quatro indicadores básicos: a) esperança de vida ao nascer; b) taxa de analfabetismo; c) taxa de matrícula combinada; e d) renda *per capita*.

Por que são estes os indicadores considerados ou, mais comumente, por que são apenas estes indicadores? Estas têm sido questões repetidas vezes tratadas na literatura. A resposta veio através da construção de indicadores similares ao IDH, mas envolvendo um número muito maior de dimensões. A fim de exemplificá-los minimamente, podemos citar um índice conhecido e presente no *Atlas de Desenvolvimento Humano* (Ipea/PNUD/FJP, 1998): o Índice de Condições de Vida (ICV). Todas essas extensões ou variações do IDH demonstraram que expandir o número de indicadores que compõem o índice sintético é tarefa muito mais fácil do que determinar como tais indicadores devem ser ponderados.

Existe ainda uma segunda limitação, a qual tem recebido pouca atenção na literatura e que integra o eixo central deste trabalho, qual seja, o fato de nem o IDH nem seus similares estarem adaptados de modo a serem calculados para cada família. Em geral, eles são estimados apenas para áreas geográficas.

Por fim, uma terceira limitação do IDH e de seus similares pode ser definida segundo as dificuldades que colocam para a agregação. Enquanto muitos indicadores de pobreza para um país se igualam à média ponderada dos correspondentes indicadores estaduais, no caso do IDH nacional não se pode obter equivalente média.

Dito isso, o objetivo central deste estudo é demonstrar como é possível obter um indicador sintético, no mesmo espírito do IDH, calculável para cada família e que possa ser facilmente agregado para qualquer grupo demográfico, tais como os negros ou as famílias chefiadas por mulheres, da mesma forma como tradicionalmente é feito com os indicadores de pobreza. O procedimento proposto permite acomodar qualquer número de indicadores e dimensões, como também qualquer sistema de pesos. A fim de tornar a discussão concreta, construímos um indicador específico — ao qual denominamos Índice de Desenvolvimento da Família (IDF) —, que considera seis dimensões, 26 componentes e 48 indicadores. Para obter o indicador sintético, adotamos um sistema neutro de pesos, análogo ao utilizado para construir o IDH.

> *A escolha dos indicadores que devem compor o índice sintético, e de seus respectivos pesos, não é uma questão técnica ou estatística, mas reflete preferências sociais.*

Vale ressaltar que o índice ora apresentado é apenas um exemplo de como aplicar os princípios gerais propostos neste estudo. A escolha final de quais indicadores devem compor o índice sintético e de que pesos devem ser utilizados não é uma questão técnica ou estatística, devendo refletir preferências sociais. É, portanto, uma questão a ser respondida pela sociedade e não por técnicos.

Em suma, o objetivo deste trabalho é demonstrar como é possível construir um índice sintético que, por um lado, compartilhe com o IDH e com seus similares a vantagem de levar em consideração diversas dimensões da pobreza, para além da insuficiência de renda; por outro lado, que apresente, assim como os índices tradicionais, a capacidade de poder ser construído para cada família individualmente e ser facilmente agregado.

Para isso, organizamos este estudo em quatro seções, além desta introdução. Na próxima, investigamos por que é necessário construir um indicador sintético e quais as dificuldades gerais envolvidas nessa construção; apresentamos, ainda, alternativas para a superação dessas dificuldades. Na seção seguinte, discutimos três das principais limitações do IDH e demonstramos como um indicador pode ser construído para superar ao menos duas delas: a individualidade e a agregabilidade. A seguir, ilustramos a construção desse novo indicador, a que denominamos IDF. Por fim, na última seção, com base no indicador proposto, obtemos estimativas da distribuição do grau de desenvolvimento das famílias no Brasil de acordo com informações da PNAD 2001; o objetivo é demonstrar a praticidade e a versatilidade da metodologia proposta.

■ Multidimensionalidade e ordenação

A pobreza é, seguramente, um fenômeno multidimensional que não se reduz apenas à insuficiência de um poder aquisitivo mínimo. Esta característica gera uma série de dificuldades para se trabalhar com seu conceito. Dentre elas, ressaltamos uma específica, que será o foco de todo este estudo. Trata-se da dificuldade de ordenação. Uma vez que só é possível ordenar o conjunto dos números reais, caso se deseje ordenar a pobreza entre indivíduos ou entre sociedades é necessário, antes, que seu conceito multidimensional seja convertido num escalar.

No intuito de clarificar as dificuldades de ordenação impostas pela multidimensionalidade, considere o seguinte exemplo: a cidade A apresenta, em algumas das dimensões da pobreza, resultados melhores que os apresentados pela cidade B, ao passo que, em outras dimensões, a cidade A é a mais fraca. Qual delas está em piores condições de pobreza? Uma argumentação possível seria admitir que nem tudo dentro das ciências sociais é perfeitamente ordenável, como é o caso da pobreza — portanto, não se pode ter a pretensão de ordenar essas duas cidades. Tudo o que se poderia afirmar é que a cidade A é melhor do que B em certas dimensões, e que B é melhor que A nas demais dimensões.

Esta visão, por sua vez, gera alguns inconvenientes. Suponhamos que a cidade A tenha melhorado muito, num certo período de tempo, em quase todos os indicadores considerados relevantes pela sociedade, exceto em um, que piorou um pouco. Suponhamos também que este único indicador que piorou não seja considerado pela sociedade como um dos mais relevantes. A visão de que as situações de pobreza não são ordenáveis nos impossibilitaria concluir que esta cidade melhorou no período de tempo considerado.

Um segundo inconveniente desta visão é que, na prática, as pessoas fazem suas ordenações. Escolhem um bairro para viver em detrimento de outro e, para isso, precisam levar em consideração que o escolhido apresenta algumas dimensões melhores e outras piores. Votam em programas políticos que privilegiam a melhora de determinadas dimensões em detrimento de outras, e por aí vai. Exatamente por isso, afirmar que duas coisas são incomparáveis quando a sociedade as está comparando, significa uma enorme perda de capacidade de análise.

Desta forma, uma importante missão para os cientistas sociais é decifrar como as pessoas estão fazendo, na prática, suas ordenações. De posse desse conhecimento, podem-se gerar indicadores que facilitem sua realização. De fato, a principal contribuição dos cientistas sociais para essas ordenações está na construção de um indicador sintético que revele como as pessoas efetivamente escolhem. Mais do que isso, está em descobrir que espécie de indicador sintético as pessoas têm em mente ao realizar suas opções.

A pobreza é um fenômeno multidimensional, que não se reduz apenas à insuficiência de um poder aquisitivo mínimo.

No item seguinte, trataremos de alguns detalhes desta relevante missão dos cientistas sociais para o tema da pobreza.

■ Escolha social *versus* individual

Vimos que, na prática, as pessoas acabam ordenando dimensões que definem a pobreza, atribuindo maior relevância a algumas e menor a outras. Esta ordenação é possível porque os indivíduos têm preferências em relação a certos bens, situações, serviços etc. Isso significa que todas as pessoas são capazes de produzir uma ordenação, com a qual reconhecem combinações preferíveis.

Quando colocamos diante de um indivíduo cestas de bens e serviços variados, isto é, combinações distintas de bens e serviços, temos que cada uma delas produzirá em cada pessoa um certo grau de satisfação. De acordo com o grau de satisfação que trazem, todas as pessoas serão capazes de produzir uma ordenação própria dessas distintas cestas.

Da mesma forma, quando um indivíduo se depara, não mais com bens, mas com dimensões da pobreza, como educação, saúde, renda etc., não há razões para supor que ele não seja capaz de combiná-las de acordo com suas preferências e valores. Para alguns, a educação pode ser mais importante do que tudo, ao passo que, para outros, a dimensão da saúde pode ser a mais cara. Assim, cada um de nós é capaz de descobrir qual é a combinação de saúde, educação, segurança, renda etc. capaz de nos trazer o maior nível de satisfação.

É claro que escolher não é tarefa fácil, exigindo reflexão e tempo. Se assumirmos que os indivíduos dispõem do tempo necessário para refletir, não há porque supormos que eles não serão capazes de escolher a combinação que mais lhes satisfaz. Então, qual é o problema?

O problema é que cada indivíduo tem suas preferências e produz uma ordenação particular. Qual destas ordenações é a socialmente aceita?

Tradicionalmente, os economistas têm mostrado que o problema de agregar as preferências individuais para se alcançar uma preferência social não foi completamente resolvido. Entretanto, na prática, situações como estas acontecem no dia a dia e, de alguma forma, têm sido resolvidas. Algum critério de justiça é seguido ou simplesmente as pessoas convencem umas às outras e alcançam consensos, acordos etc.

■ A adoção de um indicador sintético

Conforme mencionamos, um indicador sintético é uma regra de escolha, pois combina dimensões distintas, atribuindo pesos a cada uma delas. Sua utilidade para uma sociedade é enorme, e pode ser exemplificada nas tarefas de avaliação do cumprimento de metas, avaliação do impacto de programas sociais e de focalização.

No caso do cumprimento de metas, temos que, atualmente, cada vez mais, os países fixam metas de desenvolvimento social. Como este é multidimensional, é necessário recorrer-se a um indicador sintético. Desta forma, para avaliar se o nível de desenvolvimento social de um país melhorou ou não, é preciso saber o que se passou com as dimensões e os indicadores considerados mais relevantes pela sociedade. Caso alguns tenham melhorado e outros piorado, é importante conhecer o impacto dessas variações sobre a meta de desenvolvimento social estabelecida.

Podemos pensar, também, na comparação entre as avaliações de impacto de dois programas sociais distintos. Sabendo-se que estes afetam várias dimensões da vida de uma família, como escolher o de maior impacto, quando cada um deles apresenta impacto diferenciado sobre as dimensões? Também neste ponto o uso de um indicador sintético é fundamental.

Uma terceira utilidade para os indicadores sintéticos está na focalização de programas sociais. Focalizar significa dar prioridade a alguns segmentos em detrimento de outros. Em termos mais específicos, significa colocar as pessoas numa fila em ordem de prioridade no atendimento. Como criar uma fila dessas baseando-nos em grupos heterogêneos se, para alguns, a carência está relacionada à falta de renda e, para outros, à falta de condições de saúde? Um indicador sintético é mais uma vez imprescindível.

Para avaliar se o nível de desenvolvimento social de um país melhorou ou não, é preciso saber o que se passou com os indicadores considerados mais relevantes pela sociedade.

O indicador sintético que estamos propondo, como qualquer outro indicador desta natureza, reúne um conjunto de indicadores e atribui pesos às dimensões. A definição de quais devem ser estes indicadores e pesos não obedece a uma solução matemática relacionada ao cálculo do próprio indicador, devendo provir do debate da sociedade.

No caso específico do indicador por nós proposto, cada uma das dimensões acabou recebendo o mesmo peso, mas a questão é que esses pesos, bem como as próprias dimensões e indicadores, estão aí para serem debatidos e redefinidos pela sociedade.

■ Limitações do IDH

O Índice de Desenvolvimento Humano (IDH) tem uma variedade de limitações amplamente reconhecidas. Nesta seção, descreveremos três delas e indicaremos como esse índice (a ser apresentado na próxima seção) supera algumas delas.

■ Dimensões, indicadores e pesos

A primeira limitação do IDH está relacionada à seleção dos indicadores que o compõe e aos seus pesos. O fato é que não existe uma clara racionalidade para as escolhas realizadas, exceto a de que se busca incluir, com pesos balanceados, apenas um pequeno número de indicadores dentre aqueles disponíveis e considerados mais relevantes. Duas dificuldades são evidentes neste caso.

Por um lado, conforme discutimos na seção anterior, a seleção correta de indicadores e de seus respectivos pesos é aquela que representa as preferências sociais, o que não está garantido nas escolhas implícitas na construção do IDH. No entanto, a velocidade com que esse índice vem sendo difundido pode significar que essas escolhas não contradizem as percepções das diversas sociedades sobre o que constitui o desenvolvimento humano.

O Índice de Desenvolvimento da Família (IDF), que propomos, nada acrescenta quanto à superação desta dificuldade. Da mesma forma que o IDH, ele também se baseia numa ponderação balanceada de um conjunto de indicadores sociais comumente utilizados.

Por outro lado, o IDH é comumente criticado pelo tratamento bastante simplificado que dá ao desenvolvimento humano, ao incluir apenas três dimensões e quatro indicadores. Teoricamente, a ampliação do número de dimensões e de indicadores utilizados para representá-las não é uma dificuldade. A questão é de ordem prática e está relacionada à disponibilidade e à fidedignidade dos indicadores que poderiam ser utilizados. Eventualmente, a parcimônia pode ser um objetivo perseguido; sendo assim, esse aumento pode não ser desejável.

Com o IDF (melhor analisado na próxima seção), expandimos consideravelmente o escopo do IDH, ao dobrarmos o número de dimensões consideradas e aumentarmos de quatro para 48 o número de indicadores. Se considerarmos que um maior número de dimensões e indicadores representa uma melhoria no índice, o IDF poderá ser considerado melhor que o IDH. Vale ressaltar que a metodologia que desenvolvemos para o cálculo do IDF pode ser igualmente aplicada quaisquer que sejam os indicadores e pesos selecionados, desde que as regras básicas de construção sejam mantidas. Assim, é perfeitamente possível construir um IDF ideal com indicadores e pesos selecionados pela sociedade, desde que estes sejam conhecidos.

■ Desagregabilidade

A desagregabilidade diz respeito à unidade mínima de análise para a qual se pode obter o indicador sintético. Neste ponto, foi possível avançar significativamente em relação ao IDH.

Devido à forma como esse índice agrega as informações, ele tem na unidade geográfica sua unidade básica de análise. Portanto, podemos calcular o IDH de um país, de uma cidade ou mesmo de um bairro, mas não podemos calcular o mesmo índice de uma família, ou dos negros, ou das mulheres. Isto ocorre porque, para seu cálculo, primeiro se agregam espacialmente as informações sobre as famílias de uma dada área (por exemplo, calcula-se a taxa de analfabetismo de um país, de um Estado, município ou bairro, ou a renda *per capita* destas áreas). Somente depois é que se passa à agregação temática ou relativa às dimensões da pobreza.

Dentre as vantagens do IDF que o diferem do IDH, a principal é o fato de ele permitir que se tenha a família como unidade de análise.

O IDF, por sua vez, visa reverter esta ordem, agregando, em primeiro lugar, as informações temáticas sobre as famílias, gerando um índice de desenvolvimento sintético para cada uma delas. Depois é que vem a agregação espacial.

O fato de o IDH realizar a agregação temática num segundo passo permite que se recorra a diferentes bases de dados para melhor expressar as diferentes dimensões da pobreza. Esta é, sem dúvida, uma grande vantagem de indicadores como o IDH, que permitem que dimensões raramente contempladas numa mesma base de informações possam ser conjuntamente incluídas no índice sintético. Além disso, em seu cálculo, é possível se fazer um melhor uso de toda a riqueza de informações disponíveis em uma dada área geográfica.

Já no caso do IDF, como a agregação temática é feita em primeiro lugar, temos que suas vantagens diferem daquelas relacionadas ao IDH. A principal delas é que o IDF permite que se tenha a família como unidade de análise, portanto, a segunda etapa pode envolver agregações não só de natureza espacial-geográfica, mas também de grupos sociais e demográficos. Por exemplo, é possível calcularmos o IDF dos negros, das crianças ou dos idosos.

O custo dessa maior "desagregabilidade" está na necessidade de que todas as informações básicas provenham de uma única fonte de informação, impedindo que diversas delas possam ser combinadas. Esta fonte única deve ser o mais rica possível — fato que pode acabar gerando restrições ao número de dimensões e de indicadores a serem incluídos na composição do indicador sintético.

■ Agregabilidade

No que se refere à agregabilidade, o IDF também representa um avanço em relação ao IDH. O Índice de Desenvolvimento Humano de um país não pode ser obtido como uma média ponderada dos respectivos índices dos estados que o compõem, o é permitido para o Índice de Desenvolvimento da Família, assim como para a maioria das medidas de pobreza baseadas na insuficiência de renda.

A falta de agregabilidade do IDH advém de dois fatores. O primeiro deles vem do fato de que os vários indicadores adotados têm bases populacionais distintas. Por exemplo, a renda *per capita* é calculada sobre toda a população, ao passo que a taxa de analfabetismo refere-se apenas à população de 15 anos e mais, e a taxa combinada de matrícula diz respeito à população de 6 a 25 anos. Já no caso do IDF, a população de referência para o cálculo de todos os indicadores é sempre a mesma: as famílias.

Além disso, a falta agregabilidade do IDH deve-se à não linearidade existente na construção desse índice, mais especificamente na forma logarítmica como o indicador de disponibilidade de recursos utiliza a renda *per capita*. Como a soma dos logaritmos é distinta do logaritmo da soma, o componente de renda não é aditivamente agregável. No caso do IDF, todos os indicadores são aditivamente agregáveis, apesar do emprego de diversas relações não lineares, indicando que a dificuldade de agregação do IDH não advém das não linearidades em si, mas da forma como estas são tratadas.

■ Construindo o Índice de Desenvolvimento da Família (IDF)

Nesta seção, ilustraremos como um índice de desenvolvimento poderia ser calculado no nível da família. O índice que ora apresentamos, além de possibilitar esse cálculo, tem características que permitem que ele seja fácil e aditivamente agregável, de forma que se obtenha o grau de desenvolvimento de qualquer grupo demográfico.

Seu desenho obedeceu às informações disponíveis do questionário básico da PNAD. Uma versão similar desse mesmo índice, adaptada para ser utilizada com as informações sobre o Cadastro Único, é apresentada em Barros e Carvalho (2002).

Na versão adaptada à PNAD, o IDF é composto, ao todo, por 6 dimensões, 26 componentes e 48 indicadores. Tudo se passa como se fizéssemos 48 perguntas às famílias, que devem responder sim ou não. Cada "sim" é computado como algo positivo e aumenta a pontuação na direção de um maior índice de desenvolvimento. O IDF pode variar entre 0 (para aquelas famílias que se encontram na pior situação possível) e 1 (para as que se encontram na melhor situação possível).

O IDF pode ser fácil e aditivamente agregável, permitindo obter o grau de desenvolvimento de qualquer grupo demográfico.

As seis dimensões das condições de vida avaliadas a partir das informações reunidas na PNAD e sintetizadas no IDF são:
- ausência de vulnerabilidade;
- acesso ao conhecimento;
- acesso ao trabalho;
- disponibilidade de recursos;
- desenvolvimento infantil;
- condições habitacionais.

Desta forma, todas as dimensões mais básicas das condições de vida, com exceção das condições de saúde e sobrevivência, puderam ser incluídas. Cada uma delas representa, em parte, o acesso aos meios necessários para as famílias satisfazerem suas necessidades e, em outra parte, a consecução de fins, isto é, a satisfação efetiva de tais necessidades.

Na Figura 1, apresentamos a inter-relação entre estas dimensões, partindo daquelas mais relacionadas ao acesso a meios, para concluir com as dimensões mais relacionadas à consecução de fins.

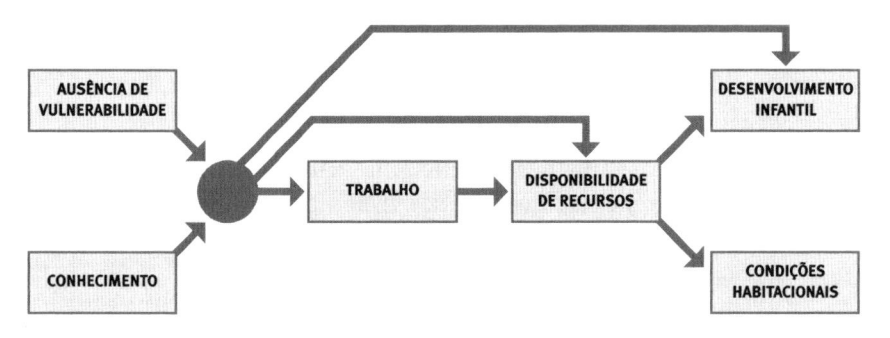

FIGURA 1
Dimensões do Índice de Desenvolvimento da Família (IDF)

Cada uma das seis dimensões relacionadas se desdobra em componentes que, por sua vez, requerem diferentes indicadores para representá-los. A seguir, apresentaremos tais componentes e quais indicadores podem ser construídos a partir da PNAD, com vistas a representá-los.

■ Ausência de vulnerabilidade

A vulnerabilidade de uma família representa o volume adicional de recursos que ela requer para satisfazer suas necessidades básicas, relativamente ao que seria requerido por uma família padrão. A presença, por exemplo, de gestantes, crianças, adolescentes, jovens e idosos aumenta sua vulnerabilidade, na medida em que o volume de recursos necessários para a satisfação de suas necessidades básicas é maior. Entre as seis dimensões consideradas, a ausência de vulnerabilidade é a única que não representa nem meios nem fins.

Com base nas informações da PNAD, é possível diferenciar cinco componentes da ausência de vulnerabilidade de uma família:

- **Fecundidade:** Trata-se de necessidades especiais nutricionais e de atendimento médico que surgem devido à presença de crianças em período de aleitamento.
- **Atenção e cuidados com crianças, adolescentes e jovens:** Famílias com a presença desses grupos incorrem em despesas adicionais relacionadas à transmissão de regras e hábitos de convivência, cuidados cotidianos (zelar pela segurança, alimentação etc.), além de apresentar necessidades específicas de educação e atendimento médico.
- **Atenção e cuidados especiais com idosos:** Famílias com a presença desses grupos incorrem em despesas adicionais relacionadas a cuidados cotidianos (zelar pela segurança, alimentação etc.) e necessidades especiais referentes a atendimento médico.
- **Razão de dependência econômica:** Quando o número de crianças ou idosos é proporcionalmente elevado em relação ao número de adultos, a família passa a ocupar uma posição desvantajosa, pois muitos dependem da renda de poucos.
- **Presença da mãe:** Crianças que estejam sendo criadas por terceiros têm maior probabilidade de estarem desprotegidas e, com

isso, podem estar trabalhando em atividades penosas, estar fora da escola ou doentes e sem atendimento médico adequado, entre outros problemas.

Com o propósito de representar esses componentes da ausência de vulnerabilidade das famílias, utilizamos os seguintes indicadores:

Quadro 1
Indicadores de ausência de vulnerabilidade das famílias

Fecundidade	V1.	Nenhuma mulher teve filho nascido vivo no último ano
	V2.	Nenhuma mulher teve filho nascido vivo nos últimos dois anos
Atenção e cuidados especiais com crianças, adolescentes e jovens	V3.	Ausência de criança
	V4.	Ausência de criança ou adolescente
	V5.	Ausência de criança, adolescente ou jovem
Atenção e cuidados especiais com idosos	V6.	Ausência de idoso
Dependência econômica	V7.	Presença de cônjuge
	V8.	Mais da metade dos membros encontram-se em idade ativa
Presença da mãe	V9.	Não existe criança no domicílio cuja mãe tenha morrido
	V10.	Não existe criança no domicílio que não viva com a mãe

Note que, segundo a forma como os indicadores **V1-V2** foram construídos, a presença de mulheres que tiveram filho no último ano é levada em consideração duas vezes. Analogamente, da forma como **V3-V5** foram construídos, a presença de crianças é considerada três vezes, ao passo que a presença de jovens, apenas uma. Esta forma de construção — aqui denominada **indicadores em cascata** — permite, numa avaliação do grau de ausência vulnerabilidade das famílias, dar um peso três vezes maior às crianças do que aos jovens, mesmo quando cada indicador recebe igual peso.

■ Acesso ao conhecimento

Dentre todos os meios de que uma família pode dispor para satisfazer suas necessidades, o acesso ao conhecimento certamente se encontra entre os mais importantes. Com base nas informações da PNAD, é possível construir indicadores para apenas três componentes desta dimensão: o analfabetismo, a escolaridade formal e a qualificação profissional.

No que diz respeito à qualificação profissional, não é possível obter indicadores diretos, embora um indicador indireto possa ser construído com base na informação sobre a ocupação exercida. Para medir o analfabetismo, o nível educacional e o grau de qualificação da família, utilizamos os seguintes indicadores:

QUADRO 2
Indicadores de acesso ao conhecimento

Analfabetismo	**C1.** Ausência de adulto analfabeto
	C2. Ausência de adulto analfabeto funcional
	C3. Presença de pelo menos um adulto com fundamental completo
Escolaridade	**C4.** Presença de pelo menos um adulto com secundário completo
	C5. Presença de pelo menos um adulto com alguma educação superior
Qualificação profissional	**C6.** Presença de pelo menos um trabalhador com qualificação média ou alta

Dois aspectos da seleção desses indicadores merecem destaque. O primeiro deles diz respeito ao uso repetido de indicadores em cascata. Por exemplo, uma vez que todo analfabeto é também um analfabeto funcional, ambos os indicadores (**C1** e **C2**) captam a presença de um analfabeto na família. Assim, o analfabetismo recebe, implicitamente, um peso duas vezes maior que o analfabetismo funcional. De forma similar, em **C3-C5** a educação superior recebe um peso três vezes maior que a educação fundamental, uma vez que toda a família contendo pelo menos uma pessoa com alguma educação superior também apresenta pelo menos uma pessoa com educação fundamental e secundária completas.

O segundo aspecto está relacionado ao fato de que, ao contrário das características estritamente domiciliares — tais como o acesso a esgotamento sanitário adequado, em que ter (presença) ou não ter (ausência) são as únicas possibilidades —, para os indicadores derivados das características individuais, como o analfabetismo, existem várias formas de uma família ter ou não a característica. Uma possibilidade seria a família não ter nenhuma pessoa analfabeta (ausência de analfabetos). Uma outra opção seria não ter todos os membros analfabetos (presença de ao menos uma pessoa alfabetizada). Note que os indicadores de analfabetismo (**C1** e **C2**) são do primeiro tipo, ao passo que os indicadores de escolaridade (**C3**-**C5**) e qualificação (**C6**) são do segundo tipo.

Dotar as famílias de meios sem garantir que elas possam efetivamente utilizá-los para a satisfação de suas necessidades não é uma política eficaz.

■ Acesso ao trabalho

Dotar as famílias de meios sem garantir que elas possam efetivamente utilizá-los para a satisfação de suas necessidades não é uma política eficaz. Assim, tão importante quanto garantir que as famílias tenham acesso aos meios que necessitam é dar-lhes a oportunidade de usá-los. Por exemplo, a importância de dar a uma pessoa os conhecimentos necessários para que ela desempenhe uma determinada função será dramaticamente reduzida, caso ela não venha a ter a oportunidade de realizá-la.

O acesso ao trabalho representa a oportunidade que uma pessoa tem de utilizar sua capacidade produtiva. Trata-se de um dos casos mais típicos de oportunidade para a utilização de meios. Inclui vários componentes, e entre eles podemos destacar:
- a disponibilidade de trabalho;
- a qualidade;
- a produtividade dos postos de trabalho disponíveis.

Com base na PNAD, é possível construir uma variedade de indicadores referentes a acesso, qualidade e produtividade dos postos de trabalho. Os indicadores selecionados são apresentados a seguir.

QUADRO 3
Indicadores de acesso ao trabalho

Disponibilidade de trabalho	**T1.** Mais da metade dos membros em idade ativa encontram-se ocupados **T2.** Presença de pelo menos um trabalhador há mais de seis meses no trabalho atual
Qualidade do posto de trabalho	**T3.** Presença de pelo menos um ocupado no setor formal **T4.** Presença de pelo menos um ocupado em atividade não agrícola
Remuneração	**T5.** Presença de pelo menos um ocupado com rendimento superior a 1 salário mínimo **T6.** Presença de pelo menos um ocupado com rendimento superior a 2 salários mínimos

Note, mais uma vez, o efeito cascata nos indicadores **T5-T6**, considerando que a presença de ao menos um ocupado com rendimento superior a dois salários mínimos implica a presença de ao menos um ocupado com rendimento superior a um salário mínimo.

■ Disponibilidade de recursos

Na medida em que a grande maioria das necessidades básicas de uma família pode ser satisfeita através de bens e serviços adquiridos no mercado, a renda familiar *per capita* passa a ser um recurso fundamental. Embora a origem dos recursos não seja relevante para a satisfação de suas necessidades, a sustentabilidade e o grau de independência dessas famílias dependem da parcela que é gerada autonomamente, e da parcela que é recebida como transferências de outras famílias ou do governo. Com base na PNAD, uma variedade de indicadores sobre a disponibilidade de recursos familiares pode ser obtida:

Quadro 4
Indicadores de disponibilidade de recursos

Extrema pobreza	**R1.** Renda familiar *per capita* superior à linha de extrema pobreza
Pobreza	**R2.** Renda familiar *per capita* superior à linha de pobreza
Capacidade de geração de renda	**R3.** Maior parte da renda familiar não advém de transferências

Note, novamente, a utilização do efeito cascata para dar maior peso à extrema pobreza. Neste caso, se **R2** é verdadeiro, então **R1** também o é.

■ Desenvolvimento infantil

Uma das principais metas de qualquer sociedade é garantir sempre, a cada criança, oportunidades para seu pleno desenvolvimento. Dada a informação disponível na PNAD, é possível captar quatro componentes do desenvolvimento infantil:
- proteção contra o trabalho precoce;
- acesso à escola;
- progresso escolar;
- mortalidade infantil.

Com o objetivo de representar esses componentes, utilizamos os seguintes indicadores:

QUADRO 5
Indicadores de desenvolvimento infantil

Trabalho precoce	D1.	Ausência de criança com menos de 14 anos trabalhando
	D2.	Ausência de criança com menos de 16 anos trabalhando
Acesso à escola	D3.	Ausência de criança de 0 a 6 anos fora da escola
	D4.	Ausência de criança de 7 a 14 anos fora da escola
	D5.	Ausência de criança de 7 a 17 anos fora da escola
Progresso escolar	D6.	Ausência de criança de até 14 anos com mais de 2 anos de atraso
	D7.	Ausência de adolescente de 10 a 14 anos analfabeto
	D8.	Ausência de jovem de 15 a 17 anos analfabeto
Mortalidade infantil	D9.	Ausência de mãe cujo filho tenha morrido
	D10.	Há, no máximo, uma mãe cujo filho tenha morrido
	D11.	Ausência de mãe com filho nascido morto

Observe o uso do efeito cascata em D1-D2 para dar maior peso ao trabalho de crianças menores de 14 anos que ao de adolescentes entre 14 e 16 anos. Usa-se também o mesmo expediente em D4-D5, para dar maior peso à frequência escolar de adolescentes de 7 a 14 anos que à de jovens entre 15 e 17 anos.

■ **Condições habitacionais**

As condições habitacionais representam uma das principais dimensões das condições de vida de uma família, devido à sua íntima relação com as condições de saúde. Dada a informação disponível na PNAD, podemos avaliar diversos dos seus componentes:
- propriedade do imóvel;
- déficit habitacional;
- abrigabilidade;
- acesso adequado à água;

- acesso adequado a esgotamento sanitário;
- acesso à coleta de lixo;
- acesso à eletricidade;
- acesso a bens duráveis.

No entanto, não há informações sobre alguns componentes importantes das condições habitacionais, tais como a falta de segurança, a separação das funções entre os cômodos disponíveis, a natureza do entorno e a distância em relação à escola e ao centro de saúde mais próximo.

Assim, para medir esses oito componentes das condições habitacionais, que podem ser avaliados com base nas informações da PNAD, utilizamos os seguintes indicadores:

QUADRO 6
Indicadores de condições habitacionais

Propriedade	H1.	Domicílio próprio
	H2.	Domicílio próprio ou cedido
Déficit habitacional	H3.	Densidade de até dois moradores por dormitório
Abrigabilidade	H4.	Material de construção permanente
Acesso a abastecimento de água	H5.	Acesso adequado à água
Acesso a saneamento	H6.	Esgotamento sanitário adequado
Acesso a coleta de lixo	H7.	Lixo é coletado
Acesso a energia elétrica	H8.	Acesso à eletricidade
Acesso a bens duráveis	H9.	Acesso a fogão e geladeira
	H10.	Acesso a fogão, geladeira, televisão ou rádio
	H11.	Acesso a fogão, geladeira, televisão ou rádio e telefone
	H12.	Acesso a fogão, geladeira, televisão ou rádio, telefone e computador

Vale atentar, mais uma vez, para o uso do efeito cascata em H_1-H_2, conferindo maior peso à condição de domicílio próprio.

■ Construção do índice e subíndices sintéticos

Acima, apresentamos 48 indicadores, que buscam representar os 26 componentes das seis dimensões das condições de vida da população, com que se pode trabalhar segundo dados da PNAD. Dada a complexidade de utilizar um número tão elevado de indicadores e a necessidade de ordenar as condições sociais das famílias, das comunidades, dos municípios ou estados, é preciso criar indicadores sintéticos. Estes indicadores buscam sintetizar, em um único número, a informação de diversos indicadores básicos.

Existem inúmeras estratégias para a construção desses indicadores sintéticos. Uma possibilidade, consagrada pelo IDH, é obter o indicador sintético **S** de uma série de indicadores básicos, $\{B_i : i = 1, ..., m\}$, via

$$S = \sum_i w_i \cdot \{(B_i - l_i) / (L_i - l_i)\}$$

onde L_i e l_i são, respectivamente, o limite superior e inferior para o indicador **i**, e w_i, o peso dado a este indicador.

Variados são os critérios para se obterem os limites e o peso de cada indicador, sendo alguns puramente estatísticos, outros, uma mescla de conveniência e critérios substantivos e estatísticos. Em princípio, a escolha dos limites e dos pesos depende da utilização específica que se deseja dar ao indicador sintético. Quando o objetivo é obter um indicador geral das condições de vida ou do desenvolvimento humano da população, como o IDH, a melhor opção é utilizar as preferências da sociedade. Na ausência de informações sobre a natureza dessa preferência, pode-se tratar todas as dimensões e seus componentes de forma simétrica. Esta é a alternativa implícita no IDH e aqui também utilizada para construir o IDF.

Mais especificamente, atribuímos o mesmo peso: (a) a todos os indicadores de cada componente de uma dimensão, (b) a todos os componentes de uma dimensão e (c) a cada uma das seis dimensões que compõem o IDF. Assim, se assumimos que cada indicador pode variar livremente entre **zero** e **um** (i.e., assumindo que $l_{ijk} = 0$ e $L_{ijk} = 1$), o indicador sintético fica definido com base nos indicadores básicos, via

$$S = (1/6) \cdot \Sigma_k (1/m_k) \cdot \Sigma_j (1/n_{jk}) \cdot \Sigma_i B_{ijk}$$

onde, B_{ijk} denota o i-ésimo indicador básico do j-ésimo componente da k-ésima dimensão; m_k, o número de componentes da k-ésima dimensão; e n_{jk}, o número de indicadores do j-ésimo componente da k-ésima dimensão. Desta expressão decorre imediatamente que

$$S = \Sigma_k \Sigma_j (1/(6m_k \cdot n_{jk})) \cdot \Sigma_i B_{ijk}$$

e, portanto, que

$$w_{ijk} = 1/(6m_k \cdot n_{jk}).$$

Assim, conforme ilustra esta expressão, indicadores básicos de componentes distintos terminam, em geral, tendo pesos também distintos, na medida em que o número de indicadores por componentes e o número de componentes por dimensão não são homogêneos. De fato, o peso de um indicador depende do componente e da dimensão a que pertence.

Implicitamente, essa expressão também gera indicadores sintéticos para cada um dos componentes de cada dimensão, S_{jk}, assim como para cada uma das dimensões, S_k, via

$$S_{jk} = (1/n_{jk}) \cdot \Sigma_i B_{ijk}$$

e

$$S_k = (1/m_k) \cdot \Sigma_j S_{jk} = (1/m_k) \cdot \Sigma j (1/n_{jk}) \cdot \Sigma_i B_{ijk}.$$

Têm-se também que

$$S = (1/6) \cdot \Sigma_k S_k$$

Em outras palavras, o indicador sintético de cada componente, S_{jk}, é a média aritmética dos indicadores utilizados para representar este componente. Da mesma forma, o indicador sintético de cada dimensão, S_k, é a média aritmética dos indicadores sintéticos dos seus componentes. Por fim, o indicador sintético global, **S**, é a média aritmética dos indicadores sintéticos das seis dimensões que o compõem.

Aplicações

Com o intuito de ilustrar o emprego e a versatilidade do IDF, estimamos este indicador para cada uma das famílias brasileiras presentes na amostra das PNADs coletadas entre 1992 e 2001. Com base nessas estimativas, uma série de comparações do grau de desenvolvimento das famílias pode ser realizada. Nesta seção, relataremos os resultados de tais comparações a fim de ilustrar a aplicação do IDF.

A Tabela 1 apresenta o IDF para as cinco famílias com piores graus de desenvolvimento no ano de 2001. O nível do IDF é muito baixo, próximo a 0,20, e varia pouco entre elas. Existe, entretanto, significativas diferenças entre elas no que se refere ao nível de alguns dos subíndices. Assim, embora exista uma grande similaridade entre as famílias em três das dimensões consideradas (acesso ao conhecimento, acesso ao trabalho e disponibilidade de recursos), nas demais três dimensões existem substanciais diferenças, com os subíndices variando em cerca de 40 pontos percentuais entre as famílias com a melhor e a pior situação. Por exemplo, entre essas cinco famílias, o índice de condições habitacionais varia de 0,00 a 0,38; o de ausência de vulnerabilidade varia de 0,20 a 0,60, ao passo que o de desenvolvimento infantil, de 0,33 a 0,83.

TABELA 1

IDF: Síntese para famílias com os mais baixos índices de desenvolvimento

DIMENSÃO	FAMÍLIA 1	FAMÍLIA 2	FAMÍLIA 3	FAMÍLIA 4	FAMÍLIA 5
Indicador sintético	0,18	0,21	0,22	0,23	0,23
Vulnerabilidade	0,60	0,60	0,20	0,40	0,30
Acesso ao conhecimento	—	—	—	—	—
Acesso ao trabalho	0,17	0,17	0,17	0,17	0,17
Disponibilidade de recursos	—	—	—	—	—
Desenvolvimento infantil	0,33	0,42	0,83	0,42	0,67
Condições habitacionais	—	0,06	0,13	0,38	0,25

Fonte: Pesquisa Nacional por Amostra de Domicílios (PNAD) de 2001.

Com a finalidade de ilustrar as potencialidades do IDF quanto às suas facilidades em agregação, apresentamos na Tabela 2 o IDF correspondente a quatro grupos demográficos importantes: crianças, idosos, negros e famílias chefiadas por mulheres. Esta tabela revela que, conforme esperado, todos esses grupos têm um nível de desenvolvimento abaixo da média. Surpreendentemente, talvez, o desempenho de famílias com idosos seja pior do que o desempenho das famílias com crianças. Quando a pobreza é medida apenas como insuficiência de renda, seu grau tende a ser bem maior entre as crianças do que entre os idosos, apesar da noção de renda utilizada ser a familiar *per capita*. Em consonância com esse fato, esta mesma tabela mostra que, na dimensão **disponibilidade de recursos**, os idosos apresentam desempenho melhor. As dimensões que se encontram empurrando para baixo o desempenho relativo dos idosos são: acesso ao conhecimento e acesso ao trabalho. Em que medida os idosos ou as crianças são o grupo mais carente é uma questão que, seguramente, merece uma investigação mais minuciosa.

TABELA 2
IDF: Síntese para grupos vulneráveis

DIMENSÃO	TOTAL	CRIANÇAS	IDOSOS	NEGROS	MEMBROS DE FAMÍLIAS CHEFIADAS POR MULHER
Indicador sintético	0,73	0,67	0,65	0,68	0,69
Vulnerabilidade	0,75	0,63	0,62	0,73	0,68
Acesso ao conhecimento	0,54	0,53	0,39	0,46	0,48
Acesso ao trabalho	0,60	0,57	0,42	0,56	0,55
Disponibilidade de recursos	0,79	0,71	0,75	0,72	0,74
Desenvolvimento infantil	0,91	0,88	0,92	0,88	0,90
Condições habitacionais	0,79	0,73	0,82	0,73	0,81

Fonte: Pesquisa Nacional por Amostra de Domicílios (PNAD) de 2001.

A Tabela 3 visa ilustrar a utilidade do IDF para avaliar o progresso temporal. Esta tabela revela que, entre 1992 e 2001, o grau médio de desenvolvimento das famílias brasileiras cresceu 4%. Esse desenvolvimento, entretanto, não foi uniforme ao longo das seis dimensões que compõem o índice. De fato, no que refere ao acesso ao trabalho, não existiram progressos ao longo da década, ao passo que, relativamente ao desenvolvimento infantil e às condições habitacionais, os indicadores específicos revelam progressos de 7% e 10%, respectivamente, ao longo do período.

TABELA 3
IDF: Síntese da evolução temporal do Brasil

DIMENSÃO	1992	1993	1995	1996	1997	1998	1999	2001
Indicador Sintético	0,69	0,70	0,71	0,72	0,72	0,73	0,73	0,73
Vulnerabilidade	0,73	0,73	0,74	0,73	0,73	0,74	0,74	0,75
Acesso ao Conhecimento	0,51	0,51	0,52	0,52	0,52	0,53	0,53	0,54
Acesso ao Trabalho	0,60	0,62	0,63	0,64	0,63	0,63	0,63	0,60
Disponibilidade de Recursos	0,76	0,75	0,80	0,80	0,79	0,80	0,79	0,79
Desenvolvimento Infantil	0,84	0,84	0,86	0,87	0,87	0,88	0,89	0,91
Condições Habitacionais	0,71	0,72	0,74	0,76	0,76	0,77	0,79	0,81

Fonte: Pesquisa Nacional por Amostra de Domicílios (PNAD) de 1992 a 2001.

A fim de ilustrar a utilidade do IDF para descrever as diferenças espaciais no país, na Tabela 4 apresentamos estimativas para as grandes regiões brasileiras, para um Estado com baixo desenvolvimento, o Maranhão, e outro com um alto desenvolvimento, São Paulo. De acordo com esta tabela, temos que o nível de desenvolvimento das famílias nordestinas encontra-se 9% abaixo da média brasileira, e 14% abaixo da média da Região Sudeste. O desenvolvimento das famílias maranhenses encontra-se quase 20% abaixo do desenvolvimento das famílias paulistas.

Tabela 4
IDF: Síntese para grandes regiões, Maranhão e São Paulo

Dimensão	Brasil	Grandes Regiões					MA	SP
		N	C-O	NE	SE	S		
Indicador sintético	0,73	0,70	0,64	0,78	0,77	0,74	0,61	0,80
Vulnerabilidade	0,75	0,71	0,71	0,76	0,77	0,75	0,68	0,77
Acesso ao conhecimento	0,54	0,53	0,45	0,59	0,60	0,55	0,45	0,61
Acesso ao trabalho	0,60	0,63	0,50	0,66	0,63	0,62	0,49	0,70
Disponibilidade de recursos	0,79	0,76	0,64	0,85	0,85	0,86	0,63	0,87
Desenvolvimento infantil	0,91	0,88	0,86	0,93	0,92	0,92	0,82	0,94
Condições habitacionais	0,79	0,72	0,68	0,86	0,82	0,76	0,57	0,88

Fonte: Pesquisa Nacional por Amostra de Domicílios (PNAD) de 2001.

Esta tabela também revela que, embora o Nordeste esteja atrás do Sudeste em todas as seis dimensões, as diferenças não são da mesma magnitude. De fato, quanto ao acesso ao trabalho, à disponibilidade de recursos e às condições habitacionais, as diferenças em desenvolvimento são superiores a 15 pontos percentuais, mas, quanto à vulnerabilidade e ao desenvolvimento infantil, as diferenças são inferiores a 10 pontos percentuais.

O fato de o IDF poder ser calculado para cada família permite que se estime o IDF médio do país ou de cada região e também a distribuição das famílias segundo o seu nível de desenvolvimento. Assim, em particular, pode-se estimar qual a proporção das famílias no país ou em cada região que exibem IDF inferior a determinados níveis mínimos como 2/3 ou 1/2, que funcionariam como linhas de pobreza ou extrema pobreza.

Vale ressaltar que esses pontos de corte, 2/3 e 1/2, são arbitrários e servem apenas para efeito ilustrativo. Estimativas desta natureza são apresentadas na Tabela 5, que revela que, enquanto 9% das famílias brasileiras têm um IDF inferior a 0,50, 33% têm IDF inferior a 0,67. Na Região Nordeste, mais da metade delas apresentam IDF abaixo de 0,67 e cerca de 22% exibem resultados abaixo de 0,50.

TABELA 5
Indicadores de desenvolvimento familiar e pobreza

Indicadores	Brasil		Grandes Regiões						
	1992	2001	N	C-O	NE	SE	S	MA	SP
Índice de Desenvolvimento da Família (IDF)	0,69	0,73	0,71	0,75	0,64	0,78	0,77	0,61	0,80
Porcentagem de famílias com índice de desenvolvimento inferior a 2/3	42,1	33,4	39,1	26,6	58,0	21,0	23,1	65,2	15,8
Porcentagem de famílias com índice de desenvolvimento inferior a 1/2	16,3	9,2	10,2	4,5	22,1	3,1	3,7	30,7	1,9
Renda familiar *per capita*	266	348	251	372	251	440	407	157	496
Porcentagem de pobres	40,8	33,6	44,3	24,7	44,3	21,5	23,3	62,1	18,6
Porcentagem de extremamente pobres	19,6	14,6	18,3	8,0	18,3	7,3	7,9	33,7	6,2

Fonte: Pesquisa Nacional por Amostra de Domicílios (PNAD) de 1992 e 2001.

Nessa mesma tabela, também apresentamos, para efeito de comparação, os graus de pobreza e de extrema pobreza medidos tradicionalmente como insuficiência de renda. A comparação entre os graus de pobreza medidos com base no IDF e com base na insuficiência de renda aqui reunidos traz uma boa notícia, qual seja, a de que os resultados alcançados com as medidas de pobreza como insuficiência de renda não diferem muito daqueles obtidos com base no IDF.

■ Referências bibliográficas

Barros, R., Carvalho, M. *Utilizando o Cadastro Único para construir indicadores sociais*. 2002. (Mimeo.)

PNUD, Ipea, Fundação João Pinheiro/MG. *Atlas do desenvolvimento humano no Brasil*. Brasília, 1998.

_____. *Novo atlas do desenvolvimento humano no Brasil*. Brasília, 2003.

Famílias e políticas públicas
Maria do Carmo Brant de Carvalho*

São várias as dimensões das relações entre a família e as políticas públicas. Discuto aqui algumas delas, buscando ressaltar a relevância da família, tida como do âmbito privado, para a esfera pública.

A primeira dimensão diz respeito ao fato de que o exercício vital das famílias é semelhante às funções das políticas sociais: ambas visam dar conta da reprodução e da proteção social dos grupos que estão sob sua tutela. Se, nas comunidades tradicionais, a família se ocupava quase exclusivamente dessas funções, nas comunidades contemporâneas elas são compartilhadas com o Estado pela via das políticas públicas.

O Estado moderno, de direito, que hoje conhecemos, reduziu e até mesmo obscureceu várias das atribuições substantivas da família no campo da reprodução e da proteção social dos indivíduos.

Desde o pós-guerra, nos países capitalistas centrais, a oferta universal de bens e serviços proporcionados pela efetivação de políticas públicas pareceu mesmo descartar a família, privilegiando o indivíduo-cidadão. O progresso, a informação, a urbanização, o consumo fortaleceram a opção pelo indivíduo portador de direitos. Apostava-se que a família seria prescindível, substituível por um Estado protetor dos direitos dos cidadãos.

Nas décadas mais recentes, tanto nos países centrais quanto, sobretudo, nos países da periferia capitalista, a família volta a ser pensada como co-responsável pelo desenvolvimento dos cidadãos.

Refletindo particularmente sobre a experiência brasileira, é possível observar que, nos anos 70, a opção das políticas sociais recaiu sobre a mulher no grupo familiar. Tratava-se de ofertar-lhe as condições e o desenvolvimento de

* Doutora em Serviço Social pela UC-SP; pós-doutorado em Serviço cial Aplicado pela École des autes Ètudes en Sciences ciales de Paris; professora do ograma de Pós-Graduação em rviço Social da PUC-SP; autora vários trabalhos publicados; ordenadora geral do Cenpec.

habilidades e atitudes para melhor gerir o lar, do ponto de vista da economia doméstica e do planejamento familiar. Foi o tempo e a vez dos chamados "clubes de mães". Concomitantemente, e cada vez mais, tratou-se de ofertar capacitação para o seu ingresso no mercado de trabalho. É preciso relembrar o contexto vivido nos anos 1960 e 1970, um tempo de *boom* econômico e carência de mão de obra; de emergência do movimento feminista e de liberação sexual; do desejo de reduzir e controlar o próprio tamanho da família. De várias formas, esses fatores colocaram ênfase na mulher — e na família, como parceira da emancipação feminina.

Talvez como decorrência desse investimento na "mãe", vamos assistir, na década seguinte, com o desmonte da ditadura militar, a uma eclosão de movimentos sociais compostos em sua maioria por mulheres (movimento de luta contra a carestia, de luta por creches, saúde etc.).

No início da década de 1990, o olhar das políticas públicas voltou-se para as crianças na família. O advento da nova Constituição brasileira e, sobretudo, do Estatuto da Criança e do Adolescente iria recuperar e reforçar o olhar sobre a família. Não era propriamente um olhar sobre a família, mas sim para a criança na família: "Lugar de criança é na família, na escola e na comunidade" (*slogan* da época).

É bom lembrar que tanto a família quanto o Estado são instituições imprescindíveis ao bom funcionamento das sociedades capitalistas.[1] Os indivíduos que vivem em sociedade necessitam consumir, além de bens e mercadorias, serviços que não podem ser obtidos pela via do mercado. Para alguns destes, dependem dos serviços públicos ofertados pelo Estado; outros bens e serviços dependem da família, pela via de sua condição de provedora de afeto, socialização, apoio mútuo e proteção.

O Estado e a família desempenham papéis similares, em seus respectivos âmbitos de atuação: regulam, normatizam, impõem direitos de propriedade, poder e deveres de proteção e assistência. Tanto família quanto Estado funcionam de modo similar, como filtros redistributivos de bem-estar, trabalho e recursos (Souza, 2000).

Nesse contexto, pode-se dizer que família e políticas públicas têm funções correlatas e imprescindíveis ao desenvolvimento e à proteção social dos indivíduos.

[1] A respeito, consultar o estudo de Marcelo de Souza (2000).

Centralidade da família nas políticas sociais

A família está no centro das políticas de proteção social. Há 20 anos, apostávamos no chamado modelo de Estado do Bem-Estar Social, capaz de atender a todas as demandas de proteção.[2] Hoje, nas sociedades em que vivemos, um conjunto de fatores derrubou nossas expectativas e vem exigir soluções compulsoriamente partilhadas entre Estado e sociedade.

Pode-se dizer que família e políticas públicas têm funções correlatas e imprescindíveis ao desenvolvimento e à proteção social dos indivíduos.

As crescentes demandas de proteção social são postas não apenas por "pobres" ou "desempregados", mas por uma maioria de cidadãos, que se percebem ameaçados pelos riscos de, a qualquer momento, perderem a segurança advinda de seus tutores modernos: o trabalho assalariado e o Estado.

Essas demandas ganham novas peculiaridades. É que os processos contemporâneos de globalização da economia, da informação, da política, da cultura, assim como os avanços tecnológicos e a transformação produtiva, vêm produzindo uma sociedade complexa e multifacetada, uma sociedade global que, de um lado, mantém seus cidadãos fortemente interconectados e, por outro, extremamente vulnerabilizados em seus vínculos relacionais de inclusão e pertença.

Assim, são colocados novos desafios:
- A questão da partilha de responsabilidades na proteção social, justificada pela pobreza persistente, por desemprego, envelhecimento populacional;
- A questão da partilha de responsabilidades formativas, que se deve à exacerbação do individualismo, à perda de valores, a menor eficácia dos educadores institucionais na socialização de crianças e adolescentes;

Em artigo anterior, dizíamos que proteção e a reprodução social, os anos dourados do *Welfare* ate, pareciam transformar-se em issão quase exclusiva de um tado social de direito dos dadãos. Parecia que o indivíduo, romovido" a cidadão, podia lhar sua vida apenas pendente do Estado e do balho, e não mais das amadas solidariedades ciofamiliares. Isso no embalo da banização e da nsnacionalização aceleradas, m promessas de sociabilidade anetária. Na realidade, pesquisas centes constataram que as crorredes de solidariedade — e sociabilidade por elas gendradas — mantiveram-se mo condições privilegiadas de oteção e de pertencimento a um mpo relacional, essencial esmo em nossas sociedades ntemporâneas.

- O descrédito e o descarte de soluções institucionalizadas de proteção social (internatos, manicômios, orfanatos etc.).

Nos últimos anos podemos observar — tanto no desempenho da política de saúde quanto na de assistência social, ambas políticas de seguridade — uma clara ênfase estratégica em compor com a família projetos e processos mais efetivos na proteção social.

Está na ordem do dia o chamado *Welfare Mix*, que promove uma combinação de recursos e de meios mobilizáveis na esfera do Estado, do mercado, das organizações sociais sem fins lucrativos e, ainda, aqueles derivados das microssolidariedades originárias na família, nas igrejas, no local (Martin, 1995), de modo que as políticas sociais se apresentam hoje como responsabilidades partilhadas.[3]

As políticas públicas descartaram alternativas institucionalizadoras, tais como orfanatos, internatos, manicômios, asilos, na oferta de proteção necessária a doentes crônicos, idosos, jovens e adultos dependentes, ou a crianças e adolescentes "abandonados". Essa alteração tão radical só foi possível retomando a família e a comunidade como lugares e sujeitos imprescindíveis de proteção social: "À luz dos inúmeros trabalhos dos últimos cinco anos, vê-se claramente que solidariedade familiar e serviço coletivo funcionam em complementaridade e não podem substituir-se um ao outro" (Martin, 1995, p. 63).

Nessa direção, as políticas de saúde e de assistência social vão introduzir serviços de proximidade voltados à família e à comunidade. Os serviços coletivos implementados pelas políticas sociais estão combinando diversas modalidades de atendimento ancoradas na família e na comunidade. Fala-se hoje menos em internação hospitalar e mais em internação domiciliar, médico de família, cuidador domiciliar, agentes comunitários de saúde; e em programa de saúde da família, centros de acolhimento, reabilitação, convivência etc.

Também as políticas de combate à pobreza elegeram família e comunidade. A consciência geral de que a pobreza e a desigualdade castigam grande parcela da população brasileira estão a

---

[3] É impossível compreender as alterações no comportamento da política social sem refletir sobre alguns processos contemporâneos que desestabilizam antigos consensos e impõem novos desafios. Os avanços tecnológicos e científicos e, em especial, a chamada revolução informacional alteraram radicalmente o comportamento societário e os processos de regulação social, antes capazes de gerar consensos e coesões mais duradouros.

exigir políticas públicas mais efetivas e comprometidas com sua superação. Nesse compromisso, buscam assegurar uma rede de proteção e de desenvolvimento socioeconômico voltado às famílias e às comunidades vulnerabilizadas pela pobreza. Os diversos programas de renda mínima, por exemplo, visam garantir ao grupo familiar recursos suficientes que permitam uma cesta alimentar e a manutenção dos filhos na escola, inibindo o trabalho precoce de crianças e adolescentes.

A consciência geral de que a pobreza e a desigualdade castigam grande parcela da população está a exigir políticas públicas mais efetivas e comprometidas com sua superação.

Embora o benefício da renda mínima seja em si compensatório, outros programas — como os de melhoria habitacional, estímulos à criação de microempreendimentos geradores de renda, ou programas socioeducativos voltados à ampliação do universo informacional e cultural, entre outros — são exemplos de ações públicas conjugadas para o enfrentamento da pobreza. Esses últimos programas, de cunho emancipatório, são porém bem mais tímidos e descontínuos. Vale igualmente listar aqui programas como os Bancos do Povo, de microcrédito, o Programa Nacional de Apoio à Agricultura Familiar (Pronaf), de Desenvolvimento Local Sustentável, implementados em microrregiões e municípios situados no chamado polígono da pobreza. Nessa via, as políticas de habitação popular também elegem estrategicamente a família como sujeito co-participante na melhoria habitacional (urbanização de favelas, conjuntos habitacionais, assentamentos etc.).

Todos esses exemplos foram aqui arrolados para evidenciar a relevância da família na implementação de políticas públicas no Brasil.

■ Relação entre família e esfera pública

A sociedade urbana carece de família. Não se está aqui falando do grupo familiar nos moldes tradicionais, mas como ela se apresenta hoje.

A família como expressão máxima da vida privada é lugar da intimidade, construção de sentidos e expressão de sentimentos, onde se exterioriza o sofrimento psíquico que a vida de todos nós põe e repõe. É percebida como nicho afetivo e de relações necessárias à socialização dos indivíduos, que assim desenvolvem o sentido de pertença a um campo relacional iniciador de relações includentes na própria vida em sociedade. É um campo de mediação imprescindível.

Castels (2000), ao discutir processos sociais de inclusão e exclusão social, permite retomar indiretamente a família como condição de inclusão. Para ele, é possível afirmar a existência de zonas de vulnerabilidade. Ou seja, se o indivíduo possui *trabalho* e *vínculos sociofamiliares*, encontra-se potencialmente incluído nas redes de integração social. Se lhe falta o trabalho ou os vínculos, escorrega para zonas de vulnerabilidade. E, se perde trabalho e vínculos, pode tombar em processos de "desafiliação" social.

De fato, vínculos sociofamiliares asseguram ao indivíduo a segurança de pertencimento social. Nessa condição, o grupo familiar constitui condição objetiva e subjetiva de pertença, que não pode ser descartada quando se projetam processos de inclusão social.

Outra dimensão a ser aqui refletida é a relação entre família — esfera da vida privada — e esfera pública.

A família volta a ser pesquisada e refletida, nas contínuas mudanças que se processam, como um microcosmo da sociedade global. Ainda mais interessante é perceber o destaque que ela vem ganhando como indutora de relações mais horizontais, valor democrático sempre esperado da vida pública.

Giddens (1996) enfatiza justamente essa dimensão. Para ele, quanto mais se desenvolve uma sociedade pós-tradicional mais existe um movimento em direção àquilo que poderia ser chamado de relacionamento igualitário, nas relações sexuais, no casamento e na família. Um relacionamento igualitário é aquele que se estabelece e se mantém por si só — pelas recompensas que a associação com o outro, ou com os outros, pode trazer. Segundo o autor, constituir relacionamentos igualitários e garantir sua continuidade "implica uma forma de confiança ativa. Nas diversas esferas da vida íntima, o conhecer e o relacionar-se com o outro dependem de uma prerrogativa de integridade (...)". Dessa forma, o casamento costuma ser — e, sem dúvida, em muitos exemplos empíricos ainda o é — um emaranhado de papéis. O que os homens faziam diferia daquilo que as mulheres faziam, de forma que o casamento era intrinsecamente uma divisão de trabalho; e era com frequência arranjado, e não iniciado e mantido pelos indivíduos envolvidos. Nisso assemelhava-se bastante a um Estado da natureza.

O grupo familiar constitui condição objetiva e subjetiva de pertença, que não pode ser descartada quando se projetam processos de inclusão social.

Ao longo do último meio século, especialmente nos países ocidentais, o casamento mudou de uma maneira fundamental. É, ao menos em princípio, um encontro de iguais e não uma relação patriarcal; é um laço emocional, forjado e mantido com base em atração pessoal, sexualidade e emoção, e não meramente por razões econômicas.

Quanto mais o casamento tende a um relacionamento entre iguais, mais ele se torna precisamente um símbolo público desse relacionamento. Daí sua estreita ligação com a democracia dialógica. Existem paralelos notáveis entre o que parece ser um bom relacionamento, na forma desenvolvida na literatura de terapia conjugal e sexual, e os mecanismos formais de democracia política. Ambos dependem daquilo que Giddens, citando David Held, chama de princípio de autonomia. Em uma organização mais ampla ou em relacionamentos, o indivíduo precisa ter a autonomia material e psicológica necessária para entrar em efetiva comunicação com os outros. O diálogo, livre do uso de coerção e ocupando um "espaço público", é, em ambos os casos, o meio não só de resolver disputas mas também de criar uma atmosfera de tolerância mútua. Ou seja, a própria estrutura do sistema democrático ou do relacionamento está aberta à discussão "pública".

Essa digressão em torno da reflexão do Giddens tem um objetivo: afirmar uma relação pouco trabalhada entre família e esfera pública.

■ Concluindo

A família propicia convivência vicinal mesmo em grandes cidades. É capaz de criar e fortalecer coesões microcomunitárias. Exploramos seu potencial empreendedor no plano dos micronegócios geradores de renda, mas pouco atentamos para esse potencial empreendedor na melhoria da qualidade de vida do coletivo no microterritório que habitam. Não há estímulos para empreendedorismo cívico comunitário, e, no entanto, são as famílias, em seu cotidiano comunal — enquanto pouco fortalecemos sua presença na esfera pública política. No âmbito das comunidades, microterritórios da cidade, é preciso dar voz e vez às famílias, que precisam participar da interlocução política.

Nesse sentido, podem-se apontar equívocos do olhar da política pública, tais como:
- Eleger apenas a mulher na família como porta de relação e parceria;
- Pensar idealizadamente num padrão de desempenho da família, que ostenta diversas formas de expressão, condições de maior ou menor vulnerabilidade afetiva, social ou econômica, ou ainda fases de seu ciclo vital com maior vulnerabilidade, disponibilidade e potencial;
- Oferecer apenas assistência compensatória, com escasso investimento no desenvolvimento da autonomia do grupo familiar.

Independentemente de alterações e mudanças substantivas na composição e nos arranjos familiares, a família é um forte agente de proteção social de seus membros: idoso, doente crônico, dependentes, crianças, jovens, desempregados. Não podemos, porém, exaurir esse potencial protetivo sem lhe ofertar um forte apoio. Há aqui uma mão dupla a ser garantida.

Esse raciocínio se aplica às demais políticas na relação com a família. Por exemplo, às políticas de saúde: a família é sujeito coletivo que opera na saúde de seus membros, mas não basta alçá-la à parceria. É preciso produzir saúde para e com a família.

Sua importância na esfera pública ainda suscita desconfianças, mas é fato que a família, em sua condição de esfera de vida íntima, lugar de encontro humano, de construção de história de vida, de reposição de valores e exercício de poder moral sobre o imediato, é interface necessária na esfera pública.

■ Referências bibliográficas

Castels, R. *Les métamorphoses de la question sociale*: une chronique du salariat. Paris: Fayard, 1995.

Carvalho, M. C. B. A reemergência das solidariedades microterritoriais na formatação da política contemporânea. *São Paulo em Perspectiva*, São Paulo: Fundação Seade, v. 11, n. 4, out./dez. 1997.

Giddens, Anthony. *Para além da esquerda e da direita*. São Paulo: Unesp, 1996.

Le Gall, D.; Martin, C. *Families et politiques sociales*: dix questions sur le lien familial contemporain. Paris: L'Harmattan, 1996.

Martin, C. Os limites de proteção da família. *Revista Crítica de Ciências Sociais*, n. 42, 1995.

Souza, Marcelo M. C. *A importância de se conhecer melhor as famílias para a elaboração de políticas sociais na América Latina*. Rio de Janeiro: Ipea, 2000.

RELATO DE CASO

Programa Bolsa-Escola Municipal de Belo Horizonte/MG: educação, família e dignidade*

AFONSO CELSO RENAN BARBOSA**
LAURA AFFONSO DE CASTRO RAMO***

O Programa Bolsa-Escola faz parte da política educacional da Prefeitura Municipal de Belo Horizonte; busca garantir o direito à educação das crianças de seis a quinze anos cujas famílias vivem em situação de precariedade socioeconômica, têm uma renda *per capita* mensal de até 75 reais e residem no município há cinco anos.

Instituído por Lei Municipal n. 7.135/1996, atualizada pela Lei n. 8.287, de 28 de dezembro de 2001, o programa atende 9.618 famílias, beneficiando, hoje, 55.965 pessoas, entre crianças, adolescentes e adultos. Há previsão de crescimento gradual, com objetivo de atender a todas as famílias do município que apresentem esse perfil.

Programas dessa natureza têm causado impacto social desde sua primeira implantação, no governo de Cristovam Buarque no Distrito Federal (1993 a 1996), possibilitando a setores da sociedade participar do debate sobre os rumos da política educacional, a igualdade de condições de acesso e permanência na escola e o combate à pobreza em nosso país. Muitas têm sido as questões levantadas em consequência dos diversos olhares, não só sobre as possibilidades desses programas como também sobre suas limitações.

Em primeiro lugar, situar o princípio que funda e fundamenta o Programa Bolsa-Escola nos permite ter a compreensão da sua natureza. Ele advém da necessidade de se garantir o *direito à educação* a toda criança e adolescente, focalizando sobretudo aquelas cuja vulnerabilidade social as impede de permanecer no sistema escolar. Esse princípio ético e social consagra a educação como imprescindível à convivência social, à humanização da vida e do mundo, e reconhece a escola como

Colaboração: Equipe profissional
) Programa Bolsa-Escola Municipal
 Belo Horizonte (BEM-BH).
* Gerente do BEM-BH.
** Gerente de articulação do
 EM-BH.

possibilitadora do processo de socialização: espaço privilegiado de encontro e confronto de culturas e identidades.

Assim, reafirma-se um consenso social básico sobre o direito de toda criança ter acesso à escola, porque é lá que se dão, historicamente, os processos de aquisição dos conhecimentos produzidos pela humanidade, possibilitando a formação humana, o interesse pelo saber e a produção de outros conhecimentos.

É sabido que, embora os segmentos mais vulneráveis da sociedade consigam matricular-se no sistema escolar, nele não permanecem mais do que de três anos, em média. Confirmando essa realidade, dentre os adultos do Programa Bolsa-Escola de Belo Horizonte (mães e pais bolsistas), 28% são analfabetos (sequer assinam o nome) e 32% possuem baixa escolaridade (até três anos).

Sendo assim, o Programa Bolsa-Escola de Belo Horizonte assegura o direito à educação e vincula-o a uma complementação de renda familiar no valor de R$ 150,00 mensais, independentemente do número de filhos, exigindo, como contrapartida, o dever dos pais de mantê-los e acompanhá-los na escola.

Em segundo lugar, é necessário nomear outro princípio que fundamenta o Programa Bolsa-Escola, a *proteção social à família*, para que esta possa exercer sua função de educar os filhos, uma vez que o básico para sua sobrevivência é assegurado com uma complementação de renda. Esse princípio se fundamenta no direito à dignidade da pessoa e no dever do Estado de garantir condições básicas de vida ao cidadão.

Numa concepção de política social cuja centralidade é a família, trabalha-se com ela no sentido de obter melhoria de sua qualidade de vida pelo acesso aos bens e serviços sociais, e pela participação social. Considerando que a bolsa é familiar e que a mãe é, geralmente, a responsável pelo cuidado dos filhos — 48% das famílias são monoparentais, com mulheres responsáveis — denomina-se bolsista a mãe ou, em sua ausência, o pai ou a avó que estejam registrados no programa como provedor da família.

Compreendendo que as identidades se constroem na relação com as comunidades, e que a complementação de renda é indispensável mas por si só insuficiente para assegurar às famílias um estatuto de dignidade e proteção social, o programa desenvolve um acompanhamento socioeducativo na perspectiva de favorecer-lhes a emancipação e a educação como um processo permanente da vida humana: educação popular que se dá pela práxis política — formação de grupos propiciadores de trocas de experiências e saberes — e pela construção e reconstrução das identidades culturais.

O trabalho socioeducativo vinculado ao Programa foi formulado a partir do entendimento de que a complementação de renda é indispensável mas por si só insuficiente.

■ Metodologias de trabalho com as escolas e as famílias

No contato com as famílias, no dia a dia do Programa, em eventos e reuniões com grupos de bolsistas e/ou de professores, em interfaces com outros programas e parcerias com outros agentes, vamos convivendo com diversos olhares, saberes. Vamos nos desafiando, interrogando, propondo, conhecendo limites e possibilidades. É vida se gestando: diálogo, encontros, emergências, urgências, impasses e reflexão. Assim, as nossas histórias se encontram, os nossos desejos se interpelam, nossas vozes diversas produzem um eco misto, e vamos juntos aprendendo, sempre mais, os caminhos da solidariedade, da participação e da emancipação. Equipe profissional, bolsistas, profissionais de educação, parceiros, estagiários, todos formulando propostas de vida, trilhando e apontando caminhos para avançar e para desejar. Afinal, todos estamos envolvidos na construção da participação social e política, entendida como um processo contínuo de aprendizagem do conviver do organizar-se.

Laura A. Castro Ramo

O acompanhamento socioeducativo do Programa Bolsa-Escola propõe-se a promover o fortalecimento dos vínculos comunitários e de solidariedade; fortalecer as identidades individuais e coletivas; possibilitar o acesso e a utilização de bens e serviços sociais; promover a autonomia socioeconômica para a emancipação das famílias. Suas ações desencadeiam o resgate das culturas próprias, a capacitação para projetar o futuro, organizar o cotidiano e participar da vida comunitária. É na união de esforços entre equipe profissional e parceiros que se estabelecem as bases para uma rede de proteção social à infância, à adolescência e a suas famílias.

O fortalecimento da relação entre a escola, a família e o programa é fundamental para efetivar e aperfeiçoar o direito à educação das crianças, dos adolescentes e mesmo dos pais. Nesse sentido, desenvolvemos ações de sensibilização, tanto dos profissionais da educação acerca do programa — seu público, seus objetivos e metas —, como das famílias sobre o valor da educação e da escola e a importância de sua participação na vida escolar dos filhos.

A escola é a principal parceira do programa; sem ela, não teria sentido um programa dessa natureza. É da sua competência fazer o acompanhamento pedagógico dos alunos bolsistas, dispensando-lhes o mesmo tratamento dado aos demais alunos, em consonância com o projeto político-pedagógico adotado.

No que concerne à família, é necessário o compromisso dos pais de apoiar a escola, participar dos conselhos escolares, estabelecer uma relação de proximidade com os professores, participar dos projetos pedagógicos, acompanhar o desenvolvimento dos filhos. Essas ações abrem espaços propiciadores de mudanças de atitude, de construção de novas formas de se relacionar com a instituição e também com os filhos, através da experiência em espaços de convivência mais participativos e mais afetivos.

O Programa Bolsa-Escola desenvolve ações conjuntas com a rede escolar para refletir sobre a política educacional e demais políticas sociais de inclusão, e sobre assuntos relativos ao programa que preocupam diretores e professores. Tais ações ocorrem em seminários, reuniões, visitas às escolas. Em casos específicos, pode haver necessidade de acompanhamento diferenciado do aluno bolsista. Em reuniões periódicas com diretores de escolas, e esporadicamente com professores, são tratadas de forma sistemática:

- apresentação do Bolsa-Escola municipal, com discussão sobre a importância das políticas sociais públicas e o papel da instituição escolar no sucesso dessas políticas;
- apresentação do perfil das famílias atendidas pelo programa, com ênfase no papel da educação como possibilitadora de inclusão

social, e discussão sobre a problemática dos alunos em situação de risco social;
* discussão sobre a necessidade de colaboração das escolas no cumprimento do requisito legal de controle da frequência escolar dos alunos bolsistas (mínimo 85%) para que a família possa receber o benefício financeiro.

O fortalecimento da relação entre a escola, a família e o programa é fundamental para efetivar o direito à educação das crianças, dos adolescentes e mesmo dos pais.

A gente trabalha com crianças muito pobres. Uma quinta parte são do Bolsa-Escola. Antes, achávamos que os meninos do Bolsa-Escola deveriam apresentar o melhor rendimento escolar, pois recebiam o benefício. Com o tempo, percebemos que estávamos trabalhando contra a inclusão; não devemos vincular o Bolsa-Escola ao rendimento escolar. Devemos pensar as questões educativas para todos os alunos.

EDNARA, diretora da Escola Municipal Benjamin Jacob

Acompanhamento/Socioeducativo

O impacto do encontro: o olhar, a voz imperceptível, o corpo retraído, escondido; a dor, uma esperança vaga e muita desconfiança. Como iniciar um diálogo? Que vida se escondia sob o mutismo? Quantas palavras silenciadas? A dor de uma vida negada e a força do resistir contra toda negação. Como romper o isolamento?
Os filhos, sua educação — uma porta aberta —, um futuro possível?
Mulheres, palavras conhecidas, trilhadas, sonhadas. Decepções e fortaleza. Pouco a pouco, desvelaram-se mundos de desejos, de sonhos, de projetos. Pouco a pouco, o isolamento cedeu lugar à comunicação, às preocupações partilhadas, às conversas nas reuniões de bolsistas.
Muitas vozes, histórias, tristezas, alegrias e vontade de mudar.

LAURA A. CASTRO RAMO

Concomitantemente à implantação do programa, a equipe técnico--profissional — constituída de assistentes sociais, psicólogos, sociólogos

— iniciou um processo de construção da relação com as bolsistas, majoritariamente as mães das crianças em idade escolar e, em alguns casos, pais ou avós. O formato do acompanhamento às famílias começou com reuniões coletivas e visitas domiciliares.

Com a consolidação do programa, seu crescimento, as avaliações continuadas, o acúmulo de experiências e conhecimentos, hoje o acompanhamento socioeducativo engloba as seguintes ações gerais, que por sua vez se desdobram em outras muitas específicas:

- Reuniões com grupos de bolsistas;
- Visitas domiciliares;
- Plantões de atendimento às famílias;
- Avaliações sobre o impacto e os desdobramentos da permanência da família no programa e estabelecimento de acordos e compromissos;
- Construção de interfaces e parcerias;
- Educação-alfabetização de adultos;
- Qualificação profissional e geração de renda.

■ Reuniões com grupos de bolsistas

Antes, eu só vivia a minha vida;
agora, eu vivo também a vida de outros.

SONIA CRISTINA DA SILVA, bolsista da região Leste

A primeira reunião é feita no momento da inclusão da família no programa, promovendo o acolhimento da bolsista, a apresentação do grupo e inaugurando a relação de corresponsabilidade entre os pais e os profissionais envolvidos. As bolsistas são informadas de seus direitos: receber mensalmente o recurso financeiro auferido pelo programa, ser informada pela equipe profissional sobre dúvidas ou dificuldades, ser notificada sobre as reuniões de acompanhamento, participar das ações de educação-alfabetização de adultos, qualificação profissional e outras atividades culturais desenvolvidas. Seu dever é acompanhar a vida escolar dos filhos, dando especial ênfase à frequência às aulas, e participar das ações propostas, prestando as informações solicitadas.

As reuniões mensais de rotina acontecem em grupos de 50 a 60 bolsistas, agrupados por vizinhança, em local próximo à sua moradia. Essa estratégia facilita a presença e o estabelecimento de vínculos entre os participantes, o que, com o tempo, favorece também sua inserção ativa na comunidade local.

As reuniões propiciam democratizar informações do interesse das famílias para que elas possam ter acesso aos serviços sociais — tanto no âmbito da saúde como no da cultura, da educação, da assistência social, entre outros. Assim, promovendo esse acesso, trabalha-se para que essas famílias melhorem sua qualidade de vida e sua inserção social.

A partir das avaliações continuadas e da consolidação do programa, o acompanhamento socioeducativo ampliou o leque de ações empreendidas.

Ao mesmo tempo, o grupo atua como promotor de diálogo, de trocas, de reflexões; como espaço de encontros, de reivindicação, de construção do coletivo, como espaço coletivo que permite a escuta do sujeito individual com suas angústias, desejos, projetos, sonhos. Dessa forma, as bolsistas trazem como preocupações pessoais — questões sobre adolescência, violência, narcotráfico e droga-dependência, conflitos escolares e muitos outros. Estas se transformam em questões de interesse coletivo e são contextualizadas na problemática da sociedade atual. As discussões permitem às bolsistas saírem de seu isolamento pessoal para a partilha com o grupo e, assim, fazerem o percurso para a atuação na comunidade, nas escolas, na sociedade. Passa-se do universo doméstico à convivência social, à construção do espaço público, ao universal.

Algumas vezes, as reuniões são espaços festivos para que se comemorem datas significativas (Carnaval, Páscoa, Natal, Dia das Mães, Dia da Criança), propiciando momentos lúdicos e dando a conhecer talentos e aptidões dentro do grupo. Outras vezes, são aproveitadas como espaço cultural para a apresentação de teatros, vídeos, expressão corporal, corais, entre outros. O grupo também possibilita a valorização dos diversos saberes e culturas, pela troca de experiências, pela decodificação do cotidiano, favorecendo uma leitura crítica das situações sociais.

Outro aspecto importante das reuniões de acompanhamento é que elas fortalecem as relações entre as bolsistas e a equipe do programa, permitindo uma avaliação continuada das ações desenvolvidas, uma visualização do processo de inserção social das famílias e um retorno do grupo quanto aos efeitos do programa em suas vidas.

A coordenação das reuniões é preparada com antecedência, ficando a cargo do técnico responsável, da equipe de estagiários ou de um grupo de bolsistas, de acordo com o tema escolhido para a discussão ou o assunto concreto a ser tratado. Cada reunião poderá ter uma dessas coordenações e, algumas vezes, contar com a participação de um convidado.

■ Visitas domiciliares

O Bolsa-Escola municipal realiza visitas aos domicílios das famílias requerentes de inclusão no programa, no momento de sua seleção, e também aos domicílios das já bolsistas, no intuito de estabelecer uma aproximação ao seu cotidiano, conhecer seus modos de vida e suas condições de sobrevivência, acompanhar e intervir em casos de risco social.

Esse momento de interlocução é muito significativo, porque extrapola a comunicação formal, permite um acercamento à intimidade familiar e um olhar sobre o universo das relações domésticas. É um momento de sensibilização para a equipe do programa e, especialmente, para os estagiários, que são capacitados, antecipadamente, para desenvolverem essa ação que pressupõe um cuidado especial e uma observação respeitosa. O desvelamento e o reconhecimento das condições adversas de sobrevivência das famílias, bem como seu impacto na formação e na socialização dos filhos, levam os profissionais e os estagiários do Bolsa--Escola a se depararem com situações-limite, com urgências, com necessidades básicas imediatas que devem obter respostas, encaminhamentos, intervenções e, muitas vezes, proteção social específica.

Qualquer dúvida sobre os dados da família, as condições de proteção familiar às crianças, a negligência em relação aos acordos estabelecidos, como a ausência dos pais nas reuniões socioeducativas, podem ser motivo para visitas domiciliares. É o momento de sanar dúvidas ou restabelecer a interlocução entre o programa e as famílias distanciadas ou com algum tipo de conflito ou pendência. A partir desse momento, que favorece um diagnóstico mais apurado da situação geradora de conflito ou irregularidade, são providenciados encaminhamentos a outros programas ou atendimento social, psicológico, de saúde, entre outros.

Em relação às famílias que estão vivenciando uma situação de risco social, faz-se um acompanhamento diferenciado, mais rigoroso e sistemático, com encaminhamentos específicos para cada caso, enfocando-se a complexidade do conflito e requerendo-se ação intersetorial dos órgãos da prefeitura e de seus parceiros quando a situação transcende a capacidade e competência da equipe do programa.

A experiência das ações do Programa Bolsa-Escola mostrou à equipe a necessidade de se oferecer um atendimento individual às bolsistas.

■ Plantões de atendimento

A experiência das ações do Programa Bolsa-Escola mostrou à equipe técnico-profissional a necessidade e a pertinência de se oferecer um atendimento individual às bolsistas, para melhor responder a suas dúvidas e problemas, atualizar as informações sobre a família, qualificar a interlocução individual com o profissional, acompanhar casos de risco social e favorecer o acesso a bens e serviços. Esse atendimento se dá tanto por demandas e procuras espontâneas feitas pelas famílias como também por convocação da equipe técnico-profissional do programa, em entrevistas agendadas com antecedência.

Os plantões se constituem num serviço individualizado oferecido pelo Programa e pressupõem um espaço de disponibilidade da equipe técnica-profissional para a escuta e o gerenciamento de situações específicas. A partir desse momento, são feitos encaminhamentos a outros serviços e programas.

■ Avaliações sobre o impacto da permanência da família no programa

A avaliação interna que a equipe profissional realiza permite acompanhar o desenvolvimento da família no seu percurso pelo Programa

Bolsa-Escola, assim como observar sua evolução — melhoria da qualidade de vida, acesso a serviços e programas sociais, organização da vida familiar, participação na vida da comunidade, participação em programas de alfabetização e/ou qualificação profissional e projeção de futuro.

A periodicidade é anual, sendo elaborados questionários diferenciados para cada ano de permanência no programa. Após a análise técnica do questionário, definem-se os encaminhamentos a serem dados às situações específicas.

A organização do processo de avaliação implica convocação das bolsistas, via carta, agendamento de local apropriado, preparação do material (seleção das fichas de cadastro com o histórico das bolsistas, cópia dos questionários, material de escritório), escalonamento e capacitação dos estagiários entrevistadores.

As entrevistas são realizadas individualmente. De posse das respostas, marca-se um encontro com as bolsistas para esclarecimento de dúvidas referentes às informações colhidas e de pendências; é o momento de avaliar sua participação no programa e sua corresponsabilidade.

Conforme cada caso e história familiar, a equipe propõe acordos com a bolsista e discute metas a serem alcançadas pela família — melhoria das relações com a escola, tratamento médico, compromisso de se qualificar profissionalmente, entre outras —, que serão acompanhadas durante o ano.

■ Construção de interfaces e parcerias

O conhecimento adquirido na prática do Programa Bolsa-Escola mostra a necessidade de se formar redes sociais de atenção à população vulnerabilizada, mediante políticas públicas e de interlocução com a sociedade civil organizada, permitindo a intersetorialidade das ações para garantir os direitos sociais e econômicos dos cidadãos. Nesse sentido, o programa estabelece interfaces com outras secretarias da prefeitura de Belo Horizonte, além de parcerias com entidades da sociedade civil, facilitando os encaminhamentos aos serviços e possibilitando uma rede de proteção às famílias.

O Programa Bolsa-Escola trabalha em parceria com os Conselhos Tutelares, com a Promotoria da Infância e Juventude, com várias universidades — para contratação de estagiários e assessoria de pesquisa —, com ONGs, com empresas. E tem interface com escolas, com outros programas das Secretarias Municipais de assistência social, saúde e abastecimento, entre outros.

A prática mostra a necessidade de se formar redes de atenção à população vulnerabilizada, mediante políticas públicas e de interlocução com a sociedade.

■ Educação-alfabetização de adultos

Com o objetivo de abrir possibilidades para que os adultos do Bolsa-Escola (mães, pais, irmãos jovens) possam resgatar e também ampliar o seu saber com um saber mais crítico, mais sistemático e universal, são desenvolvidos cursos, seminários, atividades que propiciam uma integração gradual num processo mais abrangente de escolarização e educação formal.

O Projeto de Educação-Alfabetização de Adultos visa desenvolver um processo de reconhecimento do direito à educação escolarizada; reforça a importância da criança pertencer a uma família com possibilidades de informação, cultura e percepção da própria criança como sujeito de direitos.

A proposta metodológica faz-se dentro de uma visão de processos, envolvendo vários momentos e considerando desde os primeiros contatos — reuniões, formação de grupos, habilitação para a escrita do nome, alfabetização-aprendizagem da leitura e da escrita — até a participação em módulos profissionalizantes e ensino fundamental.

Sua forma de acompanhamento envolve várias instâncias da Secretaria Municipal de Educação, sob a coordenação do Programa Bolsa-Escola. Trabalha-se em parceria com o Centro de Aperfeiçoamento dos Profissionais de Educação (Cape), com a Coordenadoria de Políticas Pedagógicas (CPP), com o Núcleo de Educação de Jovens e Adultos e com as Diretorias de Educação das Administrações Regionais.

O Projeto de Educação de Adultos parte da vinculação à experiência do sujeito, como portador de saberes e trabalhador, devendo favorecer sua formação e sua qualificação profissional, de modo que esses adultos possam melhorar sua qualidade de vida. Está organizado de forma a possibilitar quatro ações diferenciadas, mas complementares:

■ Introdução à leitura e à escrita

Entende-se que o processo de escolarização de pessoas que nunca tiveram acesso à cultura letrada, mas que trazem para o grupo seus conhecimentos e experiências de vida, seus valores e culturas, deve ter o seu tempo próprio, sua dinâmica e metodologia; deve sobretudo se basear no respeito às dificuldades dessas pessoas de lidarem com um mundo até agora vetado a elas e, portanto, inacessível.

Por esse motivo, os grupos devem ser pequenos — média de 15 participantes —, os horários precisam ser condizentes com as possibilidades dos alunos e as atividades devem ser realizadas em locais próximos à sua moradia. Os professores devem estar participando de atividades de formação pedagógica específica, desenvolvidas pela Secretaria Municipal de Educação.

■ Encaminhamento a projeto de projeto de educação/ alfabetização de ONGs, igrejas e outras entidades

Nos casos em que não é possível o atendimento na rede pública por ausência de escolas, dificuldades de locomoção, ou também por respeito à escolha feita pelos alunos e adequação à sua rotina de vida, faz-se seu encaminhamento a outros projetos e programas. Normalmente, são encaminhados alunos que já adquiriram certas habilidades sociais e autonomia e estão motivados a participar de atividades da comunidade.

■ Encaminhamento ao processo de ensino regular

A educação de adultos é um dever do setor público e um direito do cidadão. Reforçar as iniciativas das escolas públicas e oferecer possibilidades aos bolsistas de se integrarem no ensino regular são metas do Programa Bolsa-Escola. Todas as pessoas com possibilidade de frequentar o ensino regular são encaminhadas e apoiadas a permanecerem na escola.

■ Qualificação profissional e geração de renda

O Programa Bolsa-Escola vem realizando, desde o início de 1998, cursos profissionalizantes com o objetivo de favorecer a inserção dos bolsistas no mundo de trabalho. Inserida na política de inclusão produtiva da prefeitura, esta ação oferece alternativas de estágio para os alunos, encaminhamentos a empregos, assessoria para formação de cooperativas e microempresas. Cerca de 7.400 pessoas, pertencentes às famílias do Programa Bolsa-Escola municipal, já fizeram cursos de qualificação profissional, e 1.800 estão matriculados em novos cursos para os próximos meses.

Essa ação promove um movimento entre os jovens e os adultos do programa, que buscam se organizarem para procurar oportunidades de trabalho, formação, voltar à escola e ter acesso ao mundo laboral.

O Programa Bolsa-Escola atua por meio de parcerias com entidades da sociedade civil, Sesi, Senai, Senac, Escola Sindical 7 de Outubro, dentre outras várias, e através de interfaces com a própria prefeitura — sobretudo com o QualificArte, um centro de formação profissional gerenciado pela Secretaria Municipal de Assistência Social.

> *O processo resulta em uma valorização das mulheres, porque são elas, prioritariamente e na sua imensa maioria, as responsáveis participantes do programa.*

■ Conclusão

Sobre o trabalho realizado, nas idas e vindas. Os olhos presos no hoje e no amanhã; a vida crescendo nas vilas e favelas. As famílias se metamorfoseando, esforços infinitos, constituindo uma cidade. Diversa, plural, abundante de vida. Na cotidianidade, os conflitos: a insegurança, a violência, as drogas, o desemprego. Conversas. Permuta de angústias e sonhos, conquistas e perdas tecendo o percurso.

A equipe profissional desafiada, alerta, na procura da rota das relações democráticas; da cidade democrática. Um espaço, um lugar onde seja possível aprender a condição humana pela pronunciação própria e pelo

reconhecimento do outro — igual e diferente —, sujeito de liberdade e de dignidade.
As crianças crescem na família e na escola.
A sociedade aprende a solidariedade e a paz.

Laura A. Castro Ramo

O trabalho, realizado de forma descentralizada, por uma equipe de dois profissionais e quinze estagiários universitários por região do município, não perde sua unidade graças a uma coordenação geral e permite diversificar experiências e estilos e atender às necessidades específicas dos diferentes grupos de famílias.

A relação direta da equipe com as famílias e o recebimento do benefício financeiro propiciam um reforço à autoridade paterna e materna, assim como uma valorização das mulheres, porque são elas, prioritariamente e na sua imensa maioria, as responsáveis participantes do programa. Vale ressaltar que, dentre elas, 48% vivem sozinhas, sem nenhum companheiro que lhes ajude na criação dos filhos.

A garantia da permanência das crianças e dos adolescentes na escola evita o círculo vicioso da exclusão social — analfabetismo gerando miséria e miséria gerando analfabetismo.

Os principais desafios e limites encontrados dizem respeito: às famílias em situação de risco (por droga-dependência, violência doméstica, trajetória de rua, doenças mentais, entre outras); às relações com a comunidade escolar, para que se garanta, conjuntamente, uma educação inclusiva e de qualidade; e à sensibilização da sociedade para a compreensão das políticas sociais, em favor dos segmentos mais vulneráveis, como um dever do poder público.

O Programa Bolsa-Escola mudou tudo na minha vida. Tenho oito filhos e o mais velho pode estudar, em vez de ficar em casa tomando conta dos pequenos. Já fiz um curso de camareira e outro de salgadeira, mas quero ser cozinheira industrial. Estava morando debaixo de uma lona e hoje adquirir um barraco de dois cômodos.

Dona Sônia Lourenço, bolsista da Regional Nordeste

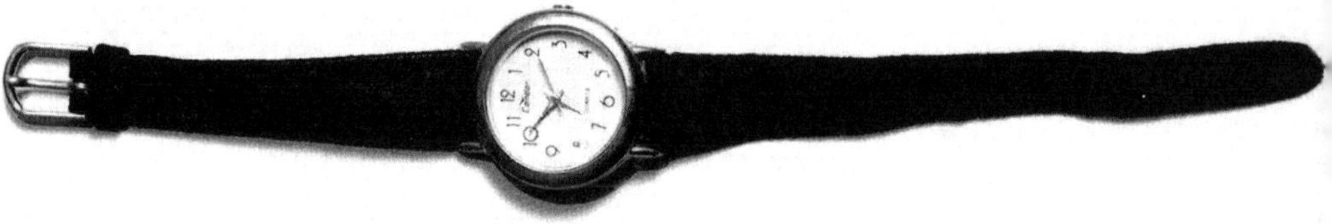

A economia da família
LADISLAU DOWBOR*

Nós nos reproduzimos através de gerações sucessivas, e a unidade básica de organização dessa reprodução é a família. Ou pelo menos foi. Hoje, o processo está se tornando incomparavelmente mais complexo e diversificado.

■ A família como unidade econômica

Vista pelo ângulo da economia, a reprodução de gerações numa família se constrói através de laços de solidariedade. Os pais cuidam das crianças e dos seus próprios pais já idosos, e serão por sua vez cuidados pelos filhos. A solidariedade é marcada pela panela, pelo fato de um grupo sobreviver em torno do mesmo fogão de cozinha. Não é à toa que "lar" tem a mesma raiz que "lareira", como é o caso também, por exemplo, de *foyer* e *feu*, em francês. Como a criança não tem autonomia para sobreviver, tampouco o idoso, a sobrevivência das sucessivas gerações, no passado, dependia vitalmente da solidariedade familiar, e depende ainda em grande parte nas sociedades modernas.

Em termos econômicos, a fase ativa da nossa vida, tipicamente dos 16 aos 64 anos, pode ser vista como produzindo um excedente: produzimos, nesta idade, mais do que o consumido, e com isto podemos sustentar filhos e idosos, eventuais deficientes, doentes ou pessoas da família, mesmo em idade ativa, que não tenham como se sustentar. Em outros termos, a economia da família permite, ou permitia, uma redistribuição interna entre os que produzem um excedente e os que necessitam desse excedente para sobreviver.

* Doutor em Ciências Econômicas pela Escola Central de Planejamento e Estatística de Varsóvia; professor-titular da PUC-SP e da Universidade Metodista de São Paulo (Umesp); consultor de diversas agências das Nações Unidas.

O que está acontecendo é que a família está deixando de assegurar essa ponte entre produtores e não produtores. A família ampla, na qual se misturavam avôs, tios, primos, irmãos, essa praticamente desapareceu, ainda que sobreviva em regiões rurais. O capitalismo moderno, centrado no consumismo, inventou a família economicamente rentável, composta de mãe, pai e um casal de filhos, o apartamento, a geladeira para doze ovos, o sofá e a televisão. É a família nuclear.

A tendência mais recente é a desarticulação da própria família nuclear. Nos Estados Unidos, apenas 26% dos domicílios têm pai, mãe e filhos; na Suécia, seriam 23%. Hoje, contam-se nos dedos os amigos que não estão divorciados. Mesmo quando estão juntos, pai e mãe trabalham, os filhos estão na escola (quando está tudo em ordem), e a vida familiar resume-se frequentemente a uma pequena roda cansada olhando para as bobagens da televisão no fim da noite.

O próprio casamento tem um futuro incerto. Um balanço da situação na Europa ocidental e em países de expressão inglesa constata que, há 40 anos, havia em torno de 5% de nascimentos sem casamento. Hoje, essa proporção ultrapassa 30%. Essa tendência pode ser muito desigual: no Japão, apenas 1%; entre os hispânicos, nos Estados Unidos, são 42%; e entre negros americanos, 69%, enquanto a média geral americana atinge 33%.[1]

A mudança profunda e acelerada na estrutura familiar terá, sem dúvida, forte impacto sobre um grande número de dinâmicas sociais, sobre a cultura, os valores, as formas de convívio. Interessa-nos, aqui, particularmente, a dinâmica da reprodução social.

O ser humano nem sempre obedeceu à filosofia geral do *homo homini lupus,* homem lobo do homem. Para além da família, havia comunidades, clãs, tribos, quilombos, sociedades mais ou menos secretas e as mais diversas formas de solidariedade social. Ou seja, podia-se procurar o vizinho. Hoje, nesta era da sociedade anônima, uma pessoa está literalmente só na multidão urbana. A urbanização e sobretudo a metropolização contribuíram para isto, como também contribuíram a televisão, a formação dos subúrbios e das cidades-dormitório, além de uma série de fatores que foram tão bem estudados por Robert Putnam em *Bowling Alone* (2000).[2] Voltaremos a isto. O que

[1] Cf. Doyle, 2002, p. 22 (ver também www.sciam.com/2002/0102issue/0102numbersbox1.html O dado para o Japão corresponde a 1990; os outros correspondem meados ou fins dos anos 1990.
[2] O livro de Putnam é uma excelente introdução às transformações sociais geradas pelas novas tecnologias e pelas formas de organização urbana (ver resenha em http://dowbor.org).

nos interessa, neste momento, é o fato de que, junto com a família, é a própria articulação da comunidade e da solidariedade social que se fragilizam.

Com a revolução tecnológica, o conhecimento torna-se o elemento central dos processos produtivos. Com isto, se há uma geração atrás a infância terminava com o quarto ano, hoje, para a maioria das pessoas, a fase dependente no início da vida tende a se estender cada vez mais, e vemos, com frequência, jovens que vivem uma pós-adolescência tardia, buscando mais um ano de estudo, à procura de um emprego no horizonte.

A mudança profunda e acelerada na estrutura familiar terá forte impacto sobre um grande número de dinâmicas sociais, sobre a cultura, os valores, as formas de convívio.

Do lado do idoso, havia uma certa lógica nas sociedades de antigamente. Vivia-se até os 50 anos, quando muito, e o tempo de criar os filhos era a conta justa. Hoje, uma pessoa pode perfeitamente viver até os 80 anos ou mais, e a terceira idade assume uma dimensão que cobre entre um quarto e um terço da nossa vida. Trata-se, aqui também, de uma fase de dependência muito precária, pois os sistemas de aposentadoria, tanto em relação à cobertura como ao nível de remuneração, são muito deficientes, enquanto a família comercialmente correta evita o convívio. Ou seja, o tempo de dependência da nossa vida aumentou muitíssimo, enquanto a família, que assegurava a redistribuição do excedente entre as gerações — e entre as fases remuneradas e não remuneradas das nossas vidas — está se tornando cada vez menos presente. Este processo torna absolutamente indispensável a presença de mecanismos sociais de redistribuição de renda, suprindo o papel que as famílias estão deixando de desempenhar. Trata-se de uma redistribuição de renda já não só dos ricos para os pobres, mas entre gerações.

Passamos a depender, portanto, de mecanismos formais de redistribuição do excedente entre produtores e não produtores. Nesse contexto, o ataque generalizado ao Estado, a redução do espaço do Estado de Bem-Estar — que, aliás, nunca foi muito amplo entre nós — e sobretudo a privatização das políticas sociais tornam, portanto, a situação absolutamente dramática para amplas faixas da população. A continuidade do processo se rompe.

Tentar reduzir o Estado, sobretudo nas suas dimensões sociais, constitui portanto um absurdo e uma compreensão completamente equivocada do rumo das transformações sociais. Os países desenvolvidos, que possuem, de forma geral, amplas políticas sociais, dotaram-se de máquinas estatais que gerem, em média, 50% do produto interno bruto. Em comparação, nos nossos pobres países em desenvolvimento, o Estado gere em média 25% do PIB.

É importante lembrar que as políticas públicas, apesar de todo gosto que temos em criticar o Estado, constituem de longe o instrumento mais eficiente de promoção de políticas sociais, e em todo caso as únicas que permitem o reequilíbrio social. Basta constatar a excelência nesta área atingida pelo Canadá, pela Suécia, ou ainda comparar o Canadá com os Estados Unidos, onde, com o dobro do gasto, não se chega nem de longe na qualidade dos serviços de saúde canadenses. Isto sem falar de Cuba, onde a excelência na área da saúde é atingida com recursos extremamente exíguos.

A razão é bastante simples e meridianamente clara, por exemplo, na saúde: uma empresa privada quer ter mais clientes, o que no caso da saúde significa mais doentes. Com isto se perde a visão essencial da prevenção. Na educação, o processo é semelhante, com as universidades privadas aumentando simplesmente o número de alunos por professor: aluno é dinheiro, professor é custo. As principais universidades americanas são privadas, mas sem fins lucrativos. No caso brasileiro, com a forte concentração de renda, o setor privado, quando entra no social, busca naturalmente servir quem pode pagar e gera o luxo para as elites, drenando recursos e privando os serviços humanos do seu papel de reequilibrador social.[3]

No conjunto, portanto, enquanto as fases não remuneradas das nossas vidas se expandem, a família perde o seu papel redistribuidor, as comunidades perdem o seu caráter de solidariedade, o Estado abandona o seu papel de provedor e o setor privado abocanha os recursos e os direciona para as elites, agravando a situação do conjunto. Geram-se, assim, imensas tensões na reprodução social, tensões acompanhadas de desespero e impotência, porque sentidas como dramas individuais, de crianças e jovens sem rumos, de idosos reduzidos a uma mendicância humilhante, de um clima geral de vale-tudo social. Criança não vota, aposentado

[3] Lester Salamon utiliza o conceito interessante de serviços humanos em que se expande rapidamente o chamado Terceiro Setor (ver entrevista no *Roda Viva* da TV Cultura, de 3 de março de 2003).

não paralisa processo produtivo, mãe que cria sozinha os seus filhos (26% dos domicílios no Brasil têm a mãe como principal responsável) nem tem tempo de pensar nessas coisas.

■ A poupança familiar

A tendência é lamentável, pois nunca houve um excedente social — fruto do aumento da produtividade — tão amplo. No nível da família, o excedente se apresenta sob forma de poupança. Esta representa um tipo de seguro de vida individual, ou familiar. No mundo da agricultura familiar, a acumulação sob forma de bens ainda é forte: são as galinhas, os porcos, as vacas, as safras reservadas para consumo e semente, os embutidos, as conservas: de certo modo, a unidade de agricultura familiar cria a sua própria conta bancária, sob forma de produção acumulada. No mundo urbanizado, ainda há gente que poupa mediante aquisição de um segundo ou um terceiro imóvel, que será alugado, representando uma garantia de renda para o futuro. Mas, no conjunto, passamos todos — os que temos certa poupança — a depender de intermediários financeiros, e quando não a temos, a depender dos crediários. Como as poupanças hoje são representadas por sinais magnéticos, com a correspondente volatilidade, perdemos o controle sobre o que é feito com o nosso excedente.

As políticas públicas, apesar de todo gosto que temos em criticar o Estado, constituem de longe o instrumento mais eficiente de promoção de políticas sociais.

O caso brasileiro é aqui de uma clareza meridiana. O dinheiro que aplicamos no banco rende, neste início de 2003, cerca de 10% ao ano. O banco aplica esse dinheiro em títulos do governo, a 26%. O governo, por sua vez, remunera esses títulos com dinheiro público, ou seja, com os impostos. Como 26% menos 10% são 16%, na prática as famílias estão remunerando o banco, via governo e por meio do imposto, com 16% ao ano para que ele tenha o seu dinheiro. Trabalhar com dinheiro dos outros desta maneira, para o banco, é muito estimulante.[4]

A inflação não modifica muito este quadro. No caso de uma inflação de 10%, significaria que a remuneração real pela nossa poupança é zero e que o banco continua a ganhar 16%. Na média, o spread, que é a diferença entre o que o banco paga para captar dinheiro e a sua remuneração, é de 25%, segundo Guilherme Barros, editor de Folha Dinheiro, Folha de S.Paulo (16 nov. 2003, p. B1). Na realidade, mesmo as aplicações mais rentáveis, como os fundos DI, remuneram a nossa poupança menos que a inflação: em valores nominais, nossa aplicação cresce, enquanto o poder de compra diminui. O que perdemos em poder de compra é transferido para os intermediários.

Naturalmente, uma remuneração dos intermediários financeiros nesse nível de juros é insustentável em longo prazo, pois não há contribuinte para cobrir tanta dívida crescente. A dívida atinge algo como 800 bilhões de reais. Nem toda essa dívida é remunerada a 26%, mas, de toda maneira, atingimos um ponto em que o governo, mesmo apertando o cinto para obter um superávit de 4%, ainda assim mal cobre 1/3 dos juros, que dirá restituir o principal. Entramos, assim, como país, na linha de tantas pessoas que, por não poderem pagar um empréstimo, entram no cheque especial, depois no limite do cartão e assim por diante. O sistema leva o governo a desviar — segundo previsão para 2003 — 146 bilhões de reais para o serviço da dívida, com o que deixa de prestar boa parte das políticas sociais, razão inicial pela qual pagamos impostos.[5]

O que se passa no setor produtivo? Um produtor pode procurar o banco para financiar o seu negócio, mas como o banco tem a alternativa de aplicar sem risco a 26%, os juros cobrados são proibitivos (na faixa de 60% para o crédito empresarial), e o produtor nacional fica simplesmente inviabilizado. O resultado prático é a estagnação da economia. Com isto, fica mais difícil ampliar a receita pública, o que por sua vez enforca ainda mais o governo, obrigando-o a elevar o juro ou a mantê-lo no nível estratosférico atual. A justificativa oficial é que se trata de conter a inflação: na realidade, desde um certo nível, a alta taxa de juros, em vez de conter a demanda, apenas aumenta os custos dos produtores, que repassam esses custos para os preços, gerando mais inflação. Quem paga esta inflação, naturalmente, são as famílias que aguardam o reajuste salarial ou a aposentadoria.

O que acontece com o desenvolvimento local? Antigamente — que hoje significa algumas décadas atrás —, um gerente de agência conversava com todos os empresários locais buscando identificar oportunidades de investimento na região, tornando-se um fomentador de desenvolvimento. Hoje, esse gerente é remunerado por pontos, em função de quanto consegue extrair. Ontem, era um semeador à procura de terreno fértil; hoje, é um aspirador que deixa o vazio. O resultado prático é que inúmeras pequenas iniciativas, essenciais para dinamizar o tecido econômico do país, deixam de existir. Isto varre do mapa milhões de peque-

[5] Ver artigo de Ney Hayashi da Criz, *Folha de S.Paulo*, 8 mar. 2003, p. B4.

nas iniciativas de acumulação familiar urbana, tipicamente centradas no pequeno negócio, na chamada microempresa. Hoje, o lema é "pequenas empresas, grandes negócios..." para os intermediários financeiros.

O que acontece com o cidadão comum, que não é nem governo, nem empresário, nem organizador do desenvolvimento local?

O que acontece com o cidadão comum, que não é nem governo, nem empresário, nem organizador do desenvolvimento local? O cliente abre a conta onde a empresa lhe paga — este ponto é muito importante, pois significa que, para o comum dos mortais, não há realmente concorrência de mercado —, e os bancos podem elevar tarifas ou cobrar os juros que quiserem, dando apenas uma olhadinha de vez em quando no comportamento dos outros bancos para não se distanciarem demasiado. O resultado prático é um juro médio para pessoa física superior a 100%.

O efeito sobre o orçamento familiar é desastroso: os custos financeiros consomem algo como 30% da renda familiar brasileira. Entra aqui também, naturalmente, o fato de que empresas comerciais descobriram que se ganha muito mais dinheiro lidando com dinheiro do que com produtos. O pobre, por ganhar pouco, pode pagar pouco, e se vê obrigado a parcelar a sua magra capacidade de compra a juros numa altitude onde já começa a faltar oxigênio.[6] O resultado é que a capacidade de consumo das famílias, essencial para dinamizar as atividades econômicas do país, é esterilizada, pois grande parte da nossa capacidade de compra é transformada em remuneração da intermediação financeira. Assim, a paralisia atinge o governo, as atividades produtivas, a dinâmica do desenvolvimento local, e o elemento dinamizador tão importante que é o mercado interno.

O processo hoje é global. Como sabemos, boa parte das dívidas é denominada em dólares. Isto significa que, se o dólar subir, os especuladores donos dessas dívidas poderão receber mais. Os países pobres, do chamado Terceiro Mundo, não têm como imprimir divisas. Naturalmente, quanto mais o país precisa de divisas para equilibrar suas contas, maior será a reticência da

Pesquisa realizada entre junho e agosto 2002 pela Anefac — Associação Nacional dos Executivos de Finanças, Administração e Contabilidade www.vidaeconomica.com.br/ familias.htm). O estudo apresenta gasto da despesa familiar média em despesas financeiras na ordem 29,83%. Essas despesas variam 35,43%, para famílias entre um cinco salários mínimos, e ,08%, para famílias com renda ima de 50 salários mínimos.

chamada comunidade financeira internacional em emprestar, a não ser, naturalmente, que o país assegure juros altos, com todas as consequências que vimos acima.

O país pobre tem reservas limitadas. O Brasil tem reservas da ordem de US$ 30 bilhões, e a Argentina algo como US$ 10 bilhões. Para comparar, um especulador médio como Edward Jones maneja, segundo o *Business Week*, US$ 255 bilhões; a Merril Lynch, algo como um trilhão de dólares. Joseph Stiglitz, prêmio Nobel de Economia de 2001, explica o processo de forma meridiana, usando o exemplo concreto de uma operação na Tailândia. Um especulador pede um empréstimo de US$ 1 bilhão aos bancos tailandeses, em moeda local. Como se trata de um grande investidor internacional, os bancos locais ficam encantados. Com esse bilhão, o especulador sai comprando dólares no mercado local. Vendo o dólar sumir do mercado, outros banqueiros e especuladores locais também passam a comprá-los, e sua cotação sobe vertiginosamente. Depois de um tempo, o especulador revende parte dos dólares para pagar o empréstimo local, e sai com um lucro líquido de 400 milhões de dólares para cada bilhão empatado. Não produziu nada, não precisou movimentar um centavo seu, e como o controle do movimento de capitais é pecado mortal na doutrina do que Stiglitz chama apropriadamente de "fundamentalistas do mercado", o dinheiro sai do país. O especulador não precisou sair de Manhattan!

Como se comporta a teoria oficial do Fundo Monetário Internacional diante dessas dinâmicas?

Os benefícios fundamentais da globalização financeira são bem conhecidos: ao canalizar fundos para os seus usos mais produtivos, ela pode ajudar tanto os paises desenvolvidos como os em via de desenvolvimento a atingir níveis mais elevados de vida. (*Finance & Development*, mar. 2002, p. 13)

O processo é inverso: descapitaliza-se o setor produtivo, o Estado, as comunidades e as famílias. Como o processo implica juros altos, as empresas são levadas a se autofinanciarem. Assim, a liberalização dos fluxos de capital, que deveria teoricamente "canalizar fundos para os seus usos mais produtivos", leva, pelo contrário, à drenagem dos recursos para fins especulativos — e leva as empresas cada vez mais a buscarem o autofinanciamento, gerando um feudalismo financeiro em que cada um busca a autossuficiência, perdendo-se justamente a capacidade das poupanças de uns irrigarem os investimentos de outros. O efeito é rigorosamente inverso do previsto ou imaginado pelo Fundo Monetário Internacional, mas rigorosamente coerente com os interesses da especulação. Consegue-se, assim montar, um sistema articulado de esterilização de poupança, de restrição do consumo e de desincentivo ao investimento que paralisa o país.

Em termos econômicos, a família constitui um processo, uma sucessão de situações que compõem a nossa reprodução social.

E a família? Ora, a fuga de divisas para fora do país, em favor de quem não produziu rigorosamente nada, representa um empobrecimento. Esse empobrecimento se materializa em maiores exportações, para ganhar divisas e poder "honrar os compromissos". São mais bens exportados, e menos bens disponíveis no mercado interno. Os bens importados incorporam o preço alto do dólar, geando a inflação. A alta de preços não é acompanhada pelos salários e, assim, as famílias vêm o seu pecúlio reduzido. Em outros termos, quando as poupanças passam para o papel, representam o que esse papel pode comprar. Um velho casal de argentinos perguntava-me, espantado, tentando entender: "Mas era a poupança da nossa vida, como pode ter desaparecido?". Hoje, na realidade, nem sequer é papel, são sinais magnéticos. Mas não é preciso ir para a Argentina, basta consultar como se sentem os americanos que tinham jogado a sua aposentadoria em papéis da Enron, ou ainda os brasileiros que recebem 6% pela poupança, muito abaixo do que perdem com a inflação.

Insistimos aqui nesta dimensão econômico-financeira do processo, pois é importante que as pessoas entendam que a globalização tem tudo a ver com o nosso cotidiano, com a angústia de qualquer família com relação ao seu futuro, ao futuro dos seus filhos. É significativa a obsessão com a qual famílias relativamente pobres se enforcam para assegurar à nova geração um diploma universitário, forma indireta de garantir o futuro, na ausência de outras garantias confiáveis. Perder o controle da sua poupança representa, para a família, perder o controle sobre o seu próprio futuro.

Em termos econômicos, a família constitui um processo, uma sucessão de situações que compõem a nossa reprodução social. Se todos os elos dessa reprodução não estão assegurados — se temos, por exemplo, uma juventude desorientada ou desesperada, e a dramática mortalidade adolescente por assassinatos —, isto faz parte de uma processo que não assegura a própria lógica, tornou-se descontínuo, por mais que tenhamos belos hospitais de cinco estrelas para os executivos atualmente empregados. A perda do controle sobre as poupanças vai ter um efeito direto sobre a forma de a família organizar sua participação nas atividades produtivas, no mundo do trabalho, pois reduz dramaticamente seu espaço de opções. Nesta fase de globalização, o que o liberalismo está gerando é, rigorosamente, a perda de liberdade econômica, e qualquer casal que tenta fechar as contas e planejar o seu futuro, e o dos seus pais e filhos, sente-se crescentemente angustiado.

■ Família e trabalho

Nas sociedades tradicionais, havia uma certa continuidade na organização da produção de uma geração para outra. Na era rural de agricultura familiar, a inserção produtiva ocorria naturalmente, pelo fato de haver coincidência do domicílio e do espaço produtivo. O filho ia pouco a pouco aprendendo com o pai as fainas agrícolas; organizavam-se diversas formas de divisão de trabalho na família. Em outros termos — e mantendo a nossa visão de que a família constitui um processo de reprodução social —, o trabalho representava uma continuidade entre as gerações. Essa dimensão não desapareceu. É importante lembrar que o mundo rural representa ainda a metade da população mundial, e de que a metade da população mundial ainda cozinha com lenha. Às vezes, ficamos tão concentrados na ponta da sociedade, nos executivos apressados e nos toyotismos modernos que passamos a achar que só existe isto; esquecemos que o mundo articula, de maneira complexa, eras e ritmos diferenciados.

No Brasil, com 17 milhões de trabalhadores, o mundo rural ainda representa o maior setor empregador do país. A indústria tem uns 9 milhões de trabalhadores, o comércio por volta de 7 milhões.[7] Mas o mundo do nosso convívio é hoje essencialmente urbano, e, nas cidades,

[7] Ver cifras detalhadas em nosso *O que Acontece com o Trabalho* (2002).

são relativamente raras as ocorrências de continuidade profissional, salvo no caso de pequenas empresas familiares. Não há mais coincidência entre o espaço residencial e o espaço de trabalho, e cada vez mais a casa é para onde se volta cansado à noite, e de onde saem de manhãzinha, sonolentos, pais e filhos para a labuta diária. Há subúrbios que constituem, hoje, cidades-dormitório, mas de forma geral as nossas casas viraram casas-dormitório.

Até as empresas mais retrógradas estão aprendendo que são necessárias responsabilidade social e ambiental para construir uma sociedade civilizada.

Com a esterilização da poupança das famílias, estas ficam com muito pouca iniciativa sobre o seu trabalho. A pessoa não "organiza" suas atividades, "busca" emprego no espaço anônimo da cidade. Com o aprofundamento da divisão do trabalho na sociedade, há empresas especializadas para cada coisa, e o acesso ao que nos é necessário na vida cotidiana passa a depender de renda. Às vezes não nos damos conta de que na vida familiar o bolo se fazia em casa, e frequentemente o pão, quando hoje cada vez menos se cozinha em família. O que perdemos, em grande parte, é o sentimento de que a nossa vida depende de nós, de nosso esforço e gosto de iniciativa. Sentimo-nos empurrados por forças cujos mecanismos nos escapam.

Em Imperatriz do Maranhão, meu pai idoso, já nos 1990, era cuidado por uma jovem de 80, que além de cuidar dele aproveitava a horta que os netos montaram para ela, em estrados de palmeiras rachadas ao meio, para cultivar cebolinha, salsa, ervas diversas, que ela ia todo dia vender, numa cestinha, pela vizinhança. Cultivava assim não apenas ervas, mas um círculo de amigos. Gerava a sua própria renda, mas cada um na família ajudava. Imagem do passado? Não necessariamente, pois, hoje, com as novas tecnologias, há amplos espaços de colaboração familiar ou de vizinhança, resgatando-se novas formas de articulação do trabalho, novas solidariedades.

Não é a volta a um passado bucólico que estamos aqui sugerindo. É essencial entender que o espaço da família era um espaço onde se faziam coisas juntos, como era o caso das comunidades. O desaparecimento dessa dimensão da organização social gera uma sociedade de indivíduos que rosnam uns para os outros na luta pelo dinheiro e esquecem que a qualidade de vida é uma construção social. *Vencer na vida*, da forma como nos apresentam diariamente na televisão, é um processo de guerra contra os outros, e resulta em morarmos num condomínio caro e cercado de guaritas. É o *sucesso*.

Construir uma sociedade civilizada passa por dinâmicas sociais mais complexas que até as empresas mais retrógradas estão começando a aprender, na linha da responsabilidade social e ambiental. De certa forma, esse raciocínio nos leva ao fato de que o trabalho não é apenas uma tarefa técnica que consiste em produzir o mais rápido possível, o mais possível, buscando o máximo de dinheiro possível. O trabalho deve constituir um elemento essencial da organização do convívio social. A ruptura profunda gerada entre o universo do trabalho e o universo familiar tende, naturalmente, a desestruturar esta última. E o trabalho, privado da sua dimensão afetiva de relacionamento, na correria do *just-in-time*, na malvadeza cientificamente assumida do *lean-and-mean*, na patologia cristã de que só é virtuoso o que nos faz sofrer, o que nos sacrifica, gera gradualmente um deserto no qual vemos pouco sentido no que fazemos no emprego, a não ser pelo dinheiro do fim do mês, a compra de mais uma televisão, a troca do sofá.

A sociabilidade no trabalho é funcional, interessada, presa à hierarquia de quem manda e de quem obedece, eivada de rivalidades, ciúmes, cotoveladas discretas, sorrisos amarelos. A sabedoria popular brasileira, neste caso, é rica: "Cuidado com o calo que você pisa; pode pertencer a um saco que amanhã você terá de puxar".

Não se trata aqui de um olhar sombrio. Pelo contrário, as tecnologias e os avanços científicos, hoje, nos permitem resgatar uma outra cultura do trabalho. As barreiras que criamos são rigorosamente artificiais. Por que uma criança vê o seu pai e a sua mãe desaparecerem diariamente para ir um espaço misterioso chamado "trabalho" sem nunca ter a oportunidade de visitar suas empresas, de ver o que fazem? É natural a existência da portaria, com todas as suas seguranças? É natural o constrangimento com que uma mãe recebe no emprego um telefonema do filho, do marido? Afinal, o trabalho deve ser para nós, ou nós para o trabalho?

Muitíssima gente está mudando seus enfoques no mundo. O idiota uniformizado de *atache-case*, caneta Mont Blanc, relógio e carros correspondentes — versão sofisticada do homem-sanduíche ostentando um cartaz de *"sou melhor que você"* — está sendo gradualmente substituído por gente que se veste à vontade e que busca viver, mesmo no trabalho. Muitas empresas têm hoje salas de sesta para que o trabalhador possa tirar uma soneca quando precise. A redução do leque hierárquico está na ordem do dia. A *qualidade de vida no emprego* é amplamente discutida. O filme *Beleza Americana*, ainda que um pouco forçado, faz parte dessa tomada de consciência acerca da forma absurda como estamos sendo organizados para sermos eficientes para a produção e inúteis para a vida.

> **A redução da jornada de trabalho está gradualmente voltando a se constituir numa reivindicação social de peso, como foi a luta pela jornada de oito horas.**

A pressão pela redução da jornada de trabalho, essencial para melhorar a nossa produtividade e resgatar o elo temporal entre a vida familiar, a vida profissional e as atividades sociais complementares, está gradualmente voltando a se constituir numa reivindicação social de peso, como foi a luta pela jornada de oito horas há décadas.

Na cidade de Lausanne, na Suíça, a prefeita decidiu mudar o tratamento dado ao idoso que vive só: em vez de colocá-lo numa clínica, com enfermeira, papinha e televisão, fez, com a ajuda de estudantes universitários, uma pesquisa que lhe permitiu identificar vizinhos de cada idoso dispostos a ajudá-lo. Com um pequeno salário e um pouco de treinamento, ela organizou na cidade uma rede de solidariedade que lhe permitiu economizar recursos públicos e melhorar o capital social, o simples gosto de vida das pessoas. Não há dúvida de que uma enfermeira especializada, numa clínica bem equipada, saberia ministrar a papinha de maneira mais eficiente (e com custos muito maiores, o que contribui para aumentar o PIB). Mas é disto que se trata? Na Polônia, vimos prédios em que o andar térreo é reservado para pequenos apartamentos onde os idosos podem ficar perto da família, que mora nos andares de cima e, ao mesmo tempo, guardar certa privacidade. Organizar o convívio social é assim tão complicado?

De certa maneira, trata-se de desarticular um mecanismo perverso em que o acesso às coisas elementares da vida exige cada vez mais dinheiro, as famílias devem se organizar para maximizar a renda, os filhos já entram desde a primeira infância na filosofia da competição, pois estão se *preparando* para a vida carregando as suas imensas sacolas de material escolar. Perde-se o convívio familiar, a sociabilidade comunitária, e gera-se um bando de zumbis eficientes que não param mais para perguntar o mais evidente: estamos todos correndo para onde?

Trata-se, claro, de inverter a equação: não devemos organizar as nossas vidas *para* o trabalho, mas organizar o trabalho para que as nossas vidas sejam agradáveis. A economia é um meio, não um fim. Utopia?

Há uma década, ainda se media os países apenas de acordo com o PIB, na linha das estatísticas do Banco Mundial. Os Indicadores de Desenvolvimento Humano (IDH), a partir de 1990, passaram a comparar também a qualidade de vida, ao acrescentarem às comparações dados de saúde e de educação. Na metodologia Calvert-Henderson, no ano 2000, passa-se a avaliar a eficiência das nações de acordo com a qualidade de vida de seus cidadãos, em torno de doze grupos de indicadores: educação, emprego, energia, meio ambiente, saúde, direitos humanos, renda, infra-estrutura, segurança nacional, segurança pública, lazer e habitação.[8]

Isto nos leva ao conceito de *produtividade social*, ou *produtividade sistêmica*. Um plano de saúde, ao maximizar o ritmo de rotação de pacientes por médico, está gerando um taylorismo social que, sem dúvida, demonstra ser muito eficiente na esfera microeconômica. Essa eficiência é medida pela rentabilidade da seguradora ou do banco que controla o conjunto, e o resultado prático, no que se refere ao social, é uma saúde deficiente, pois o que assegura a produtividade social da saúde é muito mais o esforço preventivo do que o luxo das instalações hospitalares. Em outras palavras: quando hoje falamos em responsabilidade social e ambiental das empresas, levamos cada administrador a levantar um pouco os olhos para além dos muros de sua companhia e a pensar simplesmente: "Isto é útil para a sociedade?".

O Instituto Souza Cruz publicou, em janeiro de 2003, a revista *Marco social* — Educação para valores. É mantido pela companhia Souza Cruz, a qual, por sua vez, pertence à

[8] Os dados do IDH podem ser consultados em: <www.undp.org/hdro>; quanto aos indicadores Calvert-Henderson, estão sistematizados em *Calvert-Henderson Quality of Life Indicators: a new tool for assessing national trends* (2000) e em <www.calvertgroup.com>. Um raciocínio ajuda a entender a importância da mudança das metodologias de avaliação dos nossos avanços: com os critérios estreitamente econômicos do Banco Mundial, somos a 9ª potência mundial, mas ao olharmos nossas condições reais de vida, na perspectiva dos Indicadores de Desenvolvimento Humano, nosso lugar baixa para uma modesta 69ª colocação.

British American Tobacco, que investe anualmente centenas de milhões dólares em publicidade para convencer jovens a fumar: a população-alvo predileta é a de 14 anos, quando o vínculo com a nicotina se torna praticamente assegurado para o resto da vida. A publicação, bastante luxuosa, começa com uma citação de Anísio Teixeira (!) sobre os valores, e a diretora do Instituto, Letícia Lemos Sampaio, no artigo "Educação para valores", afirma que Flávio de Andrade, presidente da Souza Cruz, "nutria uma grande preocupação com o acesso de crianças e adolescentes menores de 18 anos a cigarro, álcool e drogas ilícitas". Quem não ficaria comovido? No entanto, um economista tradicional nos saberá explicar que a Souza Cruz gera empregos, dinamiza a plantação de fumo, provoca a expansão de clínicas de tratamento de câncer, estimula a venda de produtos para branquear os dentes, patrocina belíssimas corridas de Fórmula 1. Houve até um relatório que demonstrou que o cigarro, ao acelerar a morte dos idosos, reduzia o déficit da Previdência Social e, portanto, melhorava as contas nacionais. O que não se faz pela economia!

Sentir-se inútil numa fase da vida em que o jovem chega disposto a fazer e acontecer gera um sentimento de profunda frustração.

A visão que queremos aqui esboçar é que a transformação da família pertence a um conjunto de mudanças mais amplas e que não se trata apenas de lamentar a sua dissolução: trata-se de repensar o processo de rearticulação do nosso tecido social.

No belíssimo filme *Janela da Alma,* Wim Wenders, que já nos deu tantas obras-primas de cinema, faz uma afirmação profunda: *"Humanity is craving for meaning"* (a humanidade anseia pelo sentido das coisas). De certa maneira, o sentido das coisas se resgata numa articulação mais ampla dos diversos universos, do indivíduo, da família, da comunidade, do trabalho, das esferas econômicas, políticas e culturais. Os sentimentos de perda de iniciativa e controle sobre as nossas vidas, de individualismo feroz, de vale-tudo por dinheiro, eles são ainda mais absurdos quando o enriquecimento da sociedade permitiria justamente dispormos de mais tempo para a família, de mais convívio social, em clima menos violento.

Nosso sistema sabe aumentar a produção, ou pelo menos sabia, antes do domínio dos gigantes financeiros e da globalização selvagem. Mas a organização social capaz de tornar esse aumento socialmente útil depende de dinâmicas muito diferentes das que se dão no mercado. A vida não se resume a uma corrida desesperada para equilibrar a conta no banco com as contas do *shopping*. A construção da qualidade de vida — inclusive a sobrevivência da família — constitui um processo de articulação social que não resultará automaticamente dos mecanismos de mercado ou do eventual enriquecimento individual.

■ Referenciais individuais e sociais

Não é tão difícil assim colocar-se no lugar do jovem. Ele sai da escola sem nunca ter visitado uma empresa, uma repartição pública, uma ONG. A separação radical entre as fases de estudo e de trabalho produz uma geração de jovens desorientados, à procura da sua utilidade na vida. Se cruzarmos essa situação com as dinâmicas do trabalho vistas acima, a ausência de perspectivas torna-se muito forte, a não ser em alguns grupos privilegiados. Na realidade, no processo produtivo em que os conhecimentos passam a desempenhar um papel preponderante, em vez de estudo e trabalho serem etapas distintas da vida, devem, ao contrário, crescentemente, constituir um processo articulado no qual aquisição de conhecimentos e sua aplicação produtiva sempre se enriqueçam.

Sentir-se inútil numa fase da vida em que o jovem chega disposto a fazer e acontecer, isso gera, sem dúvida, um sentimento de profunda frustração. Poder fazer uma coisa útil constitui um *favor*: alguém *deu* um emprego. Uma pesquisa nos Estados Unidos mostrou que, no conjunto, o *"who you know"* (quem você conhece) tornou-se um fator mais importante de avanço profissional do que o *"what you know"* (o que você conhece, as suas competências). O mundo para o jovem passa a ser visto como um universo opaco e fechado, gerando desânimo e passividade.

Essa tendência tem de ser colocada numa perspectiva mais ampla. Nossas crianças e nossos jovens são criados num referencial de família muito frágil: os dois pais trabalhando, o trabalho distante da casa, casais frequentemente separados, o silêncio no binômio sofá-televisão. Constrói-se, assim, muito pouco balizamento entre o bem e o mal, muito pouco sentido de vida.

Um outro universo que contribuía muito para a construção de valores era a rua, a vizinhança. Ali não era ainda o *mundo*, mas também já não era a família; ali a criança e o jovem testavam sua presença social, delimitavam gradualmente os valores da amizade, o peso das rivalidades, construíam os seus espaços de sociabilidade. Hoje, nenhuma mãe em sã consciência diz à criança que vá brincar na rua. Fica sossegada quando elas estão sentadas no sofá, comendo salgadinho e vendo Vale Tudo por Dinheiro, porque na rua é o perigo, são as drogas, as gangues, os acidentes de carro, o *medo*. Não inserimos mais as crianças no mundo, buscamos apenas protegê-las. E quando chega o momento inevitável de sua inserção, desabam sobre elas desafios difíceis de suportar. Os pais, perdidos, entram em intermináveis discussões sobre se devem ser mais permissivos ou colocar mais limites, sorrir ou gritar, e terminam, quando têm dinheiro, lamentando-se com o analista. O analista pode sem dúvida ajudar quando os problemas são individuais, mas não resolverá grande coisa quando se trata de um processo socialmente desestruturador.

Aos poucos vamos compreendendo que nos matamos de trabalhar para construir uma vida sem sentido, ainda que continuemos a correr sem rumo.

A escola pequena, de bairro, frequentada por pessoas que convivem de uma maneira na escola e de outra nas ruas da vizinhança, mas pertencendo ao mesmo tecido de relações sociais, era outro espaço de construção de referências. Boa parte disto subsiste no interior. Nas grandes cidades, e no caso de uma construção escolar onde se buscam absurdas economias de escala (quanto maior, mais barato), gera-se um universo de gente que só se encontra nesse ambiente. Os universos sociais do local de residência e do local de estudo só se cruzam eventualmente. Na própria classe média, é patético ver mães que passam horas no trânsito para levar uma criança para brincar com outra no outro lado da cidade, porque ela já não aguenta a solidão em casa. E, no outro lado da cidade, o coleguinha terá os mesmos *videogames*, o mesmo Vale Tudo por Dinheiro na televisão. Se juntarmos os efeitos da desestruturação do referencial familiar, da ausência do referencial de vizinhança, bem como da perda da presença social local da escola, e ainda acrescentarmos o cinismo dos valores martelados horas a fio na televisão, resta saber: que valores queremos que eles tenham?

Os pais ficam indignados: eles *bebem, fumam, se drogam*, transformam o sexo numa aeróbica banalizada, não vêem sentido nas coisas... O que é que fizemos para dar sentido às suas vidas? Todos nós estamos ocupados em ganhar a vida, em subir nos degraus absurdos do *sucesso*... como é que as crianças vão entendem o *nosso* sacrifício como útil?

A compreensão de que se matar de trabalho para construir uma vida sem sentido — ainda que com a garagem ostentando um belo carro, entulhada de esteiras de ginástica e outras relíquias de entusiasmos consumistas passageiros, sem tempo para fazer as diversas coisas que poderiam ser agradáveis ou belas — filtra-se gradualmente para dentro das nossas consciências, ainda que continuemos todos a correr sem rumo. Será que nossos filhos realmente não vêm o absurdo das nossas próprias vidas? E que rumo isto aponta para elas? A verdade é que a vida reduzida a uma corrida individual pelo sucesso econômico, com a ilusão de que tendo sucesso e, portanto, dinheiro, compraremos o resto, essa é uma absurda ilusão que nos levou à civilização de guetos de riqueza e miséria que hoje vivemos.

É significativo que, em muitos lugares, jovens e até crianças, às vezes com apoio dos professores (outra classe à procura do sentido do que ensina), estão arregaçando as mangas e começando a tomar iniciativas organizadas. Vimos, na Itália, um movimento de crianças pela recuperação das praças; um filme-reportagem feito pelas próprias crianças mostra a passeata, a negociação com a prefeitura e o resgate progressivo de praças transformadas em estacionamento para que voltem a ter água, árvores, espaço para brinquedos e jogos, uma dimensão de estética, de lazer, de convívio. Em muitas cidades, já há câmaras-mirins, e não se podem aprovar projetos de espaços públicos sem o aporte do interesse organizado das crianças. Em muitos lugares, foram planejados trajetos seguros, acompanhando as principais rotas entre as escolas e os lugares de lazer, para melhorar sua mobilidade e seu sentimento de liberdade. A tecnologia é simples: são aqueles passinhos pintados na calçada, semáforos, algum reforço de policiamento. O que essas experiências têm em comum é o sentimento, por parte das crianças, de estarem recuperando o seu direito à cidade, à cidadania.

Em Valparaíso, vimos uma experiência de crianças de rua, que, com o apoio de uma ONG passaram a resgatar os espaços vazios de um bairro, a organizar as suas próprias bandas de música, eventos culturais, a tal ponto que, hoje, as seis escolas formais do bairro se associaram ao projeto — desenvolvem atividades de resgate dos espaços públicos, fazem aulas sobre meio ambiente, melhorando o próprio meio ambiente, estudam ciências sociais, melhorando o ambiente social. Aqui também a cidade é deles, e fazer uma coisa útil e prazerosa não é o resultado de um emprego que lhes "dão", mas de uma iniciativa que lhes pertence.[9]

Entender o desafio da pobreza pode ser mais fácil do que entender a desarticulação social e o mal-estar que se generaliza.

O que isto aponta, na realidade, é que estamos evoluindo de uma visão em que a organização social se resume a um Estado que faz coisas *para nós*, e de empresas que produzem coisas *para nós*, para uma outra visão em que a sociedade organizada volta a ser dona dos processos sociais e articula as atividades do Estado e das empresas de acordo com a qualidade de vida que se procura. A expansão das organizações da sociedade civil, a força do terceiro setor, o resgate das funções sociais do Estado, o surgimento da responsabilidade social e ambiental das empresas, a crítica às grandes corporações da especulação financeira, do monopólio de produtos farmacêuticos, de comercialização de armas, o próprio surgimento muito mais amplo da noção de que *um outro mundo é possível*, pertencem todos a um deslocamento profundo de valores que estamos começando a sentir na sociedade em geral.

Como indivíduos, podemos melhorar nossa casa, batalhar o estudo para os nossos filhos, comprar um carro melhor, mas as mudanças sociais dependem de organização social. O sentimento de desorientação é sentido como sofrimento individual, mas as raízes são mais amplas.

Os exemplos são inúmeros. Há algum tempo, ajudamos a elaborar um livro chamado *Cities for Children* Sheridan Bartlett et al. (1999), que apresenta ideias sobre como poderiam ser organizadas as cidades se levássemos em conta as crianças. Significativamente, o título original era *Managing Cities as if Children Mattered* (gerindo as cidades como se as crianças tivessem importância). Ver também: <www.earthscan.co.uk>.

■ Sofá, TV e salgadinho

Curiosamente, quando fazemos o que todos fazem e não nos sentimos felizes, conseguimos nos convencer de que os culpados somos nós. Parece que não somos normais, mas é importante que entendamos que o sentimento de frustração é geral. Ela se manifesta nesse sentimento difuso de perda de controle sobre a nossa realidade, sobre o que queremos fazer, sobre o mundo que nos cerca. O trabalho não é sofrimento: batalhar o futuro, fazer coisas que dão certo, ainda que com mil dificuldades, brincar com os amigos, tudo isto é essencial para o nosso senso de equilíbrio.

O que isto sugere, de maneira ampla, é que as dinâmicas econômicas atuais geram simultaneamente mais produtos para as elites, e menos sentimento de realização individual. O que nos venderam como visão de mundo é que a felicidade consiste em ter em torno de nós apenas o esposo ou a esposa, e os filhinhos, todos em idade simpática, bem como um apartamento de dois quartos, sala, sofá e televisão. As opções de vida são relativas à cor do sofá, ao modelo da geladeira.

É importante ver a dupla face desse problema. Primeiro, todos devem ter o direito a ter os dois quartos, a saúde, a comida na mesa — aliás, assegurar o necessário a todos é uma condição preliminar para que possamos viver a vida em paz. Já dizia Marat, na Revolução Francesa: "Nada será legitimamente teu, enquanto a outrem faltar o necessário". Esse objetivo consiste, sem dúvida, num ideal social maior pelo qual temos de batalhar.

Mas este "necessário" não é suficiente. Quando temos os dois quartos e o sofá, a primeira coisa que queremos fazer é sair, é fazer alguma coisa. E este fazer alguma coisa envolve outras pessoas, convívio, festas, brincadeiras, esporte, coisas que nos façam sentir vivos. A sociedade atomizada em microunidades — que descartou os idosos para o asilo, os deficientes mentais para o manicômio, os revoltados para a cadeia, os pobres para a periferia — é uma sociedade desintegrada que parou de assumir a construção dos seus próprios espaços sociais, apenas administra privilégios.

Entender o desafio da pobreza — coisa que devemos fazer sistematicamente — pode ser mais fácil do que entender a desarticulação social e o mal-estar que se generaliza. Esse sistema, por um lado, leva grande parte da população mundial a uma privação dos bens essenciais a uma sobrevivência com um mínimo de dignidade e, por outro lado, gera um perfil de produção e formas de organização socioeconômica que não trazem respostas aos que saíram dessa condição. Quando vemos as cidades-dormitório, os bairros sem uma praça ou sem áreas de sociabilidade, lazer e convívio, os condomínios fechados com suas cercas eletrificadas, arames farpados e guardas privados, temos de ir além do problema do modelo ser elitista e privar os pobres do essencial: a própria lógica é absurda.

Hoje, as grandes empreiteiras de São Paulo, por exemplo, formam um pacto corrupto com políticos e levam à construção de uma cidade inteiramente organizada em função do automóvel, chegando, entre túneis e elevados, a formar vários andares de vias, enquanto batalham contra qualquer uso público do espaço urbano, considerado "desperdício". Um rio limpo não gera contratos, enquanto um rio poluído gera imensos contratos de despoluição, de desassoreamento, de canalização. A lógica das habitações é criar o máximo de construções para pequenas famílias, desarticulando o convívio entre gerações. De certa maneira, a capacidade técnica e gerencial das empresas evoluiu, mas a redução dos objetivos ao lucro imediato torna esses avanços socialmente pouco úteis. Isto porque a empresa não pensa no convívio social e nas infraestruturas correspondentes, mas na capacidade de compra individual do cliente.

É interessante a notícia de que uma atualização do famoso *Kinsey Report* de 50 anos atrás, quando foi feito o primeiro grande estudo sobre o comportamento sexual da população nos Estados Unidos, mostra que hoje se faz sexo incomparavelmente menos do que há meio século — isto com a pílula, a permissividade, cinemas pornôs, camisinha, *out-doors*, de poses as mais extravagantes, em qualquer esquina, motéis por toda parte. Parecemos inundados por sexo. No entanto, parece que o comportamento amoroso se retrai. É viável uma mulher sentir um grande ardor sexual por seu simpático barrigudo de chinelo e camiseta, sentados juntos anos seguidos no mesmo sofá, vendo as mesmas bobagens da TV? Trancar um casal num casulo é uma ideia romântica para vender como publicidade, e permite mesmo vender muitos apartamentos, mas é mortal para o convívio matrimonial.

Estamos aqui no limite do quanto um economista pode responsavelmente penetrar em áreas alheias, ainda que faça parte de sua tradição poder dizer qualquer coisa sobre qualquer assunto. O que aqui tentamos delinear é o fato das dinâmicas econômicas poderem ter um imenso impacto sobre a vida pessoal, a felicidade do casal, o nosso interesse amoroso.

Não é a família que está doente: é o processo de reprodução social e econômico que se tornou absurdo, levando-a de roldão.

O programa americano de TV *Sixty Minutes* levou recentemente ao ar uma reportagem sobre *fast-food*, a indústria do hambúrguer. Essas empresas pesquisaram e concluíram que a excitação das papilas gustativas na criança está centrada no açúcar, na gordura e no sal. Assim, temos o refrigerante, que acompanha o hambúrguer e as batatas fritas. Até aí, tudo bem. Mas as grandes redes, como Burger King, McDonald's e outros, estão fazendo gigantescas campanhas de televisão para levar as crianças a preferirem esse tipo de comida, e constituem hoje as maiores redes de distribuição de brinquedos e outros brindes para estimular esse consumo. Atualmente, a grande ofensiva é se instalarem nas escolas, banindo as nutricionistas. Tentar oferecer-lhes frutas, legumes e outras comidas tradicionais ao lado desse tipo de estabelecimento é covardia.

O resultado prático é que, hoje, entre hambúrgueres e salgadinhos, a obesidade atinge 30% dos jovens norte-americanos. Não é difícil imaginar o que é a vida de uma menina que, com 13 anos, é obesa, ou o que esta vida será. O programa entrevistou o dono de uma grande empresa de publicidade de *fast-food*, que visa ao público infantil e até mesmo utiliza crianças na geração da publicidade: perguntado se não achava covardia empurrar esse tipo de comida para crianças que precisavam de alimentação variada para crescer normalmente, o entrevistado, um psicólogo, corrigiu: "Nós não empurramos produtos, nós informamos as crianças para que possam fazer uma escolha responsável".

No conjunto, isto significa que somos empurrados, sim, a nos comportar de acordo com as necessidades das empresas, com os interesses econômicos, em vez de as atividades econômicas responderem às nossas necessidades. Não é à toa que os gastos mundiais com publicidade atingem somas astronômicas, hoje da ordem de US$ 500 bilhões. As empresas gastam esse dinheiro porque a publicidade funciona — não porque somos bobos, mas porque somos influenciáveis, provavelmente uma das características mais ricas do ser humano, pois se vincula à sensibilidade.[10]

[10] Sobre este tema, ver Dowbor, Ianni e Silva (1999), e em particular o nosso *Economia da Comunicação* (2001/2002).

É patético ver as pessoas caminharem solitárias sobre uma esteira que tiveram que comprar, e que depois de uma semana fica parada num canto, porque já não há mais espaço para jogar bola na vizinhança. Qual o sentido de pedalar numa bicicleta montada na garagem quando podemos utilizar bicicletas de verdade, para passear, através de ciclovias e com controle de trânsito? Fabricamos tanta coisa inútil, geramos tanto desperdício, e com um ritmo de trabalho que nos esfola e nos priva da simples alegria de viver.

Não é a família que está doente: é o processo de reprodução social e econômico que se tornou absurdo, levando-a de roldão.

■ Há lugar para vida inteligente

Havia um tempo em que os brados pela mudança vinham das esquerdas. Hoje, um Prêmio Nobel de Economia, como Stiglitz, que foi economista-chefe do Banco Mundial, diz que o sistema como está não pode continuar. Hazel Henderson, uma das economistas mais importantes hoje no planeta, diz que a competição não serve mais como elemento regulador geral da economia, e desenvolve a visão do *"win-win"*, literalmente "ganha-ganha", mostrando que se pode desenvolver um sistema onde todos ganham. David Korten, que denuncia o absurdo gerado pelos interesses das empresas transnacionais e não vem de movimentos de contestação, mas dos programas americanos de ajuda ao desenvolvimento, elaborou uma das críticas mais bem estruturadas da forma de organização econômica que hoje prevalece. J. K. Galbraith, por sua vez, aponta para uma "sociedade justa". Peter Drucker, o antigo guru da administração empresarial, hoje dirige uma organização não governamental e busca os rumos da "sociedade pós-capitalista". Ele faz uma constatação óbvia mas poderosa: "Não haverá empresas saudáveis numa sociedade doente".[11]

A lista é muito grande. As pessoas que conhecem as dinâmicas do sistema, porque ajudaram a montá-lo, hoje tendem a tomar um pouco de recuo, buscam o sentido das coisas. O sentido é relativamente claro: a economia deve nos

Cf. Joseph Stiglitz (2002); Hazel enderson (1996); Davida Korten 000); J. K. Galbraith (1996). ra escritos recentes de Peter ucker, ver: <www.pfdf.org>.

servir, para que tenhamos uma vida com qualidade, e não constituir um mecanismo complexo acessível apenas aos espertalhões, que termina por nos jogar em conflitos entre ricos e pobres, criando angústia e insegurança.

Essa mudança passa por uma alteração de formas de organização social. Em particular, temos de estabelecer, em nossas cidades, sistemas descentralizados e participativos de decisão sobre como organizamos nossos espaços urbanos, pois sem isto continuaremos vítimas de incorporadoras, imobiliárias, empreiteiras e outros especuladores urbanos. Não se trata, aqui, apenas do fato de que esse é um processo corrupto: é um processo corrupto que organiza a sociedade de forma pouco inteligente.

Não basta reorganizarmos nosso espaço urbano para que seja *user-friendly*, como dizem hoje os informáticos. Temos de reorganizar o tempo, principal recurso não renovável de que dispomos para viver de maneira agradável e inteligente. Reduzir a jornada para seis horas já seria um bom passo, abrindo possibilidades para o convívio, o lazer, a cultura, a família, dinamizando, com isto um consumo mais rico e mais inteligente.

Temos também de aprender a nos organizar. A máquina do Estado e o mundo empresarial são insuficientes, pelo simples fato de que ambos devem servir à sociedade, e uma sociedade não organizada não tem como impor suas prioridades. As ONGs, as organizações de base comunitária, as associações dos mais diversos tipos precisam desempenhar um papel-chave e tornar-se parte do cotidiano de cada um de nós.

Temos de democratizar a informação. A descentralização das formas de comunicação, com rádios comunitárias, emissoras locais de TV, constitui elemento essencial de criação de um vínculo local, de promoção de cultura, de integração de diversos grupos e atores, de divulgação de iniciativas. A principal novela é a nossa própria vida, e vale a pena.

Temos de criar mecanismos que nos permitam resgatar o controle das nossas poupanças. Há inúmeros exemplos de bom funcionamento de formas inovadoras, que vão desde as formas socialmente responsável de aplicações financeiras desenvolvidas nos Estados Unidos, até as *cagnottes* na França, e o crédito solidário no Brasil. Os bancos trabalham com o *nosso* dinheiro, e devemos aprender a fazer valer nosso direito ao assegurar que nossas poupanças sejam utilizadas em iniciativas socialmente úteis, e não em especulação.

E temos, obviamente, de resgatar o imenso fosso social que o processo capitalista está gerando entre ricos e pobres. Não haverá paz social, não haverá tranquilidade nas ruas, não haverá convívio enriquecedor nas comunidades enquanto dezenas de milhões de pessoas continuarem numa miséria dramática e revoltante.

Não basta reorganizar o espaço urbano, temos de reorganizar o tempo, principal recurso não renovável de que dispomos para viver bem.

E a família? A família tem justamente de ajudar na reconstrução desse entorno econômico, social, urbanístico, trabalhista, cultural que a viabilize. Não bastam discursos ideológicos de que a família é o *esteio da sociedade*. É preciso viabilizá-la, e com isto viabilizar a própria sociedade desnorteada que criamos.

■ Referências bibliográficas

Associação Nacional dos Executivos de Finanças, Administração e Contabilidade (Anefac). Site: Vida Econômica. *Pesquisa sobre gastos mensais dos consumidos*, jun./ago. 2002. Disponível em: <http://www.vidaeconomica.com.br/famílias.htm>. Acesso em: 25 maio 2003.

Barros, Guilherme. *Folha de S.Paulo*, 16 fev. 2003, p. B1, Dinheiro.

Bartlett, Sheridan et al. *Cities for Children*. London: Earthscan/Unicef, 1999. Disponível em: <http://www.earthscan.co.uk>.

Beleza Americana (filme-vídeo). Direção de Sam Mendes. Distribuição: DreamWorks Distribution/UIP, 1999, 121min, color., son., VHS, v.o. norte-americana.

Calvert-Henderson. *Quality of Life Indicators*: a new tool for assessing national trends. Bethesda, EUA, 2000.

Cruz, Ney Hayashi da. Gastos com juros devem subir 24%. *Folha de S. Paulo*, 8 mar. 2003. Dinheiro, p. B4.

Dowbor, Ladislau. Economia da comunicação. In: Dowbor, Ladislau. *Desafios da comunicação*. Petrópolis: Vozes, 2001. Versão atualizada publicada na

Revista USP, set./nov. 2002. Disponível em: <http://ppbr.com/ld/02ecocomunic.doc>. Acesso em: 25 maio 2003.

_____. *O que acontece com o trabalho?* São Paulo: Senac, 2002.

_____; IANNI, O.; SILVA, Hélio. *Os desafios da comunicação.* Petrópolis: Vozes, 1999.

DOYLE, Rodger. Going Solo: unwed motherhood in industrial nations rises. *Scientific American*, v. 286, n. 1, jan. 2002, p. 22. Disponível em: <http://www. sciam.com/2002/0102issue/0102numbersbox1.html>. Acesso em: 25 jun. 2003.

FINANCE & DEVELOPMENT. FMI, v. 39, n. 1, mar. 2002.

GALBRAITH, J. K. *A sociedade justa.* Rio de Janeiro: Campus, 1996.

HENDERSON, Hazel. *Construindo um mundo onde todos ganhem.* São Paulo: Cultrix, 1996.

INSTITUTO SOUZA CRUZ. *Marco Social.* Educação para Valores, n. 5, jan. 2003. Disponível em: <http://www.institutosouzacruz.org.br>. Acesso em: 25 maio 2003.

JANELA DA ALMA (documentário). Direção de João Jardim e Walter Carvalho. Distribuição: Copacabana Filmes, Brasil, 2001, 73 min, color./p&b, son., 35 mm.

KORTEN, Davida. *O mundo pós-corporativo.* Petrópolis: Vozes, 2000.

PUTNAM, Robert. *Bowling Alone*: the collapse and revival of american community. New York: Simon & Schuster, 2000.

STIGLITZ, Joseph. *Globalization and its discontents.* New York: W. W. Norton, 2002.

Dados Internacionais de Catalogação na Publicação (CIP)
(Câmara Brasileira do Livro, SP, Brasil)

Família : redes, laços e políticas públicas / Ana Rojas Acosta, Maria Amalia Faller Vitale, organizadoras. – 7. ed. – São Paulo : Cortez : Instituto de Estudos Especiais - PUC/SP, 2018.

Vários autores.
Bibliografia.
ISBN 978-85-249-2606-8

1. Família - Aspectos sociais 2. Política social 3. Serviço social familiar 4. Vida familiar - Estudos I. Acosta, Ana Rojas. II. Vitale, Maria Amalia Faller.

17-09948   CDD-362.825

Índices para catálogo sistemático:

1. Família : Redes, laços e políticas públicas : Bem-estar social   362.825

Nenhuma parte desta obra pode ser reproduzida ou duplicada sem autorização expressa das organizadoras e do editor.

© 2005 by Organizadoras

Direitos para esta edição
CORTEZ EDITORA
Rua Monte Alegre, 1074 – Perdizes
05014-001 – São Paulo – SP
Tels.: +55 11 3864-0111 / 3611-9616
E-mail: cortez@cortezeditora.com.br
www.cortezeditora.com.br

Impresso no Brasil – agosto de 2025

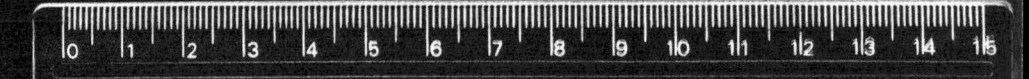